朱光潜

教育薪火书系·第一辑

朱光潜尽性全人教育思想

江飞 黄晶晶◎著

山西出版传媒集团
山西人民出版社

图书在版编目（CIP）数据

朱光潜尽性全人教育思想/江飞，黄晶晶著. —太原:山西人民出版社,2018.7
（教育薪火书系/张斌贤主编）
ISBN 978-7-203-10453-7

Ⅰ. ①朱… Ⅱ. ①江… ②黄… Ⅲ. ①朱光潜(1897—1986)—教育思想—研究 Ⅳ. ①G40-092.7

中国版本图书馆 CIP 数据核字(2018)第 122746 号

朱光潜尽性全人教育思想

著　　者:江　飞　黄晶晶
责任编辑:贾　娟
复　　审:傅晓红
终　　审:员荣亮
装帧设计:李尚斌　张国仁

出 版 者:**山西出版传媒集团·山西人民出版社**
地　　址:太原市建设南路 21 号
邮　　编:030012
发行营销:0351-4922220　4955996　4956039　4922127(传真)
天猫官网:http://sxrmcbs.tmall.com　电话:0351-4922159
E - mail:sxskcb@163.com　发行部
sxskcb@126.com　总编室
网　　址:www.sxskcb.com

经 销 者:**山西出版传媒集团·山西人民出版社**
承 印 厂:山西出版传媒集团·山西人民印刷有限责任公司

开　　本:787mm × 1092mm　1/16
印　　张:15.25
字　　数:280 千字
印　　数:1—3000 册
版　　次:2018 年 7 月　第 1 版
印　　次:2018 年 7 月　第 1 次印刷
书　　号:ISBN 978-7-203-10453-7
定　　价:68.00 元

教育薪火　传承不息(总序)

钟秉林

在人类的历史长河中,教育一直伴随人类的文明进程在不断发展进步,那些弥足珍贵的教育著作、教育思想、教育人物和事迹,无时无刻不在拨动着教育工作者的心弦。我们永远无法忘记那些给我们留下宝贵思想财富的教育家,他们的思想、言论和实践,依然是激励我们教育工作者前进的动力。时至今日,教育的发展与变革更成为世界各国应对日趋激烈的国际竞争的重要战略。在科教兴国战略的指导下,党和国家对教育工作给予了高度的重视,深刻认识到教育家对教育事业的重要性。《国家中长期教育改革和发展规划纲要(2010—2020年)》就明确提出:“创造有利条件,鼓励教师和校长在实践中大胆探索,创新教育模式和教育方法,形成教学特色和办学风格,造就一批教育家,倡导教育家办学。”

要想成长为教育家或者在教育实践中能够起到扛鼎作用并非易事,需要我们教育工作者吸收过往教育家留下来的丰富教育营养,清晰地认识什么是真正的教育家,教育家应该具备什么样的素质和条件,做到融会贯通,大胆实践,自成一家。与此同时,在教育改革的大背景下,普通教师同样迫切需要能够在教书育人过程中得到启迪和突破的催化剂,教育家的思想和实践是经过检验的真理,是教学启迪催化剂的最佳选择。

然而,在浩瀚的书海中,以教育家为主线、囊括中外、跨越古今、自成体系的书系并没有面世。山西的《新课程》杂志社和《现代职业教育》杂志社,在教育的广袤园地上深耕多年,熟知一线教师的需求,希望为普通教师策划一套教育理论普及读物，以使广大中小学教师能够“近距离”地接触中外历代教育家的教育思想、实践经验和办学理念，促进教育理论水平的提高，从而更好地开展教育教学实践。书系的策划人与张斌贤教授为理事长的中国教育学会教育史分会的夙愿不谋而合，合作编写一套大规模的、以教育家为主线的书系的想法随之形成。

策划团队把书系命名为“教育薪火”，是希望教育家的教育思想能够薪火相传，不断推动人类文明的发展。“教育薪火”书系拟分为三辑出版，按照中国古代、中国近现代、外国古代和外国近现代分类。第一辑共选择了一百余位中外教育家，一位教育家一本书，规模宏大，应该说能够在中国教育出版史上留下浓墨重彩的一笔。所选教育家都是经过书系编委会认真研究、充分论证而定的，他们在教育史上有较大的影响，能够启迪或者感染教育工作者，推进教育和教学的发展。当然，其中有的教育家更为名声在外的不是在教育上，但是他们在教育上的贡献毫不逊色于其他方面的贡献，比如我们熟知的一些革命家；另外，还包括了一些具有地方特色的教育家以及还没有被人们真正认识的教育家。

必须提及的是，中国教育学会教育史分会非常荣幸地邀请到我国著名的教育学者顾明远教授、叶澜教授、史宁中教授、宋乃庆教授、田正平教授、裴娣娜教授和朱小蔓教授等担任书系的顾问，成立了由40位教育学界具有重要影响的学者组成的编委会，为书系的质量保驾护航。

还需提及的是，《新课程》杂志社和《现代职业教育》杂志社为物色学有专长的作者付出了巨大的辛劳。书系的作者地域和院校分布广泛，既有北京师范大学、华东师范大学、东北师范大学、华中师范大学、陕西师范大学、南京师范大学、首都师范大学等师范院校的学者，也包括武汉大学、四川大学、南京大学、南开大学、天津大学、河北大学、河南大学等综合大学的教师。作者以教育史专业的中青年教师为主力军，他们朝气蓬勃、时代感强，研究范围涉猎较广，能大胆地探索和怀疑，一些新的教育研究成果不断涌现，为书系注入了难得的新鲜气息；他们与一线中青年教师同处一个频道，其思维模式很容易被接受。

客观而言，现在每年出版的教育类图书很多很多。一类为实践性强和操作性强的教学类图书，教师拿来就可以在课堂上使用；另一类为理论性强和学术性强的图书，印数少，流通范围小，普通教师往往望而却步。然而，教育理论只有指导教育实践才有存在的价值。在我看来，书系最具特色的价值就是秉承了教育理论通俗化这一理念，在教育理论研究者和普通教师之间架起了一道桥梁。书系以教育家为主线，坚持学术性与普及性并重，用通俗化的语言，或阐述教育家的教育思想精华，或叙写教育家的精彩教育事迹和教育实践，力图“润物细无声”，让教师喜欢读，在读中提高素养，深刻理解教育家，形成自己的理论，推进“教育家办学”。

当然，书系在真实性上也颇下功夫。以史料为依据，实事求是叙述，客观全面评价，不有意拔高教育家的贡献，注重教育家闪光点的挖掘和传播，是教育家历史画卷现代版的呈现。书系成规模、系统化，学术性和可读性强，具有较强的收藏价值，非常适合各中小学图书室和大学图书馆选择配置。

中国教育学会教育史分会为教育事业做了一件好事，张斌贤理事长请我作序，我觉得理应支持，欣然应允。

希望广大教育工作者能够认真阅读这套图书，为自己的教育职业生涯发展打下坚实基础，为成长为新时期的教育家而不懈努力。

丁酉年正月于北京

（作者系中国教育学会会长、北京师范大学原校长）

前 言

“他大名鼎鼎，但毫不起眼，身材矮小，穿一身深蓝色咔叽布中山装，踏一双布鞋，像图书馆的一个老员工，甚至有点像一个杂役工。他满头银发，高悬在上，露出一个宽大的额头，几乎占了半个脑袋。他步履稳健，全身透出凝重肃穆之气。”[①]在北大人的记忆里，这位毫不起眼的老者正是著名美学家、文艺理论家、翻译家、北京大学一级教授——朱光潜。他在20世纪30年代初所写下的《文艺心理学》和《谈美》，是中国第一批系统的美学著作，而《诗论》则称得上是“中国现代诗学的第一块里程碑”，其中西融汇、古今贯通的美学和诗学思想，集中体现了美学、诗学学科发展的历史趋势。毫无疑问，朱光潜是中国现代美学和现代诗学的代表人物，为中国现代美学和现代诗学的建立做出了开拓性的、奠基性的重要贡献。

而在这美的、诗意的光环之下，作为教育家和教育学家的朱光潜同样光彩夺目。在青年时代，朱光潜便抱有“教育救国”的理想，从1917年桐城中学毕业后担任桐城北峡小学的教师，到1923年香港大学毕业后担任中国公学中学部英语教师，再到与友人共同创办“立达学园”，及至1933年回国后先后执教于北京大学、清华大学、中央艺术学院、四川大学、武汉大学等，朱光潜的一生几乎除了读书、写书就是教书。其间，无论是作为普通教师，还是作为教育管理者，无论是作为理论言说者，还是作为实践行动者，他都对青年学生、对中国教育倾注了极大的热情和精力。他不仅极力倡导以学明政、以教辅政，而且身体力行地培养和提携了无数的知名学者（如叶朗、朱虹、齐邦媛等），为中国现代教育史留下了《在“道尔顿制”下怎样应用设计教学法》《私人创校计划》《说校风》《谈美感教育》等20余篇教育学论文，以及《给青年的十二封信》《谈修养》《谈美》《我与文学及其他》《谈美书简》等专为青年而写、影响深远的教育随笔集。可以说，为了实现教育救国的梦想，为了培养全面发展的国民，他将自己的一生都奉献给了中国的教育事业，如其所言，“只要我还在世一日，就要吐丝一日，但愿我吐的丝，能替

①柳鸣九:《两点之间的伽利略——追忆朱光潜先生》,《浪漫弹指间:我与法兰西文学》,郑州:河南文艺出版社,2007年版,第10页。

人间增一丝丝温暖，使春意更浓。”这正是一位杰出的教育家鞠躬尽瘁、死而后已的真实写照。

朱光潜既非侈谈理论的“空头教育家”，亦非“两耳不闻窗外事”的书斋先生，而是践行“内圣外王”的学者型教育家。他不仅有着学院式的人文精神，更有着强烈的现实关怀，既立足于中国传统文化的深厚土壤，又积极吸纳西方现代文化的科学雨露，始终坚持“以出世精神做入世事业”。他的一系列教育理念都是出于对改造社会及人生的现实性思考，其最终落脚点也都是人格问题，从而形成了“中西互渗、多元融合、五育并重、美育为先、成己尽性、发展全人”的独特教育思想。尤为可贵的是，朱光潜从不唱高调，如其所言，“高调谁也会唱，但是我的良心不容许我唱高调，因为我亲眼看见，调愈唱得高，事愈做得坏，小百姓受苦愈大，而青年也愈感彷徨惆怅。”①作为一个有良心的教育家，他的教育思想如其文笔一般，不华丽绮靡，不哗众取宠，为民生，为民族，平实低调，简明畅达。

教育，是一种“有情的事业”，不仅仅是以知识为中心的传道授业解惑，更应该是对生动具体的“人”的心理、人格和精神的引导、塑造与培育。教育的问题，归根结底是人的问题，“人”是教育活动的出发点，也是最终归宿，从这个意义来说，一切优秀的教育思想都应是“成人之学”，一切优秀的教育家都应是“人民教育家”。虽然时过境迁，今日的我们所面临的教育问题和社会问题一样更加复杂和紧迫，但朱光潜所阐发的这些“做人的道理”却没有过时，依然值得当下的教育工作者参考和借鉴。当然，也诚如朱光潜所言：“一切学说思想都有它的历史环境的背景，我们读任何书，都要还它一个历史的本来面目。历史环境变了，硬要墨守成规，说它完全是对的；或是执今责古，说它完全要不得，这两种态度都未免缺乏历史发展的认识和批判的精神。”②换言之，要实现对理论和现实的双重尊重，我们就必须以“历史发展的认识和批判的精神”来对待朱光潜的教育思想，我想这对于深刻认识和有效解决“中国的教育问题”和“教育的中国问题”，对于真正培养“全面发展”的“全人”，对于实现国家富强、民族振兴、人民幸福的“中国梦”都是十分有益的。

---

①朱光潜：《给〈申报周刊〉的青年读者（五）——谈理想与事实》，《朱光潜全集》第8卷，合肥：安徽教育出版社，1993年版，第482页。

②朱光潜：《关于美感问题》，《朱光潜全集》第10卷，合肥：安徽教育出版社，1993年版，第1页。

目录

理想的教育不是摧残一部分天性而去培养另一部分天性，以造成畸形的发展；理想的教育是让天性中所有的潜蓄力量都得到尽量发挥，所有的本能都得到平均和发展，以造成一个全人。

——朱光潜

第一章

中西受教经历

1897 年 10 月 14 日，朱光潜诞生在安徽省安庆府桐城县阳和乡吴庄[1]。稍懂历史的人都知道，在近代文化史上，桐城这片人杰地灵之地孕育了“清代文坛盟主”——桐城派。桐城派是清代最大的一个文学流派，尊奉程、朱道统，并以承继秦汉以至唐宋八大家文统相标榜，主要代表人物有戴名世、方苞、刘大魁、姚鼐以及后期“中兴者”曾国藩等，其兴亡几与清朝国运兴衰昌敝相始终，绵延 200余年，流衍甚广，影响至深。在这样的文化氛围中，桐城人逐渐以“穷不丢书”作为家训，省吃俭用供孩子读书，由此，读书风气昌盛，私塾、书院、学堂遍布城乡，一时间，“城里街衢曲巷，夜半诵声不绝；乡间竹林茅舍，清晨弦歌琅琅。”(《桐城耆旧传》)而在吴汝纶(“曾门四子”之一)的友人中，便有朱光潜的祖父——朱文涛。这位海门先生能做很好的八股文，却科举不第，只能做私塾教师，后被聘为孔城镇“桐乡书院”的教习，而他的儿子朱子香则在新旧教育体制过渡的时代重复了他的命运，靠在家中开办私塾勉强为生。朱光潜出生在这样一个破落但又颇受人尊敬的书香门第，注定了他必将担负继承传统、振兴家族、教书育人的重任。

①今为安庆市枞阳县麒麟镇阳和乡岱鳌村吴庄。

第一节　中国传统教育：古文诵读与写作训练

私塾教育是朱光潜接受传统教育（朱光潜常用“旧式教育”指称）的开始。从六岁到十四岁，在近十年的私塾教育中，作为塾师的父亲是朱光潜唯一的启蒙老师，对他倾注了厚望，言传身教，严格要求，“圣贤书”以外一律不准他读。即便如此，他私下怀着怨恨，还是偷偷看了《三国演义》《西厢记》等“这样有趣的书”[①]。不知不觉，年幼的朱光潜熟读背诵的文章越来越多，凡是能找到的各类书籍——从《论语》《诗经》到《尚书》《唐宋八大家文选》《唐诗三百首》，从《史记》《战国策》到《水浒传》《红楼梦》《饮冰室文集》，甚至包括与科举应试无关的《楹联丛话》《麻衣相法》等杂书——都通通读过；同时，他开始写日记，经义策论体的时文也写得越来越得心应手。如其后来所言：“经书是中国文化思想的渊源，是中国民族特殊精神的表现。”[②]这段私塾读经作文的学习生活，不仅使其潜移默化地接受了中国儒家传统文化的熏陶和滋养，而且对其思维方式、写作方式、价值观、审美观等都产生了重大影响，成为其一生的宝贵财富。

许多年后，当新文化运动的某些学者批评传统启蒙教育中那种死记硬背的教育方式的时候，朱光潜却从自己所接受的私塾教育出发，提出自己的不同看法：

私塾的读书程序是先背诵后讲解。在“开讲”时，我能了解的很少，可是熟读成诵，一句一句地在舌尖上滚将下去，还拉一点腔调，在儿童时却是一件乐事。这早年读经的教育我也曾跟着旁人咒骂过，平心而论，其中也不完

---

①朱光潜后来说：“现在我才明白这种禁戒对我所造成的损失，我的情感和想象在刚发芽的时候就遭到风霜，在心理发展上我自幼就养成了个残废人。”这种自省有一定道理，但也必须注意到他对私塾教育本身并没有批判。参见朱光潜：《为什么要放？怎样放？》，《朱光潜全集》第10卷，合肥：安徽教育出版社，1993年版，第103—104页。

②周红：《新发现的朱光潜四篇佚文》，《江苏教育学院学报》（社科版），2008年第3期。

全无道理。我现在所记得的书大半还是儿时背诵过的，当时虽不甚了了，现在回忆起来，不断地有新领悟，其中意味确是深长。[①]

在某些受了新潮流影响的新文化运动者看来，这种先朗读背诵后讲解释义的"读经的教育"无疑是不科学的，是毫无用处的。然而，朱光潜则在反思中找寻到此种教育的道理和意味：恰恰是这种熟读成诵的教育方式，使儿童能够在解意之前便通过朗朗上口的声调音韵而直观感知到传统韵文的奥妙之处，并油然而生一种"舌尖上的快乐"，也即是一种纯粹形式的审美快感；而这种简单的快乐不仅能使其对所诵读的文字记忆深刻，甚至终身不忘，还能使其在回忆过程中不断增添新的领悟，发现其中的意味。这无疑是一种较为公允的看法。

1913 年，在孔城镇高等小学堂呆了一个学期之后，朱光潜便顺利地升入桐城中学。桐城中学的创办者是桐城派的晚清古文家、教育家吴汝纶（1840–1903），作为"曾门四大弟子"之一，他积极提倡引进欧美新学，于 1902 年创办了这所安徽省最早的新式学堂，旨在倡导中西合璧、培养济世之才。按朱光潜所言："中学教育对我较深的影响是'古文'训练。"[②]在当时，桐城派的古文传统依然流传不息，尤其在桐城中学里做古文的风气很盛，考历史、地理要做文章，考物理、化学也要做文章。学生的国文课教材即为桐城派的经典选本——姚鼐编选的《古文辞类纂》和曾国藩编选的《经史百家杂钞》，而国文教师在古文诗词方面也同样造诣深厚，比如对朱光潜影响重大的国文老师、宋诗派诗人潘季野。正是在桐城中学，朱光潜才知道有"桐城派"这么一回事，才感受到"科举囿人"的一面。在潘老师的教导之下，他秉持"以古文为时文，以时文为古文"的桐城派古文传统，开始认真诵读、模仿和写作古文，不久便写得一手雅洁谨严、有腔调、有神气的古文佳作，得到老师和同学们的嘉许和传扬。桐城中学的古文诵读训练和写作训练让朱光潜真切地感受到古文的价值所在，这也使得他后来在"文言文与白话文之争"中，既不同意新文化运动领袖胡适等人废文言、倡白话的决绝态度，更不同意钱玄同把桐城派古文贬斥为"桐城谬种"，而是以一种通达包容、客观辩证

①朱光潜：《从我怎样学国文说起》，《朱光潜全集》第 3 卷，合肥：安徽教育出版社，1987 年版，第 439 页。

②朱光潜：《从我怎样学国文说起》，《朱光潜全集》第 3 卷，合肥：安徽教育出版社，1987 年版，第 443 页。

的态度来看待文言与白话的同异，为古文的审美价值申辩。

在朱光潜看来，古文的特殊美感正在于“骨力”（声音、节奏）和“神韵”（神、理、气、味），正如桐城派代表古文家刘大櫆所言：“神气乃文之最精处，音节是文之稍粗处，字句是最粗处，学者求神气而得之音节，求音节而得之字句，思过半矣。”（《论文偶记》）而姚鼐说得更坚决：“文章之精妙不出字句声色之间，舍此便无可窥寻。”而要领悟和获得古文的这种美感，则“必要放声疾读，又缓读，只久之自悟。若但能默看，即终身作外行也”。（《尺牍·与石甫侄孙》）当中年朱光潜回忆起自己学习和做古文的经历时，他这样说道：

> 学古文别无奥诀，只要熟读范作多篇，头脑里甚至筋肉里都浸润下那一套架子，那一套腔调，和那一套用字造句的姿态，等你下笔一摇，那些“骨力”、“神韵”就自然而然地来了，你就变成一个扶乩手，不由自主地动作起来。

这是一种透彻而非神秘的经验之谈。通过熟读，他从生理和心理上都实在地感受到并把握住了古文所特有的“那一套腔调，和那一套用字造句的姿态”，并将这种腔调和姿态自然而然地灌注到自己的古文写作，乃至化用到此后的白话写作之中。正因如此，朱光潜虽然后来一直以白话文写作，却从未将古文弃之如敝屣，恰恰相反，他不仅在新文化运动的氛围中间或用古文写文章（如古体诗、书信、宣言、题跋等）[①]，还为古文进行公开辩护：

> 依我所知，这派文章大道理固然没有，大毛病也不见得很多。它的要求是谨严典雅，它忌讳浮词堆砌，它讲究声音节奏，它着重立言得体。古今中外的上品文章似乎都离不掉这几个条件。它的唯一毛病就是文言文，内容有时不免空洞，以至谨严到干枯，典雅到俗滥。这些都是流弊，作始者并不主张如此。[②]

这可谓是真正洞察了桐城派古文利弊的真知灼见！与某些抱着“革命”目的

---

①朱光潜的古文文章主要有《题吴龙丘先生画竹》《题刘永济〈惊燕集〉》《题丁学洙画卷》等，参见陈学勇：《录朱光潜一篇文言文》（《新文学史料》，2000 年第 2 期）或《朱光潜全集》等。

②朱光潜：《从我怎样学国文说起》，《朱光潜全集》第 3 卷，合肥：安徽教育出版社，1987 年版，第 443 页。

的、激进的新文化运动者不同，朱光潜不是从政治的或启蒙的需要来彻底否定古文的价值，而是立足于“做过十五年左右的文言文，二十年左右的白话文”的亲身经验，从文学自身的特性和规律出发，按照“美学的和历史的”标准，来对古文价值作出自己的审美判断。正因为坚持实事求是，朱光潜对人们一再抨击的“八股文”也能见出其“趣味”所在，比如“它的布置很匀称完整，首位条理线索很分明，在狭窄的范围与固定形式之中，翻来覆去，往往见出作者的匠心”。当一位北大教授讥讽桐城文人“弊在不学拿戴东原拒绝姚姬传做弟子的话开玩笑”的时候，他正言道：“桐城文章之浅狭，固无可讳言。但是浅狭的原因决不在不精训诂。”①

一方面，朱光潜看到了文言文具有的讲究声音节奏、着重立言得体、言之有序、谨严典雅等特点，所以他才有这样的信念——“白话文必须继承文言的遗产，才可以丰富，才可以着土生根”。正因为有这样的信念，他才会在自己写白话文时不忌讳在文言文中借字借词；另一方面，朱光潜又看到了古文存在着的内容空洞、干枯俗滥等流弊，所以，他默默承受住从文言文改成白话文的“切肤之痛”，在经过一番剧烈的内心冲突之后，最终接受了新文化运动的洗礼，放弃古文而开始做白话文，并在写白话文时极力避免用文言文的造句法和文言文所习用的虚字如“之乎者也”之类，自然也就对俞平伯等人所尝试的文白杂糅的表述方式不以为然了。

进一步来说，这种传统教育的古文诵读和写作训练，不仅培养了他读书和写作的习惯，使他从一开始就对古典诗文的声律节奏等形式问题产生了浓厚的兴趣，有了一定的心得，更对其后来的诗学研究、审美趣味乃至写作命运等产生了至关重要的影响，具体体现在四个方面：

其一，在学习西方诗特别是英诗的过程中，朱光潜自然而然地关注英语诗歌的音律节奏问题。比如在伦敦和巴黎留学时，他积极参加诗坛剧院的诵诗会，到伦敦的老维克剧院、诗人蒙罗（Harold Monro）的“诗歌书店”、法国的国家剧院等

①朱光潜：《中国文学之未开辟的领土》，《朱光潜文集》第8卷，合肥：安徽教育出版社，1993年版，第142页。

地方去听诗歌朗诵，甚至归纳出西方人诗歌朗诵的两种基本倾向，即“戏剧诵”（偏重语言节奏的剧院诵诗）和“歌唱诵”（偏重音乐节奏的诗人诵诗）；相较之下，朱光潜觉得中国人对诵诗似乎不很讲究，像和尚念经一样，各自为政，既不合乎语言的节奏，也不合乎音乐的节奏，由此而更加确信并宣扬诵读是帮助诗人很好地处理诗歌节奏的有效途径，对于偏重语言节奏的新诗来说，音乐节奏在新诗中的地位问题需要抛弃偏见和武断，谨慎地探讨。

其二，回国后，为了在中国现代语境中实现诵读传统的复兴和西方诵诗艺术的移植，同时为了创建新诗形式，探究汉语诗歌音律节奏发展的可能，朱光潜与友人梁宗岱筹划举办了不定期的文艺沙龙——读诗会[①]，时间在 1934 年至 1936 年间，地点就在朱光潜的寓所慈慧殿三号，参加者以京派文化人为主，如俞平伯、周作人、沈从文、朱自清、李健吾、林徽因、叶公超、孙大雨、罗念生等。大家主要围绕朱光潜对诗歌形式的认识，对诗歌内容与形式的关系以及节奏、韵律、用字音色等诗歌形式因素的处理问题，进行了激烈的讨论甚至争论。朱光潜的形式诗学或者说形式美学由此而得以在当时的北平文化圈广泛传播，并在此影响下出现了中国现代诗歌史上对形式因素最为重视、探讨最为细致的京派诗人群体：这正是作为京派文学沙龙的主持人和文论家代表的朱光潜对京派文学和中国现代文学的重要贡献之一。

其三，在被称为“中国现代第一部全面系统的诗学理论著作”——《诗论》中，朱光潜融合中西诗论以及综合化运用“读诗会”中诸家观点而提出自己的诗境说，着重从中国诗歌的语言形式因素（如声韵、节奏等）的发展演变来探讨诗歌的本质，为中国百年新诗的发展和现代诗学的建设做出了突出贡献。其中，《散文的声音节奏》一文还从桐城派文论的角度对古文的声音节奏之形式美做了充分的阐释。朱光潜自己一直非常看重这本“自认为用功较多，比较有点独到见解”的《诗论》，追根溯源来看，私塾教育阶段无疑是其“用功”的开始。

其四，更为重要的是，经义策论的古文写作训练，一方面使朱光潜对说理文

①朱光潜在其日记中一般称之为“吟诵会”。读诗会不只是读诗、论诗，也读散文、小说、韵文、剧本等，甚至还表演戏剧片段、发表学术讲演等。

驾轻就熟，“有理我都可以说得出，很难说的理我能用很浅的话说出来”，另一方面也造成了他思想的定型，长于抽象思辨，而短于想象，“我把握不住一个有血有肉有光有热的世界，在旁人脑里成为活跃的戏景画境的，在我脑里都化为干枯冷酷的理”，当然，这里不乏自谦的成分。而讲求“义理、考据、辞章”的桐城派古文写作训练，则使他在写作中格外注意声音节奏和语调，在说理文中也往往采用平易、舒缓、流畅的语调。因此，我们在阅读朱光潜的作品时，常常感叹于他说理之通俗易懂，简明清晰，娓娓道来，仿佛美文一般，精妙之思常流动于字句声色之间，不仅悦人耳目，更悦人心志。之所以能臻此之境，旧式教育功不可没，诚如朱光潜自己所言：“小脚走路的训练功夫，也并不算完全白费。”

1916 年冬，朱光潜以优异的成绩从桐城中学毕业，毫不犹豫地选择了当一名教师，次年初春，便去了桐城大关镇一所偏僻的北峡小学。在教了半年小学后，志存高远的朱光潜顺利考入了才创办几年的武昌高等师范学校的国文部。在这年秋天，朱光潜离开故乡桐城到达安庆，再乘船沿长江溯流而上，来到了当时长江中游最繁华的大商埠——三镇合一的武汉。然而，朱光潜很快就对这里的教育感到失望，尤其对这里的教师颇不满意，不是自命不凡的冬烘学究，就是穿凿附会、妄谈义法的趣味恶俗之人，正因如此，他“从此觉得嫌恶文学上的低级趣味可以比嫌恶仇敌更深入骨髓”，甚至一气之下向教育部写了一封长长的告状信，历数罪状。当然，对朱光潜来说，武汉时期又是十分重要的阶段，因为在这里，他不仅细读了段玉裁的《许氏说文解字注》，了解到汉字形、音、义之间的密切关联，约略窥见清朝小学家们治学的方法，还结识了两位安庆老乡——章伯钧和徐中舒，正是后者向胡适推荐了朱光潜，使其回国后即到北京大学任教；更重要的是，在武汉朱光潜赢来了“生平的一个大转机”——获得被保送到香港大学继续深造的机会，从此开始了接受西式现代教育的崭新历程。

第二节　西式现代教育:科学精神与学术训练

1918 年夏,朱光潜作为由北洋政府选拔的 20 位师范生之一,被选送到香港大学继续深造。香港大学虽然是 1911 年才创办的大学,但在教育体制上完全效法英国本土大学(如牛津、剑桥等),完全实施英式教育,聘请了许多当时在欧美学界有一定地位的教师,除中文系的一些课程外,其他各系都采用英语教学。因此,朱光潜在先修班补习了一年英语之后,才正式考入文学院教育系,开始本科学习。

作为教育系的学生,朱光潜学习了教育学、心理学、生物学、实验心理学、英语语音学等专业主修课,其主要内容都是西方现代科学的成果,而选修的哲学、伦理学、英国文学等课程同样是西方文化的内容。在学习和生活过程中,他不仅与高觉敷、朱铁苍等同学建立起真挚深厚的友谊,更受到了老校长艾略特爵士、工学院的布朗教授、英语语音学老师雷德教授以及哲学、伦理学老师奥穆、英国文学老师辛博森等诸多老师的无私关爱和巨大帮助。通过五年的专业学习和训练,朱光潜不仅系统掌握了教育学学科的基本知识,初步了解了英国语言和文学、生物学和心理学的一些常识,更培养了自己关注和吸收人文科学和自然科学前沿成果的意识,不仅使他初步地又较为系统地了解到西方科学和人文传统,更激发了他对西方文学(尤其是英国文学)和心理学的兴趣,按其所言,“这就奠定了我这一生教育活动和学术活动的方向”(《作者自传》)。

需要着重指出的是,在这一阶段,朱光潜逐渐培养起自己独特的学习和写作习惯,即为了真正学好某一门功课,更牢固、更系统地掌握相关知识,他总是有意识地选取一些有意义的专题,然后充分利用香港大学图书馆英文藏书较多的优势,不厌其烦地查找相关资料,直到吃透为止,最后把自己读书、思考的心得写成文章,寄回大陆报刊发表。这些长短不一的论文大多发表在倾向于新文化运动的一些有影响的报刊上,如《时事新报》《改造》《闵铎》《东方杂志》等,共计有8 篇,其中教育学2篇，心理学3篇，生物学1篇，另有分别谈学术精神改造和现实超脱问题的2篇。晚年时，朱光潜曾对自己的这种“学到点什么，马上就想拿来贩卖”的“坏习惯”做了辩证分析和评价：其坏处在于容易导致“学习得太少，写得太多太杂”，不专不精；其益处则在于为了写作就必须吃透原文，并整理自己的思想和斟酌表达的方式，因此这也是一个很好的学习方式和思想训练。这可谓中的之言，从中我们不难汲取到一些有益于自身的学习经验。

首先，让我们具体来看这两篇教育学文章。《智力测验法的标准》（《教育杂志》第14卷第5号，1922年5月）是朱光潜教育学论文的处女作，它的诞生可以说是“应激”的产物。有一次，心理学教授福斯特先生在课堂上用他设计的新方法搞智力测试，朱光潜刚好头天晚上生了病，没怎么睡觉，测验结果竟然是班上倒数第一，这沉重地打击了朱光潜的自信心。可能是为了洗刷耻辱，也可能是为了重建自信心，朱光潜就写了这篇文章，着重研究智力测验的标准问题。他开篇即肯定智力测验“对于教育是极重要的”，但同时指出“若想得到精确的结果，非有缜密周到的方法和坚忍忠实的精神，断难成功”，继而批评当时的所谓智力测验“验而不测”弊病，由此提出规定智力测验标准在教育界是当务之急；最后，他还忍不住“奉告教育界诸君”：

> 智力测验不过是教育方法初步，为什么要测验智力，因为懂得儿童的智力深浅，我们才能设法对付他们。假使智力已测验出来了，我们如果不利用测验结果，还是徒劳无补。据个人的意见，将来新学制如能以智力年龄代实在年龄做入学升级的限制，智力测验者的苦心就不辜负了。纵使这层一时不易办到，天材儿童和低能儿童也应该各受特别的待遇。现在他们大半都混在一起，天材儿童因而不能尽量的发展，低能儿童因而不能循序的发展，双方交受其害。教育当局对于这层可以不设法补救么？①

在这里，朱光潜一针见血地指出了智力测验者或教育当局者的最大问题在于把作为初步教育方法的测验本身当作目的，而忽略了测验的根本目的——根据测验结果了解儿童的智力深浅，从而对天才儿童和低能儿童区别对待，其结果必然导致良莠不分。朱光潜的理论考察虽还显稚嫩，却有着明确的现实指向，有着

①朱光潜：《朱光潜全集》第8卷，合肥：安徽教育出版社，1993年版，第69页。

强烈的改革教育的意愿和对"人"的发展问题的关切,由此开启了他以"人"为本推进教育改革的思想之门。

《在"道尔顿制"下怎样应用设计教学法》(《教育杂志》第14卷第12号,1922年12月)是朱光潜与友人高觉敷讨论的结果,基本目的在于介绍和探讨教学法中的"道尔顿制"。他一开始便指出,"道尔顿制"的主旨在于"使个别儿童各量天资,乘兴趣,去自由发育";设计法的主旨在联络学校功课与人生实际需要,使儿童先于人生实际需要感觉疑难,然后再立定目的,自求解决方法。若要实现最好的教育目的,自然是将二者兼收并蓄,因此,在"道尔顿制"中如何应用设计法成为关键问题,该文目的即在于探求解决此问题的方法。具体的阐释过程略显繁琐,但其中所穿插的一些教育观点值得注意,比如:

> 教员的通病常在把自己担任的功课看得太重,把其余的功课看得太轻;照理说,教育要求多方的、平均的、贯注的发展,使学生养成一个完全的人格;畸轻畸重的习气最容易使各科教材的分量不相称、内容不相贯,使学生所得的知识都是零零碎碎,不能组成一个完全经验。
>
> ……
>
> 教育的要旨在使学生应付新环境,能知道怎样在世界上生活;只在脑筋里储藏许多死事实,不能推理,这种人决不能随机应变,决不能享完善的生活。
>
> ……
>
> 学生所学习的要能影响他们自己的操行,不专为知识而求知识;如果只为知识而求知识,知和行便截然成两件事。[①]

在这里,朱光潜初步提出了他的全面均衡、发展全人的教育理念。他既批评了"畸轻畸重不相贯穿"的教学弊病,也否定了"只为知识而求知识"的学习误区,指明教育的要旨在于使学生打破课室生活和书本生活,获得解决问题和实

①朱光潜:《在"道尔顿制"中怎样应用设计教学法》,《朱光潜全集》第8卷,合肥:安徽教育出版社,1993年版,第72,75—76,76页。

际生活问题的推理能力，能随机应变地应对新环境。从这个意义上说，教育的最终指向于实际生活，“知”是为了“行”，只有“知行合一”，才能说真正实现了成功的教育。联系我们当下的教育现实来看，这些弊病和误区依然存在：偏重畸轻畸重的知识教育（智育、道德教育），忽视美感教育、体格教育等，并严重割裂学习生活与实际生活之间的关联，结果造成了学生知识的碎片化、人格的片面化、行动的侏儒化，难以享受“完善的生活”，这是需要我们警醒的，换句话说，朱光潜的“知行合一”的教育理念依然是值得我们借鉴和深思的。

综合来看，这两篇文章都注意到“学生各有量天资乘兴趣的自由”，也因此不同程度地涉及“因材施教”的问题。因材施教是教育学中的重要问题，在此问题上，孔子自然是值得学习和效仿的榜样，比如他分别针对智力水平不同、个性不同、年龄和兴趣不同的学生采用不同的教育方法。然而中国的传统教学法主要是依靠老师主观的观察和判断，而西方现代教育学则试图将如何因材施教科学化、体制化、系统化。朱光潜对此问题的初步探究，不仅与其个人的经历和兴趣有关，也与其对中国传统教育的反思有关，从某种意义上来说，作为西方现代教育学专业的学生，他接受教育的过程，也就是体验教育、反思教育的过程，而且自觉或不自觉地就开始了在两种教育模式之间进行比较、权衡与转化。

其次，心理学研究为朱光潜更好地研究教育学问题提供了内在的重要理论依据，心理学知识成为他此后用来说理议论、阐发教育观念的最常用的理论工具。比如，在第一篇论文《弗洛伊德的隐意识说与心理分析》（《东方杂志》第18卷第14号，1921年7月）中，朱光潜专门论及“隐意识与教育”问题，他认为：

> 学校和家庭当鼓励儿童自由思想，独立自重，使他们能自己审度事理，不至有不好的欲望要压制。……我劝父兄师保们趁早觉悟，让儿童走自然发展所必经的路径，鼓励他们磨炼明察事物的思辨力，不要一味的压制。[①]（注：着重号为笔者所加）

“自由”和“自然”是朱光潜教育思想的关键词。朱光潜之所以提倡“自由”和

①朱光潜：《弗洛伊德的隐意识说与心理分析》，《朱光潜全集》第8卷，合肥：安徽教育出版社，1993年版，第7—8页。

“自然”，是因为个人在专制社会之下往往受到巨大的外界压力，个性被压制而造成了许多隐意识（unconsious，现译作“潜意识”或“无意识”），因此在教育过程中，只有尊重学习者（如儿童）自由思想的权利，使其天性欲望自然而然地发展，才能从根本上“避免意识和隐意识相冲突”，才能真正成为独立自重、明察思辨的学习主体。然而，正如卢梭所言，“人生来自由，而无往不在枷锁之中”（《契约论》），因此要获得真正的自由，只有打破这种社会的“压制”才有可能，这对于个人来说无疑是不现实的。所以，朱光潜指出了另外的道路，即将隐意识“引导到有益的方向去发泄”，这就适时地引出了他毕生所关注的“美育”话题：

我国美育本太欠缺。一般人视饮食男女外，别无较高尚的生活目的，实在是社会上卑鄙龌龊一个主因。文艺是陶淑隐意识的无上至宝；宗教也可使普遍人有较高尚的生活目的。我愿教育家稍稍注意此点。①

这是朱光潜第一次正面谈及“美育”，第一次指出文艺和宗教对于人们超脱现实生活、获得高尚生活目的的价值和功能。对于教育而言，以及对于祛除社会上的卑鄙龌龊而言，这种“陶淑作用”同样是“无上至宝”。

至于如何超脱现实，朱光潜在毕业前夕所写的《消除烦闷与超脱现实》（《学生杂志》10卷5期，1923年4月）一文中作了详细说明。这篇文字由王光祈发表在《学生杂志》上的《中国人之生活颠倒》一文所引发，在文中，朱光潜既肯定其对中国青年烦闷原因的分析，又否定其以及时行乐作为解决问题的方法，指出了超脱现实的三条道路，即宗教信仰、美术（文学和艺术）和保存一点孩子气，而其出发点同样是“给生机以自由活动的机会”。与王光祈主张“生机只可在现实界活动”不同，朱光潜提出了自己的“一种补充的办法”：

我以为生机不仅可以在现实界活动，如果在现实界受了挫折，不一定使人生烦闷，因为他还可以超脱现实在精神界求慰安。就积极方面说，超脱现实，就是养精蓄锐，为征服环境的预备。就消极方面说，超脱现实，就是消愁

①朱光潜：《弗洛伊德的隐意识说与心理分析》，《朱光潜全集》第8卷，合肥：安徽教育出版社，1993年版，第8页。

遣闷，把乐观，热心，毅力都保持住，不让环境征服。[①]

乍一看朱光潜的“超脱现实”似乎是逃避、出世之论，其实不然。朱光潜主张说话论事“一方面要顾及当然，一方面也要顾及可然”。他所思考的问题是：如何才能征服环境而不被环境征服，如何才能坚持到底而不因逆境现实陷入失望悲观的泥潭。在他看来，只有懂得和学会在精神界求安慰，超脱现实，才能不屈服于现实，才能有精力、有毅力和环境斗争到底。按此而论，“超脱现实”的“积极”一面是主动进攻，“消极”一面是主动防守，二者就主体而言都是积极的、主动的、入世的，从中我们能觉察到儒家精神（“达则兼济天下，穷则独善其身”）的修为，也能发现朱光潜人生理想（“以出世的精神，做入世的事业”）的端倪。

值得注意的是，纵观朱光潜的一生，他在这三条道路中严格来说只选择了“美术”这一条道路，无论遭遇怎样的烦闷和挫折，他总会选择文学艺术作为超脱现实之方，并以自己的亲身体验告诉中国青年可以选择这条道路超脱现实的烦闷，积极应对人生的挫折，这也正是他大力倡导美感教育和文学教育的初衷。虽然他是不信宗教的，但他认为宗教的益处在于陶冶感情，给人慰藉，都是超脱现实、解除烦闷的好方法，这亦可见其通达体谅的精神。与其说这三条路是指给自己的，不如说是指给正陷入烦闷之中的“中国青年”的，换言之，正是从《消除烦闷与超脱现实》开始，朱光潜找到了教育的根本对象——“中国青年”，由此也接通了理论与现实、自我与他人、个人与社会之间的通道，使所学真正变为所用。

总之，香港大学的五年学习，不仅使朱光潜与西方文化直接遭遇，了解和掌握了西方学术的基本路径和方法，也使其获得了重新审视中国传统文化和治学之道的“他者”视角，更重要的是，他逐渐适应了国内以西方科学为标准的新文化运动带来的学术话语转型，凭借其所掌握的比较纯粹的西学教育理论和话语方式，而获得了一种与时代合拍的初步的话语权，这为其后来的教育实践和教育改革奠定了坚实的基础。同时，因为香港大学所固守的是英国式的精神传统和教育方式，所以，培养了朱光潜对欧洲文化尤其是英国文化的亲近感，使他在接受

①朱光潜：《消除烦闷与超脱现实》，《朱光潜全集》第8卷，合肥：安徽教育出版社，1993年版，第95页。

西方文化时基本上偏向于欧洲，而对美国式的教育和学术有一定的隔阂，这也正是他两年后选择英、法作为留学地的前因所在。

在经历上海中国公学、浙江春晖中学以及上海立达学园的教育实践的历练和失败后，朱光潜最终决定参加英国庚子赔款基金的留学生考试，去英国留学。1925 年暑假，凭借过硬的英文能力和扎实的国学训练，朱光潜毫不意外地考取了安徽公款留学英国的名额，并欣然接受了他的香港大学老师辛博森教授的推荐，选择爱丁堡大学作为他开始接受正统西方学习之旅的第一站。经过漫长的路途之后，朱光潜终于抵达了苏格兰首府——爱丁堡。爱丁堡位于苏格兰中南部靠北海的弗斯湾南岸，是一座历史名城，也是英国重要的文化中心之一。爱丁堡大学则是历史悠久的名牌大学，始建于 1583 年，有着深厚的学术传统，曾产生过哲学家休谟、生物学家达尔文、文学家司各特等著名校友。进入文学院后，朱光潜自由选择了多种门类的课程，比如心理学、17 世纪英国玄言诗、英国浪漫主义诗歌、欧洲戏剧史、欧洲哲学史、休谟《自然宗教的对话》研究、近代英国逻辑学、近代德国哲学、黑格尔研究、欧洲美术史、欧洲古代史等。这些课程的学习，使其逐渐形成了以文学、心理学和哲学为兴趣中心的学术结构，而边读书边写论文的习惯也使其留下了当时的学习心得，这些学术成果为我们理解和探察西学对朱光潜的影响提供了可能。

首先，文学是朱光潜毕生的兴趣所在。《诗经》《唐诗三百首》等最早培养了他对中国文学的兴趣和理解，香港大学的英国文学教授辛博森又成为他“精神上的乳母”，使他领略到西方文学之美，尤其是辛博森所酷爱的英国浪漫派诗歌成为他进入西方文学的第一扇门，许多年后，当他在北京大学、武汉大学英文系上英国文学史课的时候，辛博森讲解过的济慈《夜莺颂》、柯勒律治《古舟子咏》同样成为他每次必讲的内容。在爱丁堡，朱光潜有心对英国文学与中国文学的特征做文化精神上的比较，于是特意选择了知名教授谷里尔生主讲的“17 世纪英国玄言诗”课程，由此他感受到中英诗歌的差异。正是在进入西方文学与反观中国文学的往返过程中，朱光潜初步建立起中西文学比较的意识。1926 年春天，他在《中国文学之未开辟的领土》(《东方杂志》第 23 卷第 11 号)中写道：

我对于中国文学，兴味虽很浓厚，但是没有下过研究的工夫。近几年稍涉猎西方文学，常时返观到中国文学，两相比较，觉得中国文学在创作与批评两方面，都有许多待开辟的领土。在整理国故的呼声很高的时候，应该早有人提出这个问题，作一个通盘计算。可是谈到这层的还是很少。①

这篇文章可谓朱光潜中西比较诗学研究的处女作。在引言部分，朱光潜说明了作此文的动机，实际上也就说明了进行中西文学比较的动机所在。在他看来，中国文学的第一大特点就是偏重主观，情感丰富而想象贫弱，这导致了抒情诗最早出现，长篇叙事诗在中国不发达；因为缺乏想象，戏剧也因而不发达。另一特点在于偏重人事而伦理的色彩太浓厚，也因此在文学方面神奇诙诡的成分很少，超自然的色彩太淡，在哲学方面则玄学不发达。由此，朱光潜认为已经把诗词做得滥熟的中国文学要另辟新境界、新领土，应多做些长篇叙事诗、戏剧、神话的尝试和研究，生发出叙事的、想象的、超自然的追求来。当然，朱光潜并非唯西方论者，他同时也指出中国文学的优点与贡献所在，比如他认为，中国诗人在做抒情诗方面比西方诗人要高明些，无论是自然流露的抒情风格（如《国风》古乐府），还是精细深刻的抒情风格（如温李小令和许多上乘的五七绝），西诗都是远远不及的；而中国的传奇弹词（如《西厢记》《琵琶记》等）是长篇叙事诗和戏剧的混合物，虽不似西方诗剧，却“也可以说是中国文学的一种特别贡献”。此后不久，他又在《长篇诗在中国何以不发达》这一续篇中进一步思考“史诗悲剧和其他长诗在中国何以不发达”的问题，以西方诗歌和民族特性为参照，列举了起于中国民族弱点和优点的五种原因，比如哲学思想的平易和宗教情操的浅薄，好静的中国民族性，内倾型的民族和个人心理，偏重抒情，社会与文化的变迁带来情趣的变化等，同时不忘强调“史诗悲剧和其他长篇诗的缺乏并非中国文学的弱点，也许还可以说是中国人艺术趣味比较精纯的证据”。

关于中西文学批评的差异，朱光潜同样感受颇深。中国学者向来最大的毛病是“好渊博而不免于笼统”“贪多务得，细大不捐”，因此，中国传统的文学批评（实为诗文评点）大都比较散乱，不成系统，鲜有像刘勰《文心雕龙》、刘知几《史通》、章学诚《文史通义》那样的体大思精之杰作；而西方的文学批评则比较深入、系统、细密，并且能把研究成果普及到中小学教材。由此，朱光潜认为，应该

①朱光潜：《中国文学之未开辟的领土》，《朱光潜全集》第8卷，合肥：安徽教育出版社，1993年版，第134页。

把批评看作是一种专门学问,“受西方文学洗礼以后,我国文学变化之最重要的方向当为批评研究(literary criticism),在这个方向,借助于他山之石的更要具体些,更可捉摸些”[①],这“他山之石”主要指当时英、法学者所采用的文学研究对象(如“以作者为研究中心”“以时代为研究中心”“以地理为研究中心”等)和方法(分类研究),这对于那些“大学文科研究院草定课程的人”来说同样是十分重要的。为了给中国批评家树立可以学习的榜样,朱光潜还特意选择了圣伯夫(Sainte Beuve)、阿诺德(Matthew Arnold)和克罗齐(Benedetto Groce)这三位代表英、法、意三国文艺批评中心潮流的人物,写成文章《欧洲近代三大批评学者》(《东方杂志》第24卷第13、14、15号,1927年),作为“可以攻玉”的“他山之石”提供给中国批评界。此外,他还亲力亲为,对周作人的散文集《雨天的书》(《一般》第1卷第3期,1926年11月)进行批评,在文中,他很自然地就以圣伯夫的看法作为反对“国语文欧化”的理据,他说:“近代大批评学者圣伯夫说《罗马帝国衰亡史》著者吉本(Gibbon)的文字受法国的影响太深,所以减色不少。英、法文构造相似,法文化的英文犹且有毛病,中文与西文悬殊太远,要想国语欧化,恐不免削足适履。”因此,他认为中文“欧化的分量不可过重”“想改良国语,还要从研究中国文言文中的习惯语气入手”,很显然,这又回到了中国文化传统的本土立场上。

总之,朱光潜中西比较的立论根基始终是在中国现实,其根本目的在于“把研究西方文学所得的教训,用来在中国文学上开辟新境”,“使中国文学起一大变化”。在当时国内的历史文化语境中,这种借助西学为参照、发掘中国传统文化优劣之处的比较研究,确实是一种深刻而独特的“整理国故”的方式,是对胡适所发起的“整理国故”运动——旨在从中国传统文化中“找到可以有机地联系现代欧美思想体系的合适的基础”(《先秦名学史·导论》),进而在此基础上融合中西文化“再造文明”——的补充和拓展。

其次,心理学也一直是朱光潜的兴趣所在。此前,他已在香港大学写作发表了三篇心理学论文,分别是《弗洛伊德的隐意识说与心理分析》《行为派心理学之概略及其批评》和《麦独孤与华生能否同列行为派》,对当时欧美心理学界出

---

①朱光潜:《中国文学之未开辟的领土》,《朱光潜全集》第8卷,合肥:安徽教育出版社,1993年版,第139—140页。

现的三个有影响的学派做了介绍和分析，包括弗洛伊德的精神分析学及其新发展，行为主义心理学和目的（策动）心理学，按他的好友高觉敷的话来说，在国内朱光潜是介绍和评述这些西方心理学派的“第一个”。在精神分析学的巨大影响下，研究隐意识和潜意识的心理学——“变态心理学”（Abnormal Psychology）成为心理学的重要分支，于是，朱光潜紧跟前沿，对此做了系统的梳理和分析，先后完成了两部专著，即《变态心理学派别》（1929）和《变态心理学》（1930），前者“以作家为中心”，重在介绍近代变态心理学的主要思潮，后者则“以问题为中心”，旨在使读者明白变态心理学是“一门正在生长的还有许多有趣问题的科学”。[①]此外，朱光潜还写有《现代英国心理学者之政治思想》（《留英学报》第2期，1928年6月）一文，主要是对麦独孤的社会心理学说进行述评。

凭着对心理学的一腔热情和知识积累，朱光潜在爱丁堡大学完成了硕士学位论文《论悲剧的快感》（1928），后以此为基础又在斯特拉斯堡大学完成了博士论文《悲剧心理学》（1933），虽然研究的内容是悲剧理论，但都是由两所大学的心理学系主任担任导师，前者为詹姆斯·竺来佛教授（Dr.James Drever），后者为夏尔·布朗达尔教授（Prof.Charles Blondel）。“正是因为心理学和导师们的影响，朱光潜后来研究美学，相当长一段时期内是采用心理学的视角，而不是传统的哲学视角。”[②]

哲学成为朱光潜最后却并非最不重要的学术兴趣。西方哲学史是爱丁堡大学文学院享有盛名的学科，为了学好哲学，朱光潜一进校就选修了“近代英国逻辑学”，并专门写作了逻辑学论文《从“凡人皆有死”到“苏格拉底有死”》（《一般》第2卷第3期，1927年3月）和《近代英国名学》（《留英学报》第1期，1927年10月），前者对亚里士多德的三段论形式逻辑提出了批评，后者对近代英国逻辑学的四派（经验派、形式派、符号派、近代名学派）进行了介绍和述评，并肯定了以布拉雷德和鲍桑葵为代表的、受黑格尔影响的英国近代逻辑学派。

有了较好的逻辑学基础，尤其是在他的哲学导师、康德研究专家侃普·斯密斯教授的指导下，朱光潜开始致力于哲学尤其是唯心派哲学的探究。之所以醉

①朱光潜：《变态心理学·自序》，《朱光潜全集》第2卷，合肥：安徽教育出版社，1987年版，第104页。
②王攸欣：《朱光潜传》，北京：人民出版社，2011年版，第77页。

心于唯心派哲学，按其所言，是因为他相信“哲学以及其他学术的趣味不在结论而在问题”，正是“问题指着我们看见这世界是一个丰富的世界，可探险的地方正多。就这个意义说，唯心派哲学仍是最能引人入胜的，因为它指出或生出许多有趣的问题”。可以说，正是这种问题意识指引着他进入唯心派哲学的胜境，而并不顾及唯心主义试图打破心物二元论的惨败结局。概括而言，他将哲学唯心论的发展史归纳为“柏拉图——康德——黑格尔——克罗齐”的演进模式。1929年7月，朱光潜写下了第一篇哲学论文《黑格尔哲学的基本原理》(《哲学评论》第5卷第1期，1933年7月)，副标题即为“黑格尔怎样比柏拉图和康德走进一步”，表明了他的看法。稍后，他被邀请到伦敦中华学艺会作关于唯心哲学的演讲，讲稿即为《唯心哲学浅释》(《中学生》第6期，1930年7月)，从中可见其对唯心论哲学的观念史非常熟稔。而对克罗齐的关注，则源自他的朋友——爱丁堡大学历史系讲师汤姆逊。痴迷于克罗齐的汤姆逊常与朱光潜谈论克罗齐的学说及其在欧洲哲学、史学、美学界的影响力，在此影响下，朱光潜开始学习克罗齐美学。通过学习，他给予克罗齐极高的评价，称其为“现代欧洲美学家的泰斗”，是自亚里士多德之后首屈一指的“以第一流哲学家而从事于文艺批评者”。也正是从这时开始，克罗齐成为朱光潜学术生命和美学生涯里“挥之不去”的印记，在朱光潜接受、介绍、研究西方美学的历程中具有特殊的意义。这自然是后话，当时朱光潜还只是简单介绍克罗齐的美学和文学批评，直到完成《克罗齐哲学述评》(1947)，他才真正理解了克罗齐的哲学体系和美学价值。

丰富多样的西学教育和专业熏陶，既激发了朱光潜对文学、心理学和哲学等多门学科的研究兴趣，也使其学术志向的抉择陷入两难之中。在爱丁堡大学的第一年，兴趣广泛的朱光潜对自己的学术方向犹豫不决，是舍心理学而专研文学，还是舍文学而专研心理学，为此他还曾写信给好友高觉敷诉说这种两难。犹豫之后，朱光潜还是“决定取文学而舍心理学”(高觉敷语)；大约从1926年上半年开始，他将兴趣逐渐转向了西方文论和美学；而在了解了克罗齐美学(1927)，尤其是写成《文艺心理学》初稿(1932)之后，他又义无反顾地踏上了美学的道路。后来在《文艺心理学·作者自白》(1936)里，他对自己最终选择美学做出了这样的反思和回答：

我前后在几个大学里做过十四年的学生，学过许多不相干的功课，解剖

> 过鲨鱼,制造过染色切片,读过建筑史,学过符号名学,用过熏烟鼓和电气反应表测验心理反应,可是我从来没有上过一次美学课。我原来的兴趣中心第一是文学,其次是心理学,第三是哲学。因为欢喜文学,我被逼到研究批评的标准、艺术与人生、艺术与自然、内容与形式、语文与思想诸问题;因为欢喜心理学,我被逼到研究想象与情感的关系,创造和欣赏的心理活动以及趣味上的个别的差异;因为欢喜哲学,我被逼到研究康德、黑格尔和克罗齐诸人讨论美学的著作。这么一来,美学便成为我所欢喜的几种学问的联络线索了。我现在相信:研究文学、艺术、心理学和哲学的人们如果忽略美学,那是一个很大的欠缺。[①]

这是朱光潜的夫子自道。虽然他在大学里并没有接受什么“美学”的课程教育,但是却在文学、心理学、哲学、艺术、历史、教育乃至生物学、建筑学、逻辑学等人文科学和自然科学中,直接或间接地获得了与美学相关的丰富的知识、感受和体验,那些貌似“不相干的功课”恰恰为朱光潜的美学研究提供了十分必要的知识储备和科学方法,使其能够始终以一种认真、严肃、求真、务实的科学精神来做人、做事、做学问,正如其所言,“科学家最重要的训练是学会看重枯燥的事实,和在枯燥的事实中寻出趣味”,这种科学训练正是西式现代教育的优势所在,而这种“在枯燥的事实中寻出趣味”的素养和能力,正是人文教育与科学教育的合力才能达到的结果。尽管他后期认为中华人民共和国成立前的这几十年的“东奔西窜”学了一些对美学用处不大的学科,是学习美学过程中走的“一些弯路和错路”,但我恰恰以为,朱光潜之所以走上美学道路,并取得巨大的成就和影响,其关键正在于他在大学阶段就积极拓展了自己在文学、艺术、心理学、哲学等方面的广泛学术兴趣,并形成了一种不拘一格、兼容并包、杂取百家、打破学科界限的方法、洞见与胸怀,这正是朱光潜美学研究之所以与众不同、经久不衰的奥秘所在,是依然值得今日的理论研究者和教育工作者深思并效行的。他晚年总结自己的经验时曾说道:“研究美学的人如果忽略文学、艺术、心理学、哲学和历史,那就会是一个更大的欠缺。”对朱光潜来说,这个“欠缺”他先知先觉地就避免了。总之,与其说朱光潜进入美学领域是“被逼”的,不如说是其学术眼界不断开阔、思想认知不断深化的必然结果,也是合乎学术演进和学科发展的必然要求。

---

①朱光潜:《文艺心理学》,《朱光潜全集》第1卷,合肥:安徽教育出版社,1987年版,第200页。

总之，选择美学是朱光潜学术兴趣在经历生根、发芽、开花之后自然而然结的果。我猜测他当时对此是有着模糊却明确的自知之明的，至少他认识到美学能将文学、心理学和哲学贯穿起来，而且作为新兴学科的美学在国内有着更为广阔的研究空间和前景，这似乎也可以用来解释他为什么没有选择教育学。当然，细究起来，他在留学之前的教育实践的失败应该是促使其放弃教育学的根本原因之一；此外，他可能也逐渐明白，只寄希望于教育学，可能无法实现赴欧留学的目的——“谋中等教育的改进”（夏丏尊语），这正如诗人要写好一首诗，“工夫”总是要到“诗外”寻找的。后来的事实也证明，朱光潜以美学为根基的美育主张，是从改造“人”的根本层面上来改进教育的，是充满希望的。

学术毕竟只是“小众”的事业，真正让朱光潜获得大众接受、声名远播的还是那些书信体而非学术体的系列文章《给青年的十二封信》（1929）。虽然这些文章不是教育论文，作者也没有抱着一本正经的教育目的，却发挥了重要的教育功能，因此，我们不妨称之为教育随笔。《给青年的十二封信》（1932，开明书店）是朱光潜的第一本书，其“前身”是朱光潜从爱丁堡寄回分期在杂志《一般》上发表的《给一个中学生的十二封信》。正如《一般》的办刊目的是“以一般人为目的，从实际生活出发来介绍些学术思想”，朱光潜主要以青年们所正在关心或应该关心的事项为话题，以他的人生经验和学术素养为基础来抒述意见，文章既“反映了当时一般青年小知识分子的心理状况”，也流露出作者笃热的情感、温文的态度、丰富的学殖，因此使青年读者们深深感服，引起强烈共鸣，成了当时最畅销的书。对于《一般》杂志来说这是“最好的收获”，对无数中国青年来说，这是朱光潜“远从海外送给国内青年的很好的礼物”。1948 年，他对写作此书的缘起、文体选择、反响以及此后的自省做了这样的陈述：

> 那是民国十七年左右，在上海的一班朋友夏丏尊、叶圣陶诸先生开辟了一个书店，——就是开明书店，并且发行了一种中小学生读的刊物，叫做《一般》。我那时正在英国读书，他们邀我按月写点文章给青年朋友们看。当时我自己还是一个青年，在外国生活很孤寂，有时不免有一点感想，我没有什么东西可写，因此就说一点心事话。为着要不拘形式地畅所欲言，也为着要和读者保持较亲密的关系，我用了书信的体裁。这些文章登在《一般》之后，意外地得到许多读者的欢迎。到了民国 18 年春，夏丏尊先生就替我把它们

> 结集起来，印成一个单行册子，如今快到二十年了，这部小册子在我的十部左右的著作中还是销路最好的，总共销数大概已在20万册以上了。我有时很后悔，里面许多话都很幼稚，而且引起许多人误会，我只是在谈心，他们以为我存心教训青年，这是我感觉最不愉快的事。[①]

这十二封信不过是一个孤寂而多思的留学青年和国内青年朋友们说的一点心里话。信中首称“朋友”，末署“你的朋友光潜”，所谈内容包括读书、作文、人生、理想等，其出发点在于“劝青年眼光要深沉，要从根本上做功夫，要顾到自己，勿随了世俗图近利”[②]，语言平易而不失生动，自然而又亲切，确实意在“谈心”而非“教训”。而1930年代的张天翼等左翼作家却批评朱光潜自命为青年的导师，并要把他们引到逃避现实的路上去，无怪乎朱光潜对此“感觉最不愉快”了。其实，这本书的畅销不衰就足以说明青年们对朱光潜“导师”资格的认可，而就这本书的内容和影响来看，我认为朱光潜是完全担得起“青年导师”这一荣誉的，并怀疑起这些左翼作家们的“酸葡萄心理”来。

1928年7月，朱光潜在爱丁堡大学顺利完成硕士论文，获得硕士学位，但直到1929年，他才结束了在这里的4年学习，离开爱丁堡来到伦敦。11月，他在伦敦大学学院（University College London）注册，选修了著名教授钱伯斯爵士的莎士比亚研究、伊丽莎白戏剧史等英国文学专题课程，以及波兰人类学家马林诺夫斯基教授的原始民族比较心理学、皮亚杰的儿童心理学等文化、心理学方面的课程；同时为了掌握多种西方语言，更充分地了解西方文化，多聆听名家的讲授，尤其是亲身体会不同国家、不同城市的文化差异，他又在巴黎大学文学院注册，选修一些文学艺术课程，尤其是巴黎大学文学院院长德拉库瓦开设的“艺术心理学”课对他启发很大，由此动了写第一部美学著作《文艺心理学》的念头。于是，在伦敦大学学院附近的大英博物馆里，朱光潜广泛阅读西方文学和艺术的相关著作，写出了《文艺心理学》的初稿。[③]这是奠定朱光潜美学家地位的第一座

---

①朱光潜：《答重庆〈大公报〉问》，《朱光潜全集》第9卷，合肥：安徽教育出版社，1993年版，第311—312页。

②夏丏尊：《序》，朱光潜《给青年的十二封信》，长沙：岳麓书社，2010年版，第3页。

③按朱光潜在《作者自白》中所言，《文艺心理学》初稿的主体部分写于1931年下半年去斯特拉斯堡之前；而作为附录的《近代实验美学》约于1932年初完成；回国后，朱光潜以此为讲义，在清华大学讲了一年，后又在北京大学的《诗论》课程里择要讲了一遍，经过反复修改后，才于1936年由开明书店正式出版。

学术里程碑，当然后来也因此而遭到各种各样的批判。

因为伦敦和巴黎的生活费用高昂，也因为要争取在回国前拿到博士学位，1931 年 11 月左右，朱光潜转学到法国东部法德边境的斯特拉斯堡大学，在一年多的时间里，他把所有的精力、所有的知识素养都灌注在悲剧审美经验的研究上，终于以英文写成了论文《悲剧心理学》（The Psychology of Tragedy），通过答辩获得理学博士学位，并由斯特拉斯堡大学正式出版。[①]这是朱光潜唯一的一部英文著作，也是第一部中国学者的西方悲剧理论专著，可以说是中国文论史上真正系统化、西方化的研究著作。虽然朱光潜本人更看重《诗论》，但这两部学术专著是他在长达十四年的西式现代教育的训练下、在西学文化的整体熏陶下以西方学术话语发出的声音，无论是对朱光潜个人，还是对中国现代美学、文论体系的建设，都具有十分重要的意义。

①《悲剧心理学》后由张隆溪译为中文，于 1983 年由人民文学出版社出版。

第三节 中西互化:教育的文化融通

由上,不难看出朱光潜教育经历的多元性与复杂性。他既接受了近十年的中国传统教育的启蒙和训练,又接受了长达十四年的西方现代教育的科学洗礼,不同的教育观念和方法相互映衬,又彼此渗透,学习的过程实际上也就是他试图兼容和调和两种教育、两种文化的过程。其最终融通的结果是:中国传统文化成为其思想的内在质地,中庸原则、实用理性、入世精神是其终身恪守的为学和为人之道;西方现代文化成为其思想的外在表现,自由原则、审美感性、出世精神是其忠贞不渝的学术理想和人生追求,二者有机地统一于他的精神世界。有时二者难免冲突,使其感到苦闷和无奈,但总体上使其能自觉地调整好自我与现实世界之间的距离,以出世的精神做入世的事业,或以中化西,实践"学术的人生化",或以西化中,提倡"人生的艺术化",在动荡的社会时局中保证事业和生活的相对安定。他就像只蚕,把不同产地、不同滋味的桑叶吃进腹中,在默默地消化和吸收之后吐出美丽的丝来。当然,他又并不独享这"丝"(思),而是自觉地通过教育实践和著述的方式去教化他人,感染性灵,让更多的青年分享这种治学之道和人生哲学。我们大抵可以通过他对待新文化运动的态度以及对西方文化和学术话语的接受、批判和转化,来窥见这种文化融通的阵痛过程。

新文化运动是发生在中国文化传统内部进程中的一次改革。新文化针对的是本土的旧文化,凭借的思想资源却是舶来的西方文化,因此,我们一般认为,"新文化运动实质上是一场大力引进西方文化的运动,是中国知识界先驱者接受西方现代文化的主流价值观,全面批判清理、重新估定中国传统文化价值的运动"①。新旧文化的选择成为摆在朱光潜面前的第一道难题。在考入香港大学之前,朱光潜的精力和兴趣都浸润在中国的文化传统和古代典籍之中,虽然他在私塾时就通过阅读梁启超的《饮冰室文集》而接触到西方学术和文化,但基本的

①王攸欣:《朱光潜传》,北京:人民出版社,2011年版,第39页。

价值取向并未有什么变化，人生观也还尚未建立。而当他 1918 年进入香港大学的时候，新文化运动已开始了两年多，在全国都已产生了广泛影响，香港大学虽然远离新文化运动的中心——北京，但同样感受到激烈的震荡。朱光潜一开始并未觉察到这一运动对自己有何直接影响，但不久便发现自己在旧式教育中形成的固定观念变成了攻击的目标，尤其是安庆同乡陈独秀在《新青年》发表《文学革命论》，要推翻朱光潜所信赖、尊崇的国文经典，甚至把他引以为荣、涵咏多年的桐城派大家（归有光、方苞、刘大櫆、姚鼐）归入“十八妖魔”之列，这是他心理上、情感上无论如何也无法接受的。而帮助他渡过这次文化转型危机的恰恰又是香港大学的西式教育和科学训练，后来他痛定思痛地回忆起这段往事的时候，这样说道：

> 现在先说一个同样重要的事件，那就是“新文化运动”。大家都知道，这运动是对于传统的文化、伦理、政治、文学各方面的全面攻击。它的鼎盛期正当我在香港读书的年代。那时我是处在怎样一个局面呢？我是旧式教育培养起来的，脑里被旧式教育所灌输的那些固定观念全是新文化运动的攻击目标。好比一个商人，库里藏着多年辛苦积蓄起来的一大堆钞票，方自以为富足，一夜睡过来，满市人都喧传那些钞票全不能兑现，一文不值。你想我心服不心服？尤其是文言文要改成白话文一点于我更有切肤之痛。当时许多遗老遗少都和我处在同样的境遇。他们咒骂过，我也跟着咒骂过。《新青年》发表的吴敬斋的那封信虽不是我写的（天知道那是谁写的，我祝福他的在天之灵），却大致能表现当时我的感想和情绪。但是我那时正开始研究西方学问。一点浅薄的科学训练使我看出新文化运动是必需的，经过一番剧烈的内心冲突，我终于受了它的洗礼。[①]

在新文化运动洗礼之后诞生的我们，已很难体会到朱光潜当时的那种“切肤之痛”“剧烈的内心冲突”，但我们在字里行间不难觉察到他在旧文化与新文化、文言与白话之间抉择的那种纠结，对旧传统和文言古文的留恋就好像一位身在异乡的游子无法摆脱对故乡的怀念一样。事实上，他终身都没有做出非此即彼

①朱光潜：《从我怎样学国文说起》，《朱光潜全集》第 3 卷，合肥：安徽教育出版社，1987 年版，第 444 页。

的彻底抉择，而是采取了批判继承、兼收并蓄的策略。比如，他此时一方面用白话文写作，发表了论文处女作《弗洛伊德的隐意识说与心理分析》以及后来的美学处女作《无言之美》等论文，另一方面又与朋友一起赋古体诗言志酬唱（乐山交游时期更是如此），甚至多年后还为文言古文申辩，他"自白"道："写白话文时，我发现文言的修养也还有些用处，就连桐城派古文所要求的纯正简洁也还未可厚非。"对此，他后来做了更细致的分析，文言和白话只是两种不同的文字工具，各有所长，都服务于思想和感情的表现，关键在于作者要有操控运用的能力，而为了让读者听得痛快，实现最大的传达效果，白话则比文言方便：这正是作者既不"过信自己"也不"过信他人"的体现。

从这段话我们还可看出，朱光潜对新文化运动的态度之所以由咒骂转变为认同，起关键作用的正是"西方学问"和"科学训练"。而受西学精神影响的朱光潜直到毕业前夕也未对新文化运动完全认同，在《怎样改造学术界？》（《时事新报》1922 年 3 月 30、31 日）一文中，他依然是以嘲讽和批评的语气谈到这一运动：

> 在这几年中无论到那个地方去，总听见"新文化运动"的呼声。连印刷局里"新""文化""主义"一类的活字也忙得没有吐气的工夫。在普通人看起来，都意味拿目前的学术界比较二十年前的学术界，虽没有大的实质进步，精神确已新得不少了。这些人乐观未免过度一点。平心静气地想一番，我们所谓新的大半还是材料，是形式，不是方法和精神。换句话说，我们不过让旧精神披着新形式在新材料上面活动罢了。①

在这里，年轻的朱光潜没有像某些激进主义者那样赶新潮、唱赞歌，而是直言不讳地指出新文化运动影响下学术界最危险的通病所在——只关注材料形式的更新，而缺少新的方法和精神，尽管这未必符合当时学术界的实际（至少当时胡适倡导的"整理国故运动"是引入了一些科学方法和精神的）。就语境来看，他所谓"新的方法和精神"显然是指西方学术所代表的科学方法和精神，即朱光潜在下文中所倡导的"爱真理的精神""科学的批评精神""忠实精神""独立创造精神"和"实验精神"。正因为受了西方文化影响，掌握了西方学术话语，所以他才

①朱光潜：《怎样改造学术界？》，《朱光潜全集》第 8 卷，合肥：安徽教育出版社，1993 年版，第 24页。

能够以一种相对优越的、旁观者的姿态俯视新文化运动及其影响下的中国学术话语。在文中,他一面批评中国学术界的种种问题,比如说“武断和盲从,都因为没有批评的精神,都是学术界的蜊心虫。我们应该同这些恶根性奋斗。等它们完全失败了,我们再来做新文化运动的事业”①。一面又以欧洲学术界作为正面榜样,说“欧洲学者没有这种可宝贵的盲从的精神”“西方科学家如何注重察验之类”。就此而论,与其说他受了新文化的洗礼,不如说他受了西方文化的洗礼。

朱光潜的高明之处在于:他并非盲从西方者,更非鼓吹“全盘西化”者,因为他已将这些西方精髓性的“新的方法和精神”内化于心,又反过来求诸于外,以追求真理、科学创造为最高学术理想。很自然地,他也将这种学术理想投射到新文化运动影响下的国内学界和学者之上,“爱之深,责之切”地批评道:

> 就新文化运动的成绩而论,恐怕摹仿热还在那里增高罢!摹仿队先锋者向外国去吃闲之余,而几千万的小喽啰又向这般先锋者去发货。马克思资本论呀,写实主义呀,基尔特社会主义呀,实验主义呀,都搬到中国来囫囵吞枣的装到脑筋去了。在这过渡时代,我也赞成采用借光主义,可是我只把他当作手段,不当作最终的目的。换句话说,我们要由摹仿进一步去创造。我们现在已经作进一步想了么?如果没有,让我们趁早吧!②

很显然,朱光潜不是反对“借光主义”(亦即鲁迅之“拿来主义”),也不是反对所借的西方学说理论,而是反对把手段当目的。朱光潜认为摹仿是手段,创造才是根本目的。这是切中肯綮的,对于当下中国学术界来说依然是不刊之论。此外,在文中他所提出的改造学术界的环境、培养改造环境的领袖人才等解决困难的方法,也具有一定的实用性和前瞻性,同样值得我们深思和借鉴。

朱光潜少年老成,性格内敛,虽兴趣广泛,交友甚多,却一向敏思慎行,善于融通。他既接受和运用西方学术话语,以西方文化和学术为参照,对中国传统文化、新文化和学术话语进行批评,而且此后也一直把西方文化看成建设中国现代学术和文化的主要话语资源(即使抗战时期也是如此),又明确认识到中西文

①朱光潜:《怎样改造学术界?》,《朱光潜全集》第8卷,合肥:安徽教育出版社,1993年版,第26页。
②朱光潜:《怎样改造学术界?》,《朱光潜全集》第8卷,合肥:安徽教育出版社,1993年版,第29页。

化的差异性，自觉疏离和批评西方文化，坚持以中国传统的文化要义和精神规训自己（比如人生态度、审美趣味、诗歌观念等），并且有意识地从中国传统文化典籍中发掘有利于中国现代文化建设的主要资源（如抗战时所写《乐的精神与礼的精神——儒家思想系统的基础》），甚至自觉或不自觉地以中国实用理性精神改造和转化西方学术，把纯粹的学术观念拉到人生和现实的层面来加以讨论。

首先，对中西文化的差异，朱光潜显然有着强烈的感受和深刻的认识。早在《智力测验法的标准》一文中，朱光潜就明确认识到文化差异对教育的影响。他提出，因为各民族的智力发达速度不必平行而且相等，所以"我们不能把外国的测验直译来坐享其成，还要自己努力"，事实上，我们却常常犯这样的"直译"错误，将其他国家文化的智力测验问题和工作标准直接应用于我国的学校，其结果自然是"断难收效"的。[①]在爱丁堡留学的时候，通过与本地苏格兰人的近距离交往，他对英国文化有了深入了解。比如在向国内读者介绍英国状况和留学生活的文章《旅英杂谈》（《一般》第1卷第1、2期，1926年9、10月）中，他认为，苏格兰人比较诚实厚重，有强烈的民族意识，有自己独立的法律系统、宗教观念和教育系统，但对中国人有歧视甚至敌意，这既是文化差异造成的，也是西方强烈的种族观念使然，由此朱光潜对英国文化和社会状态持一种较严肃的批评态度，如认为英国社会贫富不均的情况很严重，穷人生活之艰难甚至超过了中国，大多数英国人的文化趣味和艺术趣味都比较低俗，胸襟不够宽广，种族偏见较深，对殖民地人尤其歧视等。

其次，朱光潜已经受了多年的西式教育，但他的人生观和价值观还是倾向于中国传统。追溯起来，中国传统文化对朱光潜的熏陶起源于以儒家思想精髓为根基的私塾教育，从最初的被动接受者，到后来的主动践行者，他一点点地将自己的精神之根深深地扎进中国文化传统的土壤之中。正如李泽厚在《美的历程》中所言："儒道互补是两千多年来中国思想一条基本线索""老、庄道家是孔学儒家的对立的补充者。"[②]儒道互补正构成了中国传统文化的基调，正因此，我们不

①在《怎样改造学术界？》中，朱光潜再次以"智力测验"的例子来批评中国学者热衷于著书立说欺世盗名，却不对学术下真功夫，而对毕列·西蒙波特、牛顿等科学家"忠实"精神赞誉有加。同样表明了他对外国先进文化和技术的学习是着眼于方法和精神，而非材料形式的。

②李泽厚：《美的历程》，天津：天津社会科学院出版社2001年版，第80,89页。

难在朱光潜的思想中找到孔子和老庄的身影；当然，也正如传统文化是以儒家思想为主导、道家思想为补充的结构，朱光潜的人格结构同样是以儒家价值观念为主导的儒道互补，正如有学者所指出的，“儒家的伦理与社会的一些基本的价值观念，无论是在接受反儒家的新文化运动影响以后，还是在1950年代的思想改造运动中，朱光潜都没有完全否定过”。[①]

在香港大学的宿舍里，朱光潜将桐城著名书法家方守敦题写的儒家规训“恒恬诚勇”挂在墙上，作为座右铭；又摘录了陶渊明《形影神》诗中的最后四句——“纵浪大化中，不喜亦不惧。应尽便须尽，无复独多虑”——作为自己的人生信条。晚年的时候，朱光潜在一篇访谈文章中这样说道：

> 象我们这种人，受思想影响最深的还是孔夫子。道家影响有一些，后来还受一些佛家的影响。[②]

这是朱光潜对自己的思想和人格结构的自我揭示。毋庸置疑，儒释道思想的影响对于经历从传统教育跨到现代教育的转型和新文化运动洗礼的这一代人来说，是无法避且并根深蒂固的，朱光潜只是其中的一个。[③]其他的诸如鲁迅、周作人、朱自清等新知识分子皆然。这种人格结构决定了他学术与人生的两面：进取与退隐，即后来他自己所言的“以出世精神做入世事业”“站在后台看人生”，而其中所蕴含的价值观不仅表现在他的美学、诗学文章（如《谈美》《陶渊明》）中，也表现在他的教育理念（美感教育、文学教育等）和教育实践中。

比如在《给青年的十二封信》中，他最赞赏的是孔子的“知命”、孟子的“尽性”和庄子的“齐物”，在他看来，这些就是顺乎自然的人生态度。儒家讲心性的

---

①王攸欣：《朱光潜传》，北京：人民文学出版社，2011年版，第30页。

②朱光潜：《朱光潜教授谈美学》，《朱光潜全集》第10卷，合肥：安徽教育出版社，1993年版，第533页。

③佛家的影响主要是指在抗日战争时期，身居乐山的朱光潜心情沉闷，在老友新儒家代表熊十力的影响下，读了不少佛典，认真钻研了“成唯识论”。参见朱光潜：《谈美书简》，南京：江苏文艺出版社，2011年版，第5页。

话有很多，但若从近代心理学眼光看，大都很粗疏，于是朱光潜拈出“尽性”二字，认为“含义非常深广”，“一切道德学说都不免肤浅，如果不从‘尽性’的基点出发。如果把‘尽性’两字懂得透彻，我以为生活目的在此，生活方式也就在此”。[①]所谓“尽性”，也就是顺乎自然本性，比如“动”是人作为动物的自然本性，从“动”中我们可以寻得无限快感；“静”同样如此，静的修养能使人在生活中领略趣味，达到心界的空灵。“顺应自然本性”，朱光潜由此也获得了两种看待人生的方式，即他后来在《看戏与演戏——两种人生理想》中命名的“演戏”与“看戏”：所谓“演戏”，就是把自己摆在前台，和世界一切人和物在一块玩把戏，如庄子所说草木虫鱼是“诱然而生，而不知其所以生；同焉皆得，而不知其所以得”，即顺着自然所给的本性生活着，生活本身就是方法，生活自身也就是目的；所谓“看戏”，就是把自己摆在后台，袖手看旁人在那儿装腔作势，既看人生的喜剧，也看人生的悲剧。朱光潜说他更喜欢的还是“站在后台看人生”，这种“看戏”的姿态其实也正是他努力与现实保持审美距离的表现，他后来称这种观看是一种“文艺的观世法”。“这样一种所谓顺乎自然本性的人生观和价值观，是中国传统文化中天人合一的自然主义伦理观的体现，与西方的人性观，尤其是理想主义的人性观是完全相反的。”[②]事实上，他还通过教育随笔（包括后来的《谈美》《谈美书简》等）的方式，在介绍西方学说和文化的同时，也把自己的这种“顺乎自然本性的人生观和价值观”传递给青年读者，从而对他们的人生观和价值观产生了重大影响。

最后，朱光潜以西方美学理论特别是各种现代心理学、美学的理论为骨干，补之于中国传统美学思想和概念，试图建构一个中西结合的心理学、美学体系。比如，《文艺心理学》从体系上看，基本上是以西方美学理论和范畴为框架的，但具体论述中，却处处结合着中国传统美学观念和文艺创作经验，两者互相印证，达到“移西方文化之花接中国文化传统之木”。与此同时，在理论引介的过程中，朱光潜又自觉或不自觉地以中国精神改造西方学术话语，表现出一种“援中入西”的文化改造的态度。比如，他反对中文的“过度欧化”，而主张“适宜程度的欧

①朱光潜：《给青年的十二封信》，长沙：岳麓书社，2010年版，第7页。
②王攸欣：《朱光潜传》，北京：人民文学出版社，2011年版，第93页。

化”；再比如，他把西方近代美学（如康德、克罗齐等）总结出的审美超功利性质与提高人生境界这样一种追求结合起来，也就是说，把西方学者从艺术中总结出来的一些学术化的审美原理，泛化为人生的艺术化追求的原则（“学术的人生化”），同时还自然而然地融入了中国文化传统的审美趣味和追求超越的人生价值取向，这可谓朱光潜接受西方美学的创造性所在。这种带有中国“经世致用”色彩的转化理路，虽然偏离了西方美学倾向于纯粹学理探讨的理路，但却打通了学术与人生之间的通道，更接近于将学术作为“天下之公器”的根本使命，实现了学术生命与个人生命的共振与融合。

言而总之，从朱光潜的受教经历我们不难获得这样几点启示：

其一，儿童时期所接受的教育一定程度上发挥着定性固本的作用。在旧式教育模式中，私塾作为古代社会一种开设于家庭、宗族或乡村内部的民间幼儿教育机构，虽然所教授的是“一套应付科举的把戏”，但一定程度上担负着传承中国儒家传统文化的重任，尤其在培养儿童对国学经典的学习兴趣、能力和素养等方面存在着一定的合理性。

其二，大学教育阶段是形成正当的人生观和价值观的重要时期。大学教育的目的并不在于只传授给学生某一门专业课程或学科的知识，那只会使一个人变“窄”，而是培养学生广泛的兴趣爱好以及自主学习、触类旁通的能力，培养发现问题、分析问题和解决问题的能力，使其建立起一种“尽性”的人生观和价值观，并在知识学问和人生现实之间建立起一种密切联系，实现“知行合一”。

其三，就教育本身而言，是无所谓“新”或“旧”，“中国”或“西方”的，只要有利于教育目标的实现，有利于人的全面发展，“旧”的、西方的教育理论、实践和方法，同样可以转化为新的、中国的教育理论、实践和方法。

在继承和弘扬中华优秀传统文化的当下，我们有必要像朱光潜一样，不是盲目地反对死记硬背式的传统启蒙和读书方法，不是全盘否定经书古文的审美价值和学术价值,[①]不是妄自尊大地全盘接受中国传统文化,也不是妄自菲薄地全盘接受西方文化,而是善于在现代教育的新模式中借鉴和融合旧式教育、西式教育的成功经验，打破封建主义和资本主义的意识形态区隔，改革文言文教学、外语教学的简单方式,从小培养孩子对国学的兴趣爱好和审美修养,对本民族传统文化的热爱、认同和继承意识,以及对他国文化的尊重、学习和吸纳意识。

①关于读经和做古文的问题,朱光潜曾著文《读经与做古文》(《学生半月刊》第1卷第6期,1938年3月1日)专门谈论过,其基本观点是:“经书可读但不必人人都读,古文则绝对不可做。”这看似与1940年代为古文辩护的态度有出入,但实际上他是在抗日的特殊语境中、在自由的教育立场之上所提出的一种应对主张。在他看来,一般学校规定课程时,限定全国的学生去读经,或是限定全国学生都不去读经,这种决断值得仔细考虑;是一时代的人,过一时代的生活,就用一时代的语文发展思想,这是世界公律;由此,他希望青年们不要做腐气沉沉的“古文”,读经书需要脱除冬烘腐气,用新方法去整理,用新观点去鉴赏。参见周红:《新发现的朱光潜四篇佚文》,《江苏教育学院学报》(社科版),2008年第3期。

第二章

基础教育思想

1923年6月，从香港大学毕业的朱光潜和好友高觉敷来到上海，在后者的帮助下认识了当时著名的政治家、《时事新报》主编、中国公学校长张东荪教授，被聘请为吴淞中国公学中学部英语教师，并担任校刊《旬刊》主编，不久又兼任上海大学讲师，教逻辑学课程。然而好景不长，1924年9月，直、皖两系军阀混战，尤其是江浙战争爆发，中国公学中学部被迫正式宣布解散。正巧任教于浙江上虞春晖中学的好友夏丏尊前来相邀，言及在这所私立中学实行教育改革实验的设想、白马湖的风景以及志同道合的朋友，朱光潜便立马答应，带着简单的行李就来到春晖中学，担任英文教员。在这里，朱光潜认识了同样接受了西方教育观念的多位教师——匡互生、朱自清、丰子恺等等，他们的教育理念相近，都提倡爱的教育、人格教育，希望教育能够独立，希望能在这所私立学校里实行民主式管理，尊重学生的独立人格。然而，天不遂人愿，因为与校方权势派教育观念的隔阂和矛盾，最终他们无法忍受校方对学生的专制管理而掀起辞职风潮，朱光潜紧随匡互生而辞职，一同奔赴上海，寻求教育的新路。

朱光潜与匡互生到上海后，一方面联系陆续从春晖中学出来的教师，如丰子恺、刘熏宇、夏丏尊、周为群、刘叔琴等，另一方面联合陶载良等从中国公学出来的一部分老师，在1925年2月创办了“上海市私立立达中学”，并寻求到吴稚晖和黎锦熙的资助，于3月成立了立达学会，邀请到了当时教育界许多颇负盛名的教育人士，如叶圣陶、郑振铎、周建人还有张克成等。成立之初，他们郑重发表宣言《旨趣》，提倡教育独立自由；此外，还创办了开明书店和期刊《一般》(后改名《中学生》)。随后于1925年将立达中学校址搬迁到江湾的新址，同时更名为“立达学园”。然而，在动荡的社会时局中，立达学园终究抵不过经济上的压迫，陷入窘境。学校暗淡的前景、家庭的经济压力以及夫妻之间的交流障碍，使得朱光潜最终选择留学的方式来摆脱郁闷的境况，同时也希望在学识上的追求可以给自己的生活和事业点亮一盏明灯，指出一条明路。

总体来看，朱光潜对教育的思考在时间上大致可以分为两个部分：其一是由香港大学归来后，先后任教于官办中国公学、私立的春晖中学以及与志同道合的好友一起创办的上海私立立达中学，这其中的大部分时间皆为中学教育；其二是由西方留学回国后担任北京大学西文系教授，随后在四川大学身兼教授及教务长，搬迁至嘉定乐山武汉大学任教，最后又重新回归北京大学。事实上，基于时间节点的分类，在类型上大致也可以分为前后两段：基于中学教学实践的教育批评思想和基于高等教育实践的教育改革思想。

前期是朱光潜教学生涯中的基础教育实践阶段。在这一阶段，朱光潜凭着乐观、超脱的生活态度和坚定的理想信念，将教育理论和实践相结合，对当时现行的教育制度进行了深刻的思考，并将之付诸于实践，将自己的精力、学识和热情都奉献给了满目疮痍的近代中国教育；在这一阶段他自己也形成了较为完整和成熟的教育理念，收获了许多有益的实践经验，并结识了许多志同道合的朋友。然而，对于刚走出象牙塔的朱光潜来说，现实和理想的强烈落差和在实践过程中一而再再而三的挫折，也给这位满腔热忱的青年当头浇了一盆凉水，促使他远赴欧洲，“谋中等教育的改进”。

在前期的教育理念基础之上，朱光潜在后期的大学教育实践中对教育问题又有了更深的反思，更加意识到教育对个人、对民族、对国家的重要性。而且，这其间身份的变化也给了朱光潜不同的思考角度和视野，比如，只是作为教师的他，其目光主要投向学生和同事，而在担任校内教育管理职务后，则主要思考校风建设或者政教关系的重要性等。不论其教育思想在这漫长的岁月中经历怎样的变化，其中的核心观念如人格教育、生活教育、教育独立、学术自由等，却始终贯穿在朱光潜一生的教育实践中，不曾改变。

第一节　基础教育体制批评与改革

朱光潜之所以对基础教育十分重视，原因主要有两方面：其一，他本人既经历过这样的基础教育阶段，也有着从事小学、中学教育的直接经验，对基础教育的模式和问题有着切身的感受和理解；其二，香港大学归来后的朱光潜，同时兼任中学教师和大学讲师，尤其是留学英法回国之后一直从事高等教育，深刻体会到基础教育对于人格形成、对于高等教育的重要影响和作用。也正因此，他劝告那些有志青年毕业后要从事中小学教师职业：

> 改变人的质料必须从头做起。我这些年来都从事高等教育，深深感觉到我们的高等教育建筑在一个极不牢固的基础上。大学生在初入学时，大半都已经在中小学时代学坏了，要把他们改造成另一样的人，实在不是一件易事。先就功课说，……中小学不但没有树立基本课程的基础，而且把学习这些课程的兴趣也打消得干干净净。凡是在大学里任教的人都感觉到这种苦楚。其次，就品格说，一个人在中小学时期最富于感受性，学好学坏，都很容易，所以他的品格模样在这时期大致已形成，将来不过顺这初定的模样渐渐发展。现在一般人家庭教育不大讲究，社会影响大半很坏，中小学不但不能弥补家庭的缺陷，纠正社会的坏影响，反而变本加厉，使已成的恶习惯更加坚牢。……我们必须从中小学时期就把根基打好，以后才可以因势利导。总之，中小学教育是基层教育，要有健全的中小学，才能有健全的高等教育。中小学教师对于树人大业所负的责任，比大学教授所负的还大得多。①

今天读来，这段话对于中小学教师来说依然不啻于极大的褒扬和鼓励。在这里，朱光潜探本求源，寻求人格教育的根本之道，揭示出中小学教师在“树人”工

①朱光潜：《有志青年要当中小学教师》，《朱光潜全集》第9卷，合肥：安徽教育出版社，1987年版，第133—134页。

程中所担负的重要的奠基责任，而他自身也正是这样的有责任心的担负者。在相继当过小学教师、中学教师和大学教师之后，他更觉得当小学教师比当中学教师有趣，而当中学教师又比当大学教师有趣。在这里，我们主要从批判体制积弊、揭示学制之咎、探索教学之法、倡导人格教育等四个方面，来阐释朱光潜的基础教育思想。

一、批判体制积弊：官僚化、商业化和不公平

曾在桐城北峡小学、上海中国公学、浙江春晖中学任教的朱光潜，深刻认识到北洋军阀混战时期的中国教育（尤其是中小学基础教育）存在的严重问题，教育界已沦为一个藏垢纳污之地，其原因正在于根本错误的学校制度和风气。按其所言："教育所养成的人民，人民所产生的政府，不应该像现在这般模样。……如果按照现状维持下去，漫说三十年，就是三百年后恐怕教育也绝不会有多大起色。因为原有的学校制度和风气，都是根本错误的，不能收到好果的。"[①]政府由人民产生，人民由教育培养，有什么样的教育，就有什么样的人民，也就有什么样的政府；要使教育"起死回生"，就必须改革原有错误的学校制度，改变学风。而学校制度和风气的败坏又根源于深重的教育体制积弊，这具体表现在三个方面：官僚化、商业化和不公平。

所谓"官僚化"是指学校的"制"与"官"紧密相连，作为主体的官办教育因此而存在着经费和用人问题：在当时军阀混战、经济状况十分糟糕的情形下，教育经费经常亏缺，而一旦战争爆发，教育经费又立即被挪作军费，教职员既不能从公，校舍又变作兵房马厩，教育只能陷入停顿；官办教育的用人机制更是贻害无穷，因为校长是由官僚政府任命，一般只有那些阿谀奉承、虚与委蛇的政客才能攫取到校长之位，而甘心与这种校长合作的教员，必然也要欺骗良心以媚社会才能维持位置。这些不以教育为责任、丧失人格之人根本不能从事教育工作，却偏偏支配着教育，其影响之恶劣比病毒更甚。

---

①朱光潜：《私人创校计划》，《朱光潜全集》第8卷，合肥：安徽教育出版社，1987年版，第111页。

所谓“商业化”是指在当时的教育体制下，教师与学校、学生与学校之间的关系完全是一种商业关系。就教师论，多数并不抱有为教育而教育的决心，而只有以教育事业为饭碗的念头，教师与学校并不根据志同道合整顿教育原理而集合在一起，因此，同事非同志，貌合而神离，只把学校当作食堂和宿舍。于是，“人类灵魂的工程师”就变成了这副模样：

> 大家天天打教育神圣的招牌，实际只上课拿钱，下课吃香烟打麻雀。若问公等究竟想把学生造成什么样一种人物，他们不是睁着眼睛张着嘴，就是拿“健全人格”“三育平均发展”等等浮词滥调来抵塞。教育中间也未尝无有志之士，洁身自好，然而跳进这个洪炉烈焰中，就是铁石那能不被熔化？学校未尝造出何种人材，我们可不用惊怪了，因为学校原来没有固定目的，说准备造成何种人材出来的。教员大家不过都是教书匠，口授几句加减乘除爱皮西地罢了。①

无论是无志之士还是有志之士，都熔化于如此混乱的、“无目的”的教育体制之中而无所作为，如何能培养出人材来；就学生论，学生进学校只是交钱拿文凭，只顾及费用多少、考试难易，绝难顾及到学校的风气和教师的人格，更何况他们的家庭对教育也没有什么信仰；学生和教师之间由于毫无感情，更无人格感化，因而彼此隔膜，导致误会不断，风潮频闹。

所谓“不公平”是指高昂的学费剥夺了大多数贫民受教育的机会，教育日渐变成资产阶级的独享利益。朱光潜认为，这种资本界专享教育的不公平是极大的社会不公，会造成诸多危险：从政治角度说，只有富家子弟享受教育，其结果必然导致只有富人能操纵一切社会事业，造成民主成为空谈，阶级悬殊增大，社会不稳，而更大的危机在于，富者无须努力便坐享其成，贫者虽努力却无能为力，于是民族生气因此而萎腐颓丧；从教育角度说，富家子弟虽然也能利用机会发奋有为，但大半有恃无恐，骄怠成性，做学问也不能登峰造极，而贫家子弟受环境压迫特别大，所以奋斗进取的精神也特别强烈，比较易于培养人格和学问精神。可见，教育不公不仅使贫困子弟之优秀者被埋没，使社会丧失有力分子，

①朱光潜：《私人创校计划》，《朱光潜全集》第8卷，1993年版，第107—108页。

更容易导致贫富差距增大、阶级矛盾激化、民族生气衰颓以及社会动荡。

总之，在朱光潜看来，积弊深重的教育体制必然培养悲观烦闷、不思进取的青年，必然使教育和青年都笼罩着“一种阴沉暗淡的气象”，这使他不由地在中国和亡国的高丽之间发生了联想。

九十年后，让朱光潜痛苦的这些教育体制积弊是否已经消失了呢？很显然，没有。试问当下，从事教育工作的老师们和管理者们，究竟有多少是真正热爱教育事业，并为了教育强国的目标而全心全意培育下一代的呢？如果学校是衙门，如果教育管理者只是为了头顶的乌纱，如果教师仅仅是为了饭碗或者挣钱，又如何能培养出品学兼优、富有创新能力的人才呢？“钱学森之问”如达摩克利斯之剑，始终高悬在教育的脖颈之上。官僚化的教育体制“造就”对教育事业缺乏责任和感情的教育工作者，因此也只能培养出冷漠麻木、不负责任的人格不健全的学生，因此才会有那么多层出不穷的残忍事件，从早年清华大学的学生被投毒致死，到后来的马加爵杀人事件，再到复旦大学研究生毒死室友等等，骇人听闻的悲剧一再上演，以至于网络上有网友调侃道，一定要在毕业前好好地谢谢室友，“感谢当年不杀之恩”。虽然家庭教育对此要承担一部分责任，但学校教育（尤其是基础教育）更应负主要责任。无论是启蒙教育的幼儿园、小学阶段，还是学生性格和心理快速成型的中学阶段，在学生的人生中都发挥着至关重要的基石作用，这些阶段的教育不能仅仅只是传授知识、培养学习态度和学习能力，更重要的是要塑造其健全的人格。基于此，对小学和中学教师的选择应该慎之又慎，因为这不仅仅关系到未来高等教育最终的培育成果，更关系到一个人的命运，关系到整个民族国家的前途命运。这原是十分简单明白的道理，然而极浅显而正当的道理常易被人忽略，于是我们所见的事实是，小学和中学老师的门槛相对较低，他们（现在大都是师范生）自身的素质和人格结构在他们的基础教育阶段和高等教育阶段也未必完全建立起来，而要在社会风气的裹挟下保全自己的独立人格和师德情操更是不易，他们至多能完成基本的知识传授的任务，却难以担负起人格塑造的重任。

即使是知识传授也存在问题。传授知识本身并无可厚非，但也正如朱光潜所言，我们的根本错误在于“把教育狭义化到知识贩卖”，尤其在中考、高考的指挥棒之下,“唯升学率论”的学校仿佛成为知识批发商,教师成为零售商,全部工作只限于上课,学生则应付上课和考试,不仅安排的课程众多,而且时间超长,老师疲于讲,学生疲于听,而最为重要的“做人的道理”却不讲。所谓“传授”知识又只是一味地灌输些死板材料,把学生的脑袋看成垃圾箱,尽量地装,尽量地挤塞,全不管它是否能够消化启发。这种“填鸭式”的教育虽被几经批判,却一直顽强地存活于小学、中学甚至大学中!由此还导致衡量标准的量化,衡量老师的好坏是看他所带班级学生的考试成绩排名如何、比赛获得什么奖项、多少人考上重点大学、发表多少篇教研论文等等,而衡量学生的好坏也不过是分数、排名或者是否遵守纪律、是否听老师的话之类,对于难以量化的人格培养和情感建设则忽略不计。我们知道,要成才,先成人,当“成人”的教育宗旨被抛诸脑后,“成才”的教育又能否改造中国的人才呢?按朱光潜所言,“这种教育只能产出一些以些许知识技能博衣饭碗的人,决不能培养领导社会的真才”,甚至只能培养一些高分低能、情商低下、不懂合作、不懂生活的“书呆子”。①

教育公平是整个社会公平的基石。近三十年来,义务教育基本实现,并且通过教育部实施的“奖、贷、助、补、减”等资助政策,贫困生基本享有了受教育的权利和机会,由贫富差距造成的教育不公似乎有所缓和。但实际上,正如贫富差距愈来愈大一样,地区、城乡和校际之间教育资源分配不公正变得日益严重,如重点大学农村学生的比例还是普遍较低,等等。教育不公使得“寒门难出贵子”,使得贫困者更贫困,使得“穷二代”和“富二代”的命运在教育天平上依然失衡。如何实现教育的均衡发展(balanced development),如何培养人格健全的人才,是摆在我们面前亟须破解的难题。

二、揭示学制之咎:按年配程、分班授课和平均发展

朱光潜没有停留于对教育体制的宏观批判,而是更进一步对这一体制在运行过程中的具体表现(即学制)及其问题进行了微观揭示和批评,主要表现在以下三个方面:

①朱光潜:《谈处群(下)——处群的训练》,《朱光潜全集》第4卷,合肥:安徽教育出版社,1988年版,第55页。

其一,对学制现状的批判。当时中小学学校的学制有三个特点:一是“按年配程”,即学校硬性规定入学和毕业的年限;其次是“分班授课”,即将按时入校而程度不同的学生编排进同一班级、接受相同的教育;三是“平均发展”,即在前两者的基础上,所有学生接受同样的学科教育。朱光潜认为,这三点原本都各有其长,但在实践过程中却精神逐渐丧失,弊病日积日深:只顾资格而不顾实际水平的“按年配程”,既无法培养出天才,也无法培养出对社会有用的人才;看似公平合理的“分班授课”,使聪明的和迟钝的学生都走向同一条道路,即丧失学习兴趣和自信,无法在学习中伸张自我;“平均发展”只能在一定限度内有效,超过了这一限度就要注重发展天才,培养天才,而当时的学制不仅完全没有顾及到要发展天才培养特长,反而阻碍了这部分天才学生的个性自由和能力发展。总之,在朱光潜来看,这种看似公平合理的学制既没有对学生因材施教,也没有以学生的个性自由发展、成人成才为目标,甚至与此目标南辕北辙,这是无效的,甚至是十分有害的,无怪乎他痛心疾首地说:“在目前中国状况之下,学校就根本不应有所谓制度。”①

其二,对有效学制的探索。朱光潜并非反对“制度”,在他看来,“制度”确实是必不可少的“固本之物”,可以免除混乱,统一步调,保障事情的顺利进行。问题的关键在于如何产生制度。他认为:“制度之产生,必须顺着社会进化的自然次第,而略加以人力支配。假使没有实地仔细研究社会情形,只就个人理想,书籍记载,邻家榜眼做标准,关着门户在屋里造出一个制度来,以为可以范围社会,使社会上种种事业都厘然就绪,顺风大吉,这就是梦想!”②但实际的情况是:当时恰恰有一批脑筋平庸却耽于做梦的教育家,他们既“没有实地仔细研究社会情形”,也不考虑各个学校的实际,而是旁征欧美、独出心裁地拼凑出所谓“制度”,又糊里糊涂地通过,在全国学校推行,从而造成了这种“有条有理的乌七八糟”的学制。可见,他所反对的有两点:一是不从学校自身抽绎适应的制度,而是以某些教育家制定的学制来规范学校;二是不根据中国社会实际情形,完全效仿西方或者日本的学制模式。前者的弊端在于忽视不同类型学校的独特性和差异性,以少数人的任意妄为代替学校和学生的实际需要,导致学校同质化、不能

①朱光潜:《私人创校计划》,《朱光潜全集》第8卷,合肥:安徽教育出版社,1993年版,第105页。
②朱光潜:《私人创校计划》,《朱光潜全集》第8卷,合肥:安徽教育出版社,1993年版,第105页。

升入大学的中学毕业生难以谋生等问题;后者的弊端在于不顾中国特有的文化、国情、社会状况,忽视了在引入欧美学制时所伴随的各种各样的实际问题,导致旧的混乱没有解决反倒增添了新的混乱。因此,在朱光潜看来,与其要“有条有理的乌七八糟”的无效学制,不如要“乌七八糟的有条有理”的有效学制,前者易于养成人性压抑的庸才甚至畸形人,而后者则有利于培育个性自由发展、人格健全的人才。

其三,对学制与教育的深入分析。教育何为?“学制之咎”如何解决?对此,朱光潜明确提出:“教育不是一篇印板文章,处处可以推行无碍;但全靠教育家灵心妙运,随境变通。现在一般学校都谨遵部令,跟着一个死制度走。制度之长处,展转流传,渐失真相,不多时便仅存形骸。制度之坏处,以讹传讹,变本加厉,必至于积重难返,愈久远就愈普遍,愈牢固。换句话说,在现行学制之下,各学校都无特长而有通弊。要想免去通弊,必根本脱去‘制’的圈套。”[①]可见,教育的特性不在于“从一而终”,而在于“随境变通”;“制度”如果不顾及各个学校的特殊性,而追求“一刀切”,那么这样的制度只能是“死制度”;当制度的长处已然不存、坏处却愈演愈烈的时候,教育也必然只有死路一条。对于“谨遵部令,跟着一个死制度走”的各个学校而言,因为没有特长、只有通弊,不免成为制度的牺牲品,而老师和学生也难免成为试验品或牺牲品。因此,只有从根本上摆脱“制”的圈套,才能去除学校通弊,才能获得教育的自由、人的自由。

三、探索教学之法:主张“个别自由发展”,深入推进学制改革

揭示教育体制、学制病症所在,只是开始;如何改革学制、体制,“治病救人”,才是根本。作为教师,朱光潜并没有满足于纸上谈兵,而是结合自己的英文教学实践对“道尔顿制”(美国柏克赫司特女士创始)进行研究和改良,对教学法进行具体细致的探索,从而深入推进了学制改革。

“个别自由发展”是贯穿“道尔顿制”的基本原理,指“使个别儿童各量天资,

①朱光潜:《私人创校计划》,《朱光潜全集》第8卷,合肥:安徽教育出版社,1993年版,第106页。

乘兴趣，去自由发育”。[1]“个别”意味着废除班级制和年级制而代之以个别教学，充分尊重资质禀赋、兴趣的个别差异；“自由”则表现为学生自由地安排学习科目和内容，自由地制订学习计划、支配学习时间，自由地选择学习方法完成作业，自由地与老师、同学合作解决问题等。在传统教育中，年级制和班级制使学生之间的差异被抹平，学生只能被动地接受教师传授而平均发展：这正是上述朱光潜所揭示的“学制之咎”。与之相比，主张“个别自由发展”的“道尔顿制”则尤为重视学生的个体性与主体性，强调自由和互助精神，以实现个性与群性自由发展为终极目标，这正是其现代性价值的体现，也是其之所以具有世界影响的原因所在。

主张“个别自由发展”的“道尔顿制”也深深影响了朱光潜。早在 1922 年香港大学就读期间，他就专门研究了在“道尔顿制”中如何应用设计教学法的问题；1923 年，他又成为最早开始“道尔顿制”实验的中国公学中学部的英语教师，这为其进一步探索教学之法、实现“道尔顿制”的中国化创造了条件。需要说明的是，以教学法改革推进学制改革是朱光潜有意识的却也是不得已而为之的策略：要想摆脱“学制之咎”，实现学制改革，宏观上就要改革教育体制，微观上则必然要改革教学法。改革教育体制可谓国家工程，无论是在当时还是在今天，都非易事，而教学法改革则是限于学校和教师的实验行为，其灵活性和可操作性使其成为学制改革的重要内容和必由之路。换言之，相对于复杂而缓慢的“自上而下式”改革（教育体制改革→学制改革），“自下而上式”改革（教学法改革→学制改革）无疑更具有简便性和时效性。更重要的是，从以人为本的现代教育理念出发，二者的目标是根本一致的，即都是为了实现学生的“个性自由发展”，这既是教学法改革的价值所在，也是学制改革的“人性”意义所在。因此，朱光潜在中学任教期间全力投入教学法的实践探索和理论总结，具体说来：

一方面，他指出“柏氏道制”的不足，也指出“中公道制”的缺点，并提出自己的解决办法。他认为，在“道尔顿制”的教学法中，课堂生活和书本生活依然占有很重要的地位，容易造成学生只为知识而求知识，知行分离，为此他提出一种

---

①朱光潜：《在“道尔顿制”中怎样应用设计教学法》，《朱光潜全集》第 8 卷，合肥：安徽教育出版社，1993 年版，第 70 页。

“兼容并收”的计划，即在“道尔顿制”中应用设计教学法，设计教学法的主旨正在于打破这两种生活，把学校功课与人生实际需要统一起来。而针对“道尔顿制”中应用设计教学法所存在的两大困难，即怎样可以尊重儿童的心理要求，同时又能保存若干教材的理论线索，怎样可以维持个别的自由，同时又能保存共同生活的优点，他又提出一种随机应变的“通融办法”，即保存教材顺序而不保存教材原状，采用设计而不以设计为课程单位；每年级学生以天资兴趣为准，自由分组，每组以四五人为限。由此解决了“柏氏道制”没有解决的“怎样应用设计法”这个重要问题。而对于“中公道制”，他认为缺点在于因为保存班级为教学单位，学生不能依照自己的速率按月自由升降，为此他主张，在教师指定作业范围和指导作业时应予以弥补，顾及个别学生的能力差异，指定不一样的作业范围，以确保“每个学生虽不能依个人的速率而伸缩进行的程序，却能依个别的速率而伸缩分量的多寡和习题的难易”；在指导作业时，对质疑问难的学生详细答问，对没有疑问者个别教授；此外，他还提出将指导作业与课堂讲课相统一的总体原则，即课堂讲课旨在讲授适宜全体学生了解和掌握的一般教材知识，而指导作业则旨在针对各个学生进行辅助性的解疑答惑。这些办法无疑有利于学生群性和个性的共同发展，可以有效避免上述按年配程、分班授课、平均发展的某些弊病。

另一方面，他始终“顾及学生的程度深浅和天资钝锐”，以学生兴趣为中心，改革教学法。在阐述和应用上述“中公道制”和设计教学法的过程中，朱光潜就坚持把学生兴趣放在首位。而在立达中学任教时，他更是以学生兴趣为中心，针对当时流行英文教学法的缺点，改良英文教材，亲自拟出一个合乎当时中学生英语实际水平的“中学英文课程大纲”，还提出十分具体的“实物教授”“实用文法”和“演述故事”这三项教学法主张，并对其实施的程序、细节做了详细说明。[①]

综观朱光潜的教学法探索，可以发现这样两个特点：

其一，以“精神”领悟转化外来思想。朱光潜不像那些脑筋平庸的“教育家”，满足于效仿和借用西方教育理论的外在“形式”，而是深入领悟和把握其内在“精神”。正如其所言：“如果采用的道尔顿制有名无实，或有形式而无精神，不但

①朱光潜：《中学校英文教学法示例》，《朱光潜全集》第 8 卷，合肥：安徽教育出版社，1993 年版，第 119—133 页。

外国文,任何学科也不能收效。"[①]因此,他对"道尔顿制"的采用和改造既抓住其形式精华——指导作业,更紧扣其"精神"实质——"个体自由发展",可谓既得其"形",更得其"神",真正实现了西方教育理论的中国化。从这个意义上说,朱光潜不是一个唯名论者,而是一个唯实论者,不是一个"形式主义"者,而是一个"精神主义"者。如果说这种以"精神"领悟转化外来思想的手段对教学法改革收效显著的话,那么,它同样可以成为学制改革乃至体制改革的合理路径:这显然是朱光潜"精神"论的题中应有之义。

其二,以实践检验和实现真理。与其说朱光潜信赖教育理论(无论中外),不如说他更相信自己实实在在的教育实践,相信"实践是检验真理的唯一标准"。比如,他原本以为"道尔顿制"所根据的"个别自由发展"原理不适宜于外国语教学,因为在他看来,听、讲、读、作四层功夫在学习语言文字过程中同等重要,而"道尔顿制"所主张的"废除课堂制"无疑取消了学生听、讲乃至用的机会,由此不免把活的语言变成死的文字。但通过自己的教学实践,他不仅推翻了原先的成见,还认为"最适用'道尔顿制'的学科,就是外国语"。[②]而为了使这一真理在中国教育语境中得以成真,他又紧紧抓住"如何实现个别自由发展"这一关键问题,将学制改革落实在教学法改革上,又将教学法改革落实在像课堂讲课、指定作业范围、指导作业等更加具体的实践环节中。通过层层细化,个别自由发展得以实现,教学法改革得到具体深入的呈现,学制改革变得切实可行。

四、倡导人格教育:创设立达学园,培养领袖人物

朱光潜深知,这种教学法改革只是在现行教育体制框架内非常有限的调整,而在当时的时代环境中,要彻底改革或颠覆教育体制是不切实际的,只有脱开旧体制的圈套而另辟新境,才有可能真正实现自己的教育理想,乃至"教育救国"的目标。因此,在离开中国公学、春晖中学之后,他与一批志同道合的朋友一起于1925年在上海创办了私立中学"立达学园",旨在摆脱教育体制、学制的各种弊病,倡导人格教育,培养一批能改造社会的领袖人物。

①朱光潜:《"道尔顿制"下的英文教学法》,《朱光潜全集》第8卷,合肥:安徽教育出版社,1993年版,第96页。

②朱光潜:《"道尔顿制"下的英文教学法》,《朱光潜全集》第8卷,合肥:安徽教育出版社,1993年版,第96页。

由于“人格”概念在现代不同学科领域中有不同的意义，这导致了“人格教育”概念至今含混。在《现代汉语词典》中，“人格”词条下注明了三种意义：一是指人的性格、气质、能力等特征的总和；二是指人的道德品质；三是指人的能够作为权利、义务的主体资格。[①]这意味着，汉语“人格”具有心理人格、道德人格和法律人格三重意义[②]，因此“人格教育”就是一种旨在培养受教育者具有健全完善的心理人格、道德人格和法律人格的教育，其中，心理人格和道德人格的教育是人格教育的重心所在。19 世纪末，人格教育学说在欧美盛行，在此影响下，中国 20 世纪初的一些教育家也开始提倡人格教育，如蔡元培提出：“教育是帮助受教育的人，给他能发展自己的能力，完善它们的人格。”[③]而接受中西教育“联合培养”的朱光潜，同样将人格教育摆在了“立达”教育计划的核心位置。

朱光潜在其执笔的“立达学园”宣言——《旨趣》(1926)一文中，集中表达了他和“立达”同仁对人格教育的初步设想和五项目标：一是营造一种契合无间、你敬我爱的关系，实现人格感化；二是诚实是人格教育的第一要素，师生间应至诚相见；三是改造国民自私劣性，培养自我牺牲精神；四是通过劳动养成刻苦耐劳的习惯，培养意志力；五是自由研究，独立思考，养成科学头脑。[④]可见，人格教育的总体目标在于培养心理健康、道德完善的人格健全之人，具体说来包含这三层意思：(1)“诚”是人格教育的首要内容，也是中国传统思想文化中道德人格的核心。“至诚”意味着“尽性”，“惟天下之至诚，为能尽其性”(《礼记·中庸》)，用朱光潜的话说就是 “全人”，“理想的教育不是摧残一部分天性而去培养另一部分天性，以致造成畸形的发展；理想的教育是让天性中所有的潜蓄力量都得尽量发挥，所有的本能都得平均调和发展，以造成一个全人。所谓‘全人’除体格强壮以外，心理方面真善美的需要必都得到满足”。[⑤](2)人格感化是人格教育的基本途径，因为“教育是一种人性的接触，没有情谊做基础，无论制度如何完备，设备如何周到，决难收完美的效果。”[⑥]教育归根结底是两个主体之间的情感沟通和对

①中国社会科学院语言研究所词典编辑室编：《现代汉语词典》，北京：商务印书馆，1983 年版，第 960 页。

②西方近、现代意义上的“人格”(Personality)一般指个人性、私人性或个性，与中文“人格”内涵不同。

③蔡元培：《蔡元培全集》第 4 卷，北京：中华书局，1984 年版，第 177 页。

④朱光潜：《旨趣》，《朱光潜全集》第 8 卷，合肥：安徽教育出版社，1993 年版，第 171—172 页。

⑤朱光潜：《谈美感教育》，《朱光潜全集》第 4 卷，合肥：安徽教育出版社，1988 年版，第 145 页。

⑥朱光潜：《论大学授课方式的机械化》，《朱光潜全集》第 8 卷，合肥：安徽教育出版社，1993 年版，第 471 页。

话，是发自人性的一种敬与爱的体现。（3）牺牲精神、意志力精神、科学精神是人格教育着重培养的三大精神。总之，朱光潜针对当时社会状况和教育弊病，融合中西教育思想，从内容、路径、精神等方面提出了人格教育的“尽性全人”目标，初步勾勒了一种以人格教育为中心的基础教育的理想蓝图。

朱光潜不仅提出人格教育的理论主张，更坚持身体力行，以自身人格感化每个学生。同时，他又认为，要实现这种理想的人格教育，首先要有决心改良教育的少数人，继而由他们造就一批具有舍己为群精神、艰苦奋斗精神和科学精神的“领袖人物”，按其所言，“与其招收数百人而毫无结果，不如教数十人或数人而个个人都能在社会上有所建白”。[①]后来，在批评战后只顾数量不顾质量的“有名无实的高等教育”时，他同样认为，“有一个就是一个，与其费力量去培养一千个不中用的人，不如集中力量去培养十个二十个真正中用的人”。[②]他将这种集中力量培养领袖人物的主张命名为“精兵主义”。

之所以主张“培养领袖人物”，朱光潜曾逻辑清晰地作了三点解释：

一、中国要想廓清旧习积弊，恢复元气，能在世界上立得脚住，必定要组织好政府。好政府必建设在民主主义之上，所以要好人民才能实现。要想好人民，惟有从教育着手。

二、要想教育改良，决不能依靠自身尚待改良的政府，必待教育界之已觉悟而又抱有极大改造决心者。

三、教育界之觉悟而又抱有极大改造决心者本占少数，而少数人能力本有限。……我们少数人的热心毅力决可以造成若干领袖人材。这若干领袖人材到社会去决可以做一番事业。[③]

不难看出，朱光潜怀着某种“英雄崇拜”的情结。在他看来，英雄崇拜的优点在于它是敬贤向上的表现，“英雄常在我们心中煽燃这一点光焰，常提醒我们人

①朱光潜：《私人创校计划》，《朱光潜全集》第8卷，合肥：安徽教育出版社，1993年版，第114页。

②朱光潜：《教育的质与量——战后高等教育问题之一》，《朱光潜全集》第9卷，合肥：安徽教育出版社，1993年版，第191页。

③朱光潜：《私人创校计划》，《朱光潜全集》第8卷，合肥：安徽教育出版社，1993年版，第117页。

性尊严的意识，将我们提高到高贵境界。崇拜英雄就是崇拜他所特有的道德价值”。[1]换言之，英雄是人格高标，是“学做人的好模型”。就教育而言更是如此，“教育学术也都需要有人开风气之先”，“我们主张维持一般人所认为过时的英雄崇拜。尤其在青年时代，意象的力量大于概念，与其向他们说仁义道德，不如指点几个有血有肉的具有仁义道德的人给他们看。教育重人格感化，必须是一个具体的人格才真正有感化力。”[2]可见，他把希望寄托于“领袖人物”是期待这些有具体人格的“英雄”能对青年学生进行人格感化，实现人格教育的目标。

朱光潜的这种“培育领袖人物”教育思想既来自于中国传统文化的圣贤忠义崇拜（如孔子、岳飞、文天祥等），也来自于他有所深悟的西方基督教精神，他相信少数人的努力能够造成弥漫一世的风气：

> 我们不必需要宗教，但必须有宗教家布道的精神。十几个犹太平民居然调动了全世界，难道十几个有为有守的中国人就不能把中国社会改善么？我们需要救世主，这救世主必定是少数人而不是全社会，而少数人却必有替人类担荷罪孽不惜牺牲身家性命的决心。亚门！[3]

耶稣和他的十二门徒与早期神父出生下层社会，没什么学问，处境艰难，却四处传道，足迹踏遍全欧，乃至到达中国长安，经过艰苦卓绝的努力，最终使耶稣成为世界文化中的一个主要因素：这种基督教精神确实可以令人闻风兴起。朱光潜将中国传统文化的圣贤忠义崇拜与西方基督教精神相融合，提出了一种新的“英雄主义”，即“借自己的努力，艰苦卓绝地奋斗到底，以求征服一切环境困难，达到我们所追求的理想，这是我们所应崇奉的英雄主义”。[4]这意味着，他希望“立达”同仁们应有圣人或耶稣那样的宗教布道精神，努力在中国培育“十几位有作为有操守的”领袖人物，不畏艰难牺牲，力求征服环境困难，引领健康

---

①朱光潜：《谈英雄崇拜》，《朱光潜全集》第4卷，合肥：安徽教育出版社，1988年版，第98页。

②朱光潜：《谈英雄崇拜》，《朱光潜全集》第4卷，合肥：安徽教育出版社，1988年版，第99页。

③朱光潜：《个人本位与社会本位的伦理观》，《朱光潜全集》第4卷，合肥：安徽教育出版社，1988年版，第41页。

④朱光潜：《个人本位与社会本位的伦理观》，《朱光潜全集》第4卷，合肥：安徽教育出版社，1988年版，第40页。

风气，塑造国民人格，改造中国社会。

总之，由于当时教育救国的紧迫性和实效性，为了更好地实现“由下而上，由部分而全体，由凌乱而秩序，由人民而政府”的目标，朱光潜不得不将人格教育的根本旨趣定位于“精英教育”而非“大众教育”，赋予其“以先觉觉后觉”“以少数人转移多数人”的启蒙意味，这与他后来在《有志青年要做中小学教师》(1943)中主张的“中小学教育应该是普及的，这就是说，应该是全体国民教育”[①]不同。不得不承认，这种人格教育的理想是神圣崇高且充满英雄豪情的，但若付诸现实的教育实践，却非易事。

①朱光潜:《有志青年要做中小学教师》,《朱光潜全集》第9卷,合肥:安徽教育出版社,1993年版,第134页。

第二节 “立达学园”的人格教育实践

19世纪末20世纪初，世界处于“重估一切价值”的思潮之中，人们在“上帝死了”之后纷纷将注意力从外在于人的自然、制度与物质追求转移到“人”自身这一中心上来。就教育来看，欧美一些国家在这一时期开始出现各种新的以人（尤其是儿童）为中心的教育思潮，开展各种新学校实验，并逐步形成一场范围广泛的教育革新运动，提出了许多新的思想和主张，促使人们对西方教育传统进行全面反思，推动了人们对学校教育的重新认识，对现代欧美教育产生了深远的影响。比如西欧新教育运动，成立国际性教育组织“新教育联合会”，整个20年代都在推行儿童中心的教育目标，强调儿童个人自由而完善的发展；再比如美国进步主义教育运动，依据对城市——工业文明本质的深刻认识，确立了以人（儿童和青少年）和人的改善为出发点，以人的解放和社会进步为目的的教育改革策略，朱光潜早期所倾心的“道尔顿制”正是进步主义教育实验之一，这一运动构成了现代美国教育的重要开端。正是在这一教育思潮影响下，20世纪二三十年代美国兴起了“人格教育运动”（Character Education Movement），人格教育成为其教育体系的焦点之一，美国教育家、哲学家杜威以及20世纪初其他有影响力的哲学家和教育家，都将人格教育作为学校“天职的核心”。

对于中国而言，鸦片战争之后便被迫开启了向西方学习的历程。然而，在经历收效颇微的“洋务运动”和即刻失败的“戊戌变法”之后，一部分中国知识分子最终将救亡图存的注意力从原先的技术和制度学习转移到如何培育“新民”即“立人”这一根本工作上来。“立人”成为近代中国知识分子共同聚焦的主题。时任教育总长的蔡元培，在《对于教育方针之意见》一文中结合当时的复杂国情总结出学校使命的五大方面，分别为：军国主义、实利主义、德育主义、世界观教育和美育教育，这样的思考已经意识到了“立人”教育的深层意义。然而，只有部分人执著地或超脱地真正践行着这样的“使命”：一种是鲁迅及其追随者，以改造国民性为出发点深入思考“立人”的问题。“立人”正是鲁迅思想的核心所在，在他看来，要解决近代中国的危机，“根柢在人”①；其次是林语堂等作家，他们提倡书写个人“性灵”，实际上是以超脱或者隐晦的态度继续五四“人的文学”（周作人语）的主张，作者并不强烈的时代呼应；最后则是那些真正热心教育的教育家，他们做着“立人”教育的实际工作，态度诚恳，热情认真，努力在困难重重的现实社会中践行自己的教育理想和救国志向。

在这样的国内外历史背景下，朱光潜结合自己的中外教育经历和对现实教育现状的深刻反思，孕育而生了“立达”的教育理念，并与志同道合的好友一起，创办私立学校“立达学园”，来践行“人格教育”这一具有现代性内涵的教育理念。

一、教育旨趣：关注个人教育与社会之关系

1925 年 2 月，“上海市私立立达中学”正式成立，校园其实只是他们在虹口的老靶子路租的两间简陋的民房，不过几张桌子和长凳而已，唯一醒目的便是丰子恺所书的“立达中学”的校牌。3 月，立达学会正式成立。②因为经费紧张，这年夏天，立达中学又搬迁至江湾新校舍，并按朱光潜的建议改名为“立达学园”。

“立达学园”可谓是中西结合的命名。“立达”出自《论语·雍也》：“夫仁者，己欲立而立人，己欲达而达人。”这种推己及人的“立达”思想是孔子之“仁”的重要体现，也是儒家道德修养中用于处理人际关系的重要原则，这里自然蕴含着以此自律和来对学生实施教化、修养德性的用意。按朱光潜的解释，“立”指脚跟站得稳，或立场坚定，“达”指通情达理，行得通。可以说，“立达”二字显示出对中国

①鲁迅：《文化偏至论》，《鲁迅全集》第 1 卷，北京：人民文学出版社，2005 年版，第 58 页。

②立达学会常务委员有 9 人：匡互生、夏丏尊、刘熏宇、陶载良、丰子恺、陈之佛、袁绍先、练为章、钱梦谓；会员有 42 人：朱光潜、刘大白、易寅村、沈仲九、张作人、陈抱一、陈望道、何乃人、张东屏、方光焘、胡愈之、高觉敷、周予同、秦大钧、朱自清、周为群、刘尚一、黎锦熙、许敦谷、徐中舒、关良、黄鸿诏、陆露沙、刘叔琴、沈亦珍、裘梦痕、丁衍庸、李石岑、周建人、王伯祥、郑振铎、叶圣陶、章锡琛、王淮君、荣渭阳、蒋爱真、叶吉挺、张农、章克标、张克成、陈宅桴、王亢侯。

儒家学术传统和伦理规范的尊重，也是对中国教育传统中的书院精神的继承。而“学园”则是对“希腊学园”（希腊语作 Academeia，拉丁语作 Academia）的移植。[①]在朱光潜看来，要在腐败的官办教育之外办一所具有现代精神的学校，只继承中国传统显然是不够的，必须要学习西方的学术传统和教育经验。而希腊学园正是西方学术和教育的源头，改“中学”为“学园”正表明了朱光潜对希腊学园精神——简朴克欲、自由讨论——的认同和追慕，从这也可看出他受到他的香港大学哲学老师、推崇希腊学术精神的奥穆先生的影响。由此，“立达学园”就有了朱光潜所提倡的特别精神——“带有古时希腊学园及我国书院的风气”，实质上就是建构理想人格的自由精神。为此，“立达学园”不设校长、不立校规、教师为先、自由宽松、兴办农场，成为中国教育史上的“一所特立独行的学校”。[②]

此前在中国公学和春晖中学的教育实践中，朱光潜的教育理想之光无法完整地照进现实，而“立达学园”的创办，则意味着朱光潜第一次有机会完整地将自己“人格教育”的教育理想付诸实践。在立达实际负责人匡互生的授意下，朱光潜执笔写就了一篇立达学园宣言——《旨趣》，简明而深刻地阐述了创办立达学园的宗旨所在。这篇《旨趣》是具有重要历史意义的教育文献，对于我们认识朱光潜早期的教育思想以及 1920 年代中国教育的现状和问题很有帮助。原文不长，兹录于下：

> 我们坚信人类生而平等，个个人都有享受教育的权利，都应该有机会尽量发展天赋的资能，倘若有人因教育上的缺陷，成为社会进化的障碍，社会自身应负其责。教育是社会的义务，不是社会的恩惠。我们现在也只是本良心主张，履行社会的义务。
>
> 我们坚信社会遗传，经济状况及其他环境上的事项影响到文化的历程，固然很大；但是环境是可以人的意志征服和控制的。我们又坚信个人的先天的资禀固然多少已经预定生命程途上的种种倾向，但是这种先天的资禀大部

①“希腊学园”是古希腊雅典城西北郊一所哲学教学及研究的学府。公元前 387 年，柏拉图购得此园，作为讲学授徒之所。学园原址为一片橄榄林，有花园及健身房，是为奉献给传说中的阿提卡英雄阿卡德谟斯（Academus 或 Hecademus）而建造的，故以其名命之。公元 6 世纪学园关闭。

②项红专：《立达学园：一所特立独行的学校》，《中小学管理》，2009 年第 11 期。

分是可以教育势力去潜移默化的。所以改造社会,要根本从改革教育入手。

我们坚信腐败的教育不能解决纠纷的政治,纠纷的政治更不能改革腐败的教育。我国官办的教育,我们承认已无法可以去弥补,对于教育有觉悟又抱决心的志士,在这种积弊之下,不是感处处受牵制的痛苦,就是被溶化于这种洪炉烈焰。倘若我们还不及早从倚赖官办教育的迷梦中警醒,一旦病根益固,恐将至无药可医的地步了。所以我们决计脱离圈套,另辟新境,自由自在地去实现教育理想。

我们坚信学校要有特殊的精神,才可以造就真正的人材;而这种特殊的精神要能对于现时社会有补偏救弊的效用。我们的学校悬下列几种鹄的:

一、在现时一般学校里,教师结合,既不纯粹以教育兴趣为基础;学生就学,也只是以金钱换取资格。师生间无了解所以无敬爱,无敬爱所以无人格感化。教室以外,别无观摩;课本以外,别无启发。在这种情形下,教育自然无好果。我们的学校纯粹由同志的教师,信仰的学生组成。一方面要具有社会的组织和互助的精神,一方面要充满了家庭的亲爱。大家都欣合无间,极力求由敬爱而发生人格感化。

二、我们的人格教育第一个要素就是诚实。社会上许多罪恶都生于虚伪。待人不诚,于是有欺诈凌虐;待己不诚,于是有失节败行。这种风气,学校教育要负大部分责任,因为种种繁琐的条文,形式的惩奖,和敷衍的手段都是培养虚伪的祸根。我们师生大家都极力求以至诚相见,免除一切虚伪,要使社会对于立达的师生所得最深刻的印象,就是诚恳的态度。

三、我国民族性劣点在组织力薄弱,而组织力薄弱则由于自私心太重。文化的衰颓和政治的腐败,祸根都伏在这里。我们知道从前一切伟大的事业和伟大的思想大半都由牺牲的精神中产出,我们更坚信来日光明之出现,也必定借牺牲的精神引导。所以立达的师生要极力培养牺牲的精神,大家都要能抛弃身家,为人群谋幸福。

四、人类最高贵的一点灵光就是排除一切障碍而求实现理想的一种意力。这种意力要用刻苦耐劳去培养。我们立达的师生一方面要极力过俭朴的生活,使精神不易为物质欲所屈服;一方面要实行劳动,每日费若干时间,到工场农场去作工。我们坚信劳动可以养成刻苦耐劳的习惯,可以使我们领略创造的快慰,可以使我们能独立生活,不完全为社会上的消耗者。

五、东方人思想的缺点在偏于综合而短于分析,偏于演绎而短于归纳,偏于因循而短于创造。所以学问事业都很零碎错乱,进步迟缓。救这种弊病,要注重科学的训练。所以我们立达的师生对于学问方面,不纯是记忆书本知识,要能在课本自由研究,独立思索,以求养成科学的头脑。

本校的旨趣大纲如此。在这个举世滔滔中,我们的微薄的力量也许是杯水救车薪之火;但是我们坚信意志能够征服一切,我们十分坚信我国民族是最够以少数转移多数的,改变风气,不是一回难事。我们很明了地望见横在我们的前面有一个极庄严灿烂的世界。

不难发现,这篇《旨趣》(1926)与此前的《私人创校计划》(1924)在精神上是如出一辙的,只不过语言更加简洁,更加警拔,内涵更加集中,意义更加深远,蕴含着朱光潜这一阶段乃至此后所秉持的一些核心的教育“旨趣”和思考,是值得深入探究的。

其一,“个人——教育——社会”三者的关系问题。朱光潜认为,享受教育是个人的权利,教育是社会的义务;改造社会根本上要从改革教育入手。朱光潜等“立达人”从西方近代以来所确立的人权观念和基本价值观出发,坚信人类生而平等,人人都有享受教育的权利,也都有充分发展个人天赋的权利,而社会则有为每个人提供教育的义务。在这里,朱光潜实质上提出了“个人——教育——社会”三者的关系问题:教育是社会对个人负责任的重要表现,是履行社会对人的义务的中介,能够潜移默化地影响人的先天资禀;个人发展需要社会为其提供教育,反过来,受教育之人又以意志征服和控制环境,改造社会。有缺陷之教育,必有缺陷之人,也必有缺陷之社会;反之,要改造社会,就必须塑造圆满之人,就必须改革教育,这是朱光潜始终坚持的逻辑思路。正如当代学者高建平所言,

"人的教育与社会的改造是互为因果的关系""有了好的人,才有好的社会""好的社会是好人建的,好人是在好的社会中教育出来的",在笔者看来,与其争论"先有好的人还是先有好的社会"这样的问题,不如在经济和社会建设中,尤其是在人的建设、心灵的建设以及美的建设(即马克思所言的"按照美的规律来建造")中,使环境和人都得到共同改造,从而实现社会的进步。[①]

关于个人、教育与社会的关系问题,是朱光潜在每个阶段都深思的重要问题,他既关注教育对个人的培养、社会对个人的影响,更关注"个人转移社会"的必要性和可能性:他的思考也一向都是辩证统一的。在全民抗战的1940年代,个人被卷入社会的洪流之中,难免受到恶劣腐败的社会风气的影响,或悲观厌世,或消极混世,这些个人反过来又参与到污浊社会的队伍之中,使社会更加腐浊,正如其在《个人本位和社会本位的伦理观》中所言:"我个人深切感觉到中国社会所以腐浊,实由我们人的质料太差,学问、品格、才力,件件都经不起衡量。要把中国社会变好,第一须先把人的质料变好。"[②]不难看出,朱光潜对当时中国的"现代青年"是不满的,在他看来,这些现代青年大半仍在鼓里过日子,是非常缺乏责任感的,既没有明白自己的责任,更不肯出死力去尽自己的责任。要改变这种学问肤浅、品格堕落、才力缺乏的风气,要真正改变"人的质料",需要寄希望于教育。但同时,他也明确指出,改变风气是教育的事,但是教育却不仅仅是学校的事,学问固然应该多给青年们以良好的影响,而学校以外的政教当局与整个社会也应该少给青年们以不良的影响。事实告诉我们,社会对青少年的负面影响有时比学校给予的正面影响可能更大,更何况学校也是社会结构的组成部分,难免也会沾染不良的社会风气,因此,要真正改造青少年的质料,需要学校教育和社会教育、家庭教育多管齐下,方能有所成效。

我们注意到,朱光潜自己不是一个被动接受社会风气改造的人,而是试图成为主动改造社会风气的人,也正因此,他对现代青年也寄予了这种厚望。他一方面批评学校和社会对青年没有尽到他们的教育和积极影响的责任,需要严厉地自

①高建平:《美学的当代转型:文化、城市、艺术》,保定:河北大学出版社,2013年版,第193页。

②朱光潜:《个人本位与社会本位的伦理观》,《朱光潜全集》第4卷,合肥:安徽教育出版社,1988年版,第40页。

省与自责，而另一方面他也坚定地认为，“我们必须承认人力可以改造社会，然后我们遇着环境的困难才不会绝望，而我们的努力也才有意义与价值，我们也才能够说：把这世界安排得较合理一点，是我们每个人的责任”“要复兴中国民族，我们必须在青年心理中养成对于个人努力的信任”，①这鲜明地体现出朱光潜对待个人责任与社会责任的积极态度，尤其体现出对人的意志自由、主体精神的肯定和尊重，即这里所言的“环境是可以人的意志征服和控制的”。无论所在中学还是大学的教学实践过程中，朱光潜常常接触到许多“对个人努力缺乏信任”的青年人，他们感受到社会的黑暗，承受着社会积弊的重压而无力推翻，觉得自己即使再努力也不过是螳臂当车、独木难支，由此而陷入彷徨、苦闷、悲观或者寄希望于他人的妄存侥幸的心理牢笼中。对此，懂得如何“消除烦闷与超脱现实”的朱光潜是不以为然的，因为在他看来：

> 社会愈恶愈需要有少数特立独行的人们去转移风气。一个学校里学生纵然十人有九人奢侈，一个俭朴的学生至少可以显出奢侈与俭朴的分别；一个机关的官吏纵然十人有九人贪污，一个清严的官吏至少可以显出贪污与清严的分别。好坏是非都由相形之下见出。一个社会到了腐败的时候，大家都跟旁人向坏处走，没有一个人反抗潮流，势必走到一般人完全失去是非好坏分别的意识，而世间便无所谓羞耻事了。所以全社会都坏时，如果有一个好人存在，他的意义与价值是不可测量的。②

这段说得极有见地、极有分量，是对“明知不可为而为之”的儒家入世精神的一种现代阐扬，很有启示性。面对社会之恶，是悲观厌世，消解逃避，随波逐流，还是特立独行，积极应对，反抗潮流，力求转移风气？朱光潜主张的是后者，即无论立身处世的方面，还是文艺方面，都要“选择走抵抗力最大的而不走抵抗力最低的道路”（《朝抵抗力最大的路径走》）。社会需要“举世皆浊我独清、众人皆醉我独醒”的名士，更需要“我以我血荐轩辕”的斗士，他们以自己个人的求真、向善、好美的努力，见证社会环境的“假”“恶”“丑”，并以不灭的精神之力反

①朱光潜：《个人本位与社会本位的伦理观》，《朱光潜全集》第 4 卷，合肥：安徽教育出版社，1988 年版，第 246 页。

②朱光潜：《个人本位与社会本位的伦理观》，《朱光潜全集》第 4 卷，合肥：安徽教育出版社，1988 年版，第 246 页。

抗和征服现实的腐败与困难，他们像一盏孤灯，光线虽弱，却坚守在寒风中照亮黑暗，并给路过之人以温暖和指引，而这种努力和坚守无疑来自于人格力量的支撑。因此，在朱光潜看来，要使青年人成为这样的“英雄”，必须依赖于真善美的教育，来塑造他们健全的人格。

其二，教育与政治的关系问题。朱光潜认为，改革腐败的教育不能寄希望于专制的政治，应另辟私立教育，而不能倚赖官办教育。在朱光潜这样的“对于教育有觉悟又抱决心的志士”看来，纠纷的政治无法改革腐败的教育，与其寄希望于混乱的政治，在官办教育的积弊之中被牵制、被溶化，不如另辟蹊径，摆脱政治圈套，创办私立学校，自由自在地实现自己的教育理想。在这里，我们看到朱光潜是有意与政治保持距离的，这是其一向追求的姿态，也是其自由主义精神的突出体现。当然，在这一阶段，无论是主观上还是客观上，他是可以做到与政治保持距离的，然而后来他却因为种种机缘而不得不陷入到政治的漩涡之中，这也正好从反面说明了要在政治和教育之间划清界限是很不容易的。

1937 年，朱光潜应张颐之邀担任四川大学文学院院长，为了反对国民党政府安排政客程天放取代张颐任校长，他联系其他学者举起教育自由、学术自由的旗帜，起草和发表公开宣言，并联名致电教育部，坚决反对以无人格的政客取代纯粹的学者，后又写就罢教宣言、驳斥教育部乃至致蒋介石等人的电文，要求“我政府宜多为有利抗战之举少做后方不必要之事”。这场风潮最终以权力专制打败学术自由而告终，朱光潜被迫奔赴迁移在嘉定乐山的武汉大学。然而不久之后的 1940 年，朱光潜再次发动了拒斥程天放任武汉大学校长的风潮，他号召教授和学生抵制参加教育部陈立夫预备在武大召开的师生大会，最终赢得了胜利。作为这两次政治运动的领袖人物，朱光潜引起了陈立夫的注意，为了笼络朱光潜，陈立夫特邀朱光潜到重庆晤谈，并接受武大校长王星拱的推荐，任命朱光潜为武汉大学教务长，也正因为出任教务长，朱光潜经王星拱极力劝说而加入了国民党，后来还担任了国民党中央监察委员，并在《中央周刊》发表专栏文章。这直接导致了他在 1940 年代末遭受共产党文化方面负责人的批判，对其后来的学术和命运都造成了重大影响。这段作为教育者与政治亲密接触的经历也促使他全面深入地思考政教关系问题，写成《政与教》(《思想与时代月刊》第 3 期，1941 年 10 月)一文，体现出一位教育家的风范。

在朱光潜看来，人类社会进化的轨迹，国家民族兴衰的关键，在于政治和教育这两端。无论是试图挽救尚未崩溃的社会秩序与文化传统，还是试图复兴已经崩溃的社会秩序和文化传统，第一急务必为调整政与教的关系，历史已经昭示给我们这一点。而中国当时所处剧变是前所未有的，在这种剧变中，政教关系也陷入互相指责、都忘记自身责任的境地，“政以其权力摄教，教亦以其口舌訾政。政则曰，意志必集中也；教则曰，思想必自由也。百废不举，人相率于贪污邪僻，巧立名目而无补于民生国是，教则曰，是政之过也；文化落后，士气嚣张，罄巨资育才，而才无可用；政则曰，是教之过也。”①朱光潜认真梳理了政教二者关系的演变史，即从“政教平行、君师并尊”到“教自政出、学隶于官”，乃至于“官失其宗、政不足以施教”，揭示出二者相互影响的种种表现，尤其是以中西历史事实为例，着重分析了政教分离之后所遵循的三种途径：以教辅政、以政统教、以教统政，认为政教要达到极盛至善，关键在于“得人”，正如方苞所言：“国之将兴，其时非无奸险阴贼之臣也，政教方明，而贤者持其枢柄。”(《书后》)在贤人政治下，以教统政或以政统教皆可。而要造就“贤人”，就得确保学术思想自由的发展。

学术思想发展之首要条件为自由。诸子百家极盛于政权衰落之春秋战国，而后世政治修明之季，反瞠目不能望其后尘者，内有切磋观摩之效，而无钳制摧残之力也。学术贵讨论，思想贵砥砺，故门户愈纷歧，观摩愈周密；争辩愈剧烈，启发愈深厚。汉以后政府方略常在罢斥百家，独尊儒术，其结果不惟百家寝衰，即儒术亦因乏切磋砥砺而日就于式微。此吾人所当深省者，一也。政常决于一时之权宜，而教为民族万年命脉所系；政可随时变更，而教必维持历史的连贯性；政之效暂而教之效久。褊急之政治或可致一时之富强，而泱泱大国所赖以绵延久远者，必为渊深博大之文化。昔日之秦始皇，今日之希特勒，皆为一时权宜之计而采取愚民政策。愚民之毒始及于教而终必及于政。此吾人所当深省者，二也。治国譬如治水，疏之则通，塞之则决。民心士气均必得正当之宣泄，庶各有所汇而不致氾滥横流；若徒以暴力强制之，扼抑之，则蓄怨积忿，不得其平则鸣，终必为大乱之阶。防民之口，甚于防川；

①朱光潜：《政与教》，《朱光潜全集》第9卷，合肥：安徽教育出版社，1993年版，第87—88页。

防民之思，盖尤有甚。法俄之两大革命均起于专制压迫。此吾人所当深省者，三也。以政统教，政如失纲，则教必随之废弛。历朝之败，均起于小人道长，君子道消。小人道长，以其威权牢笼天下士；使趋炎附势者仰承意旨，阿谀取容；洁身自好者销声匿迹，腹诽朝政，于是士气消沉，风纪大坏，驯致国家灭亡而后已。唐之中衰，鱼朝恩掌国子监(即今之大学校长)，明之将亡，士流群父事魏阉。前车之覆，可为殷鉴。此吾人所当深省者，四也。

"自由"本是学术思想发展的首要条件，而在专制的政治统治之下，学术自由遭到钳制和摧残，学术无法讨论，思想无法砥砺，人的精神被圈囿于唯一的官方话语体系之中，无法或无力发出自己的声音。只有真正认识到学术贵在百家争鸣、教为民族万年命脉所系、言论自由的重要性、君子道消的危机感，才能真正懂得如何合理地把握和处理政教二者的关系。在这里，朱光潜以史为鉴，提出了振聋发聩的四点深省，依然是今天"吾人所当深省者"。这种学术自由观背后实质上是对人的思想自由和精神解放的尊重和期望，充分反映了像朱光潜这样的真正坚持以人为本、"为学术而学术"、具有自由主义精神的现代知识分子的心声。就文体看，这篇文章可谓时文与古文的结合体，逻辑清晰，层层深入，中西举隅，古今互证，语雅言洁，既充满古韵古趣，更充满实证思辨，是颇为独特的。如今重温，我们仍不难听出桐城古文的袅袅余韵，也不难看出两次风潮在朱光潜思想上激荡起的巨大涟漪，更不难感受到一颗为救国倡教育、为教育求独立、为学术争自由的赤子之心。

二、教育精神：培养人格建立、全面发展的人

在朱光潜看来，作为教育直接承担者的学校应当有学校的"特殊的精神"才可以造就真正的人才，这种特殊精神指的是"要能对于现时社会有补偏救弊的效用"，换言之，学校应通过教育实现"补偏救弊"的社会功能，而不能成为偏弊的推波助澜者和不良社会风气的受动者。因此，在《旨趣》中，朱光潜将《私人创校计划》中的部分观点做了进一步的阐明和发挥，代表"立达"同仁着重提出了"立达学园"所悬之鹄的，更集中地表达出他对于人格教育的初步设想和目标。

1.人格感化教育。

在朱光潜看来，当时学校教育模式之弊在于教育者（教师）与受教者（学生）之间没有人格感化，教师不纯粹以教育兴趣为基础，学生只以金钱换取资格，二者之间的交往只限于教室和课本之内，于是导致师不爱生，生不敬师，人格感化无从谈起。为此，朱光潜主张构筑一种“纯粹的”学校，即“纯粹由同志的教师，信仰的学生组成”的学校，教师志同道合，以教书育人为本，学生信仰教师，以尊师重道为本分；其特点在于既具有社会性，又具有家庭性，一方面取社会之组织互助精神，另一方面取家庭之亲密友爱氛围，力求营造一种契合无间、你敬我爱的关系，如此人格感化的教育就自然发生了。联系立达学园的实际来看，学校确实团结了一批“同志的老师”和“信仰的学生”，尤其是这些创办者们，在非常艰苦的条件下以苦作乐、共同奋斗，在当时狗苟蝇营、官僚腐败的教育界显得相当另类。

2.师生间至诚相见，实现人格教育的第一个要素——诚实。

无论是老师对学生之“爱”，还是学生对老师之“敬”，都建立在“诚”这一人格第一要素之上。诚，即不虚伪，实在可信，不欺人，也不自欺。在朱光潜看来，虚伪之风气应由学校教育负大部分责任，学校教育的虚伪性体现于种种繁琐的行政条文，奖惩都流于敷衍的形式手段，而并不具有虔诚的目的。要改变这种风气，就必须斩除这些“虚伪的祸根”，也就必须要求师生之间至诚相见，免除一切虚伪，彼此诚恳相待。

在这里，朱光潜实质上是将中国传统文化（尤其是儒家文化）中“诚”这一修身价值观转化应用到教育领域中来。“诚” 是中国文化里贯通天道与人道的桥梁，是中国文化里的重大命题，是中国人思想文化里一个重要的核心价值，甚至是中国文化有别于西方文化的一个重要方面。比如，子思《中庸》的核心思想之一就是讲“诚”，“诚者，天之道；诚之者，人之道”“自诚明，谓之性；自明诚，谓之教。诚则明矣，明则诚矣”；孟子进一步提出“诚者天之道也，思诚者人之道也”（《孟子·离娄上》）；宋周敦颐则直言：“诚者，圣人之本。‘大哉乾元，万物资始’，诚之源也。”（《通书》）也就是说，“诚”不仅是天道，也是人道，即人的天性品德；子思之“诚之”或孟子之“思诚”都意味着人道之“诚”需合于天道之“诚”，所谓教化或教育，就是“明诚”，使人明白事理而做到诚恳。朱光潜将“诚实”作为人格教育的第一要素，意味着他视“诚”为人格的最核心的道德价值观所在，并作为师生之间交往的前提、中介乃至目标所在。朱光潜所谓“至诚相见”之“至诚”，同样来自《中庸》，“惟天下之至诚，为能尽其性；能尽其性，则能尽其人之性；能尽人之性，则能尽物之性；能尽物之性，则可以参天地之化育；可以参天地之化育，则可以与天地参矣”。可见，他所主张的“至诚”隐在的意思便是后来所明确提倡的“尽性”，无论是以诚待己（“自诚明”），还是以诚待人（“自明诚”），都是“尽其人之性”，所谓教育也就是“尽性”，尽力发挥学生的天赋本性到达极致，这才是根本意义上的“以人为本”的教育，是“可以与天地参”的。

3.改造国民自私性弱点，培养自我牺牲精神。

在朱光潜看来，我国民族劣根性之一在于“组织力薄弱”，其根由在于“自私心太重”，这种国民劣根性是导致文化衰颓和政治腐败的祸根。由此，他提倡“牺牲精神”，即“抛弃身家，为人群谋幸福”，这含有两方面意思：一是要抛弃凡事以自我为中心的狭隘个人主义。朱光潜对唯我独尊的自私心态、明哲保身的处世哲学有着深刻的认识和批判，比如在《给不管闲事的人们》中，他一针见血地指出，“中国人的骨髓里都有一种怕管闲事的血素”，而他自己却偏要做“一个近于爱管闲事的人”，给“怕管闲事”的青年朋友们写信，以一种反讽的口吻针砭那些明哲保身的“怕管闲事的人们”：

> 这世间人不但污浊，不但愚蠢，而且也阴险残酷，咱们少惹他们为妙。比如说，你看见一个拿枪的人强奸一个女人，那事固然不对，可是受害的既不是你，你就得少管闲事，谨防他的枪向你的胸膛瞄准。你装着不知道，若无其事地走开，那就显得你很聪明。在你走开时，你不但要闭着眼睛，也要闭着良心。你不能起“是非之心”，“恻隐之心”，和“羞恶之心”，这些劳什子一起来，你就不能不管闲事，或是挺身前去阻拦，或是呼援报警。那你就要准备牺牲自己，而牺牲自己是违反“明哲保身”的大原则的，而你当然属于“明哲”的一类。①

“自私心太重”的人本着“事不关己，高高挂起”原则处世，“聪明”地只管己事不管他人闲事，甚至在直面他人遭遇危险的时候也不愿或不敢挺身而出，很

---

①朱光潜：《给怕管闲事的人们》，《朱光潜人生九论》，北京：人民文学出版社，2011年版，第250页。

显然，朱光潜对这些“闭着良心”的怕管闲事之人，是压抑着一种悲愤来正话反说地予以犀利批判的。他所赞赏的恰恰是孟子继承孔子儒家思想所提出的“四心四端”说，即“恻隐之心，仁之端也；羞恶之心，义之端也；辞让之心，礼之端也；是非之心，智之端也”（《孟子》），并为此专门写下《谈恻隐之心》《谈羞恶之心》等语重心长、情辞恳切的文章。总体来看，朱光潜是赞同孟子“性善论”及其所代表的儒家道德规范的，教育的目的正在于使这人性之初的“四心”压制或征服“自私心”，使这种“仁义礼智”的内在人格修养得以实现，这同样是其“尽性”观的体现，在他看来，如果不从“尽性”的基点出发，一切道德学说都不免肤浅。

二是要以人群幸福作为自己的幸福。这其实就是“私”与“公”、“小我”与“大我”、个体与群体、个人与社会之间的关系问题。朱光潜主张做学问、干事业都要尊重公道公理，反对私心私用，他所激赏的是“赴汤蹈火，居隧道，饱猛兽，前仆后起，以牺牲性命为光荣”的早期基督教神父们，敬重的是那些不甘于做奴隶而牺牲安适、家庭、财产乃至生命的民族抗战勇士，是气节高远、不畏牺牲的少数优秀知识分子，“东汉太学生郭泰、李膺、陈蕃诸人处外戚宦官专权恣肆之际，独持清议，一再遭钩党之祸而不稍屈服。明末魏阉执权乱国，士大夫多阿谀取容，其无耻之徒至认阉作父，东林党人独占仗义执言，对阉党声罪致讨，至粉身碎骨而不悔”，①他们为社会的进步、人类的幸福而甘于牺牲自己的身家性命，也正因此而成就了他们的事业和思想。朱光潜以牺牲精神作为立达师生极力培养的内在精神，体现出朱光潜独特的“英雄主义”情怀和宗教关怀。

4.通过劳动养成刻苦耐劳的习惯，培养人类最高贵的意志力。

在朱光潜看来，劳动不仅锻炼人的体魄，更锻炼人的独立的精神意志，使其能够过一种俭朴生活，而不易屈服于物质欲望。因此，朱光潜等立达人力求将劳动引入教育，从而诞生了一种“工学合一”的“工学教育”方式。在他们看来，只有“工学合一”，才是人的正当生活，因为劳动不仅可以养成刻苦耐劳的习惯，更可以使我们领略到创造的快慰。为此，立达学园不仅专设了“农业生产科”，坚持让学生学工、学农，还开办了一个农场。匡互生也认为，工学教育既是一种劳动意识和劳动技能的教育，可以养成学生生存的本领，也可以“健全其体魄，完善其

①朱光潜：《谈羞恶之心》，《朱光潜人生九论》，北京：人民文学出版社，2011年版，第22页。

意志，养成互助（合作）生活的习惯”。张石樵在立达学园高中部“工学”生活试验的《教育报告》中称，“工学合一”有“人的合一”“事的合一”（学以致用）“情操智能与动作的合一”“经济生活与文化生活的合一”“劳力与劳心的合一”“为己与为群的合一”“教育与生活的合一”等十一种意义，可谓对此“工学教育”的最好注解。今天很多学校也开设了所谓“劳动实践课”，其意图也大抵如此，只不过因为时间和场地有限，学校和教师投入的精力也很有限，以至于这些劳动课基本上流于形式，很难培养学生刻苦耐劳、勤俭节约的习惯，更谈不上独立的精神意志的培养。

5.倡导独立思考、自由研究，养成科学的头脑。

20世纪初科学主义的风潮影响全世界，对科学的追求即意味着进步和发展的可能，再加上朱光潜自己亲身经历了西式的科学训练，所以他深深懂得东西方思维方式的差异和科学训练的必要性。他不止一次地提到，中国式思维的弊病在于“偏于综合而短于分析，偏于演绎而短于归纳，偏于因循而短于创造”，由此导致学问事业都比较零碎错乱，进步迟缓。对学问方面，朱光潜的认识是明确的，学校教育（包括师生）不能纯粹以记忆书本知识为目的，更重要的是要培养师生独立思考、自由研究的意识和能力，通过科学训练来养成自己科学的头脑。后来，在回答一位青年朋友询问的信《谈理想的青年》中，他更是将“科学家的头脑”作为干事业必须的条件之一。在他看来，合理的世界才是完美的世界，世界之所以有许多不合理的地方，就是因为大部分人没有科学的头脑，见理不透。而科学家的本领则在于会尊重事实，会搜集事实，会见出事实中间的关系。要得到这个本领，就必须冷静、客观、虚心、谨慎，不动意气，不持成见，不因个人利害打算而歪曲真理，这才算是具有科学头脑。只有人人都明理，都能以科学的头脑去应付人生的困难，人生的合理化、社会的合理化才可能变为现实；反之，一个头脑糊涂的人是不可能在学问或事业上有伟大成就的。当今天的莘莘学子依然纷纷涌向“出路”最广的某些院系、一味追求所谓“有用”知识的时候，我想还是缺少“科学的头脑”吧。

总之，这篇纲要性的《旨趣》很好地反映了当年朱光潜、匡互生、夏丏尊、刘大白等诸多教育家对于教育自由、建设优良校风、完善学生人格等方面的热切期盼和努力，朱光潜所推崇的儒家传统教育的学院作风和古希腊学园精神，在其中也得到深刻体现。归根结底，朱光潜代表立达人提出的所有主张都旨在培养人格健全、全面发展的人，为我们初步勾勒了一种“全人教育”的理想设计蓝图，确实使我们如他们一样“很明了地望见横在我们的前面有一个极庄严灿烂的世界”。立达学园的教育理念和施教大纲是希望在有限的、相对自由的条件下，推动学校教育朝着培养学生拥有完整人格的方向进发，虽然立达学园中的老师们也均是有着自身独特魅力的人，拥有着自身的独特个性，但是差异之中的共性便是这样的教育理念。在他们看来，一个拥有许多知识但人格残缺的学生只能是教育失败的残品。立达教育的宗旨并不在于将每一个学生都培养成精品，而是希望培育出人格健全的成品，即一个“全人”。比如“立达”老师刘薰宇在《全人教育论发端》中提出：“我是主张‘全人教育’的……‘全人教育’是以全人为目标，用教师的全人活动指导学生的全人活动为手段的教育——‘全’不是‘完全’的意思，是‘整个’的意思。”“教育者不将被教育者整个的人格作为对象，用自己整个的人格来实施，教育是无效的。”而“人格感化教育”正是实施“全人教育”的重要手段之一。很显然，朱光潜正是将人格教育摆在了“立达”教育理念的核心位置，这也成为其自身始终坚持的最核心的教育观念，在其教育构想中，只有培养出拥有完整品格与精神的精英领袖，才能将这样的品格完整地传承下去；只有教育有希望了，受教育的人就有了希望，接下来才能产生良性循环，中华民族的未来才能充满新希望和大光明，正如他的朋友、丰子恺的老师、著名学者李叔同（弘一法师）在《立达校歌》中所写：“立己立人，达己达人，吾校之训拳拳服膺。好学、力行、知耻、日新又日新。互助奋斗，创造，求民族复兴！”

三、教育特色：“爱”与“自由”

要实现“全人教育”，必须还要依赖于“爱”和“自由”，这也是立达学园的教育特色所在。前者比如他们使用的校本教材是立达老师叶圣陶极力推崇、立达另一位老师夏丏尊亲手翻译出版的意大利名著《爱的教育》；后者所谓“自由”便是不压制学生的天性，主张每个人都应当有自己的个性特征和不同的偏好，只有当学习者能够在自由氛围中学习的时候，才能够使得自己的偏好被完全尊重，才能真正实现自我主动地学习，才能收到最大的效果。著名学者、教育家、立达早期教员沈仲文在《关于中等教育之一种小小的试验》一文中，把自由教育看成是立达教育思想中最重要的一点，他认为："立达的创始者，深信教育应以发展个性为主要职责，而要发展个性，自由是必要的条件。"个性卓著的人，只有在自由的空气中才能发荣滋长。朱光潜同样认为，人性本身就是人本能的一部分，不应该受到压制或过分打击，如果学习者的天性受到了压制而无法自由伸展，便会导致人格的残缺。在这样"自由"的教学理念之下，立达学园始终关注学生自主学习的内容、进度和学习密度等，关注如何极大地提高他们的自我参与度，着重培养学生的自我意识和合作精神。总之，在这些教育志士眼中，实现教育价值的途径必然是"人格感化""自由教育"和"爱的教育"，也正因此，立达学园虽然只存在了短短几年，却始终洋溢着平等、尊重、情与爱的气氛。

对于人格教育，朱光潜不仅提出理论主张，更是身体力行，将教育从课堂教学上延伸至课堂之外，把爱撒播到每一个学生身上，他也因此而收获了学生的尊敬和信任。朱光潜将此文附录在《给青年的十二封信》之后，意味着他试图以此来劝慰那些正陷入或可能会陷入悲观泥淖中的现代青年，要"以出世的精神，做入世的事业"，建立起正确对待生死的心理——人格结构，打破使自我苦痛的孽障，而避免自杀悲剧的重演，其良苦用心的"爱"是显而易见的。

需要注意的是，"立达学园"本身在中国教育史上是一种对于理想教育的尝试，相较于重视知识的灌输，它更加重视精神的教育和趣味（文学、科学、美术的趣味）的培养。在立达学园成立之初，匡互生就指出："从前的教育学常以军国主义或实利主义为前提，结果造成了人类社会进化的障碍。"这一点与朱光潜也是不谋而合的。立达学园的创始者们都主张教育应以伟大的理想为指针，教育的目的决不仅是使学生有生活上的能力，所谓道德、知识、学问并不是谋生的工具，它本身具有独立的价值。真正的教育要使人了解生活的意义，发生精神的欲求，要使他们把精神欲求作为第一义。可以看出的是，立达学园之所以能够成为朱光潜教育里程碑的重要一站，其特有的精神追求相较于其他教育团体不可谓不特殊，其自由的校园风气和对于"人"的完整性的重要追求，使得立达学园对于朱光潜和当时整个教育界都有着特殊的意义。

对朱光潜而言，在立达学园中，他积极实践着自己的人格教育主张，并在实践中不断反省和升华，与此同时，他也在努力学习和积极吸纳其他志同道合的盟友们的教育理念和实践方法，不断充实和丰富自己的教育思想，并和同事们一道持之以恒地追求自己的教育理想。

对当时甚至时下的教育来说，立达学园的教育方法和教育理念虽然要面对未知的结果，实验性的东西总需承担巨大风险，但这样的风险也并非不可估量的可怕，因为其最核心是解决“教育应当培养什么样的人”这一根本问题。教育的目的是要“改造社会”，即“非先把人用教育的方法救出来不可”。立达学园的教育正是这样一种“救人”的教育，其独特性在当时就得到了一些思想开放的教育界、文化界乃至政界人士的认可和支持，比如挂名立达学会董事的吴稚晖、时任教育总长的易培基、时任教育部参事的黎锦熙等都曾给予各种帮助。而立达学园的教育者们，从我国传统教育、欧美西式教育和日本现代教育等多角度来进行思考和实践，其独树一帜的思想和方式在今天被人们称作“立达现象”，可以说，立达学园以其自身独特的魅力将长久地伫立在教育的历史长河中熠熠生辉。

台湾学者馨富在《咀嚼柴塘》中曾对立达学园做出了这样的评价：“立达学园以其独特的教育理想在教育界一枝独秀，当年对于改革清末专制教育习气尚存的民国的教育，很有效力，对于今天（新世纪）的中国教育界，参考价值也没有失去。”诚哉斯言！朱光潜的教育实践和“立达”教育理想对我们是充满启发意味的。当今社会物欲横流，消费主义、拜金主义、享乐主义的风暴，冲击着基于现实世界的精神净土。朱光潜和立达学园在形式上的失败并非是其教育理想的失败，恰恰相反，他们以其失败显示出对教育独立和完整人格的高远追求与当时混乱的社会政治、经济等条件之间的不相匹配。而今日之中国经济实力雄厚，政治相对稳定开明，完全有条件来实现教育独立和完整人格塑造的教育目标，只有当人们在独立的教育环境中经受人格教育的培养，才可能避免残缺的人格带来的人生的残缺，才可能拥有应对纷繁世相的正确辨识力，以全面完善的人格坚定不移地实现自己的人生理想，并传递人格的正能量，影响他人，改变社会风气。

第三章

高等教育思想

第一节　大学教育实践

整体来看，朱光潜从事大学教育的时间最长，且跨越了中华人民共和国建国前和中华人民共和国建国后两个阶段，其教育观也同样经受着与政治相共振的动荡。无论如何，他从未放弃过对教育问题的深刻关切和独立思考，相继写下了众多有理有据的教育类文章，如建国前的《说校风》《从教育部的几种新政谈到功令与学风》《文学院课程之检讨》《人文方面几类应读的书》《论大学授课方式机械化》《关于大学训育的五点意见》《改善大学入学考试的建议》《音乐与教育》《学业职业·事业》等，指出大学教育在体制、学制、人员安排等许多方面存在着的诸多问题，直言不讳地提出自己的反思与批评，并在《中央周刊》发表《给〈申报周刊〉的青年读者》等系列教育随笔，以书信体方式，延续《给青年的十二封信》的话语风格，就民族的生命力、游戏与娱乐、理想与现实等当时共同面对的紧要问题和青年朋友们谈心，后结集为《谈修养》《谈文学》两册，影响巨大，至今仍深受读者喜爱。建国后虽受尽种种磨难，却处变不惊，执著于美学研究和教学，培育美学和翻译人才，在《西方美学史》《新科学》等多部专著、译著之外还完成了一本与青年谈心的书信体教育随笔《谈美书简》，真正将育人工作进行到生命的最后。

一、中华人民共和国成立前

1933 年初，在斯特拉斯堡获得博士学位的朱光潜通过好友徐中舒向时任北京大学文学院院长的胡适引荐自己，并将自己的《诗论》初稿作为学识证明送给胡适评鉴。尽管当时胡适与朱光潜的诗歌观念差异很大，尽管朱光潜刚在这一年的《东方杂志》第 1 期上发表文章批评了胡适的著作《白话文学史》，但慧眼识才的胡适还是聘请朱光潜为西洋语言文学系教授，而不是中文系教授；当然，正如朱光潜后来所说："他（胡适）对于中国文学教育抱有一个颇不为时人所赞同的见解,以为中国文学系应邀请外国文学系教授去任一部分课。他看过我的《诗论》初稿,就邀我在中文系讲了一年。”[①]事实上,在北京大学任教的短短两年半时间内,朱光潜就为西语系、中文系学生开出了九门课,分别是:《作文与杂志论文选读》《文学批评》《希腊悲剧》《浪漫诗人(1790—1850)》《现代小说》《维多利亚时代诗人》《欧洲著名作品之研究》《十八世纪英国文学》《诗论》,内容涉及西方文学尤其是英国文学的各种文体(如诗歌、小说、戏剧及文论等)的发展史,都是专业性很强的“重头课”,也都是朱光潜所擅长的研究领域。渊博的学识为朱光潜的大学教育实践奠定了坚实的基础,而能开出这么多、这么全面的英语专业课,即使是在名师云集的北平也是十分少见的。

老师的教学水平和效果如何,学生是最有发言权的。毕业于北大英文系的当代西方语言文学家杨周翰,后来回忆自己学习外语和外国文学的经历时,就谈到朱光潜所开设的《欧洲名著研究》课程的印象和影响:

> 在北大英文系学习的两年多,单就本系课程说,我上过朱光潜先生讲的欧洲名著,朱先生这时刚到北大来授课,他从史诗、悲剧一直讲到歌德的《浮士德》。他不是空讲,而是读作品,用的都是英译本,他也用英语讲授。朱先生最善于在纷纭的现象中提炼出本质的东西。[②]

杨周翰的这段“饮水思源”之语,正塑造出当时北大学生眼中朱光潜老师的形象。从中我们可以看出朱光潜大学教学的几个特色:一是系统性,从古希腊荷马史诗、悲剧一直讲到《浮士德》;二是实在性,不空谈理论,而是以英语原版作品为教本,比如以牛津大学出版社出版的 The Golden Treasury(《金宝库》)作为英诗课教材,以晓畅的英语来讲授,使学生沉浸在这一氛围中理解和把握欧洲文学;三是提升性,不是照本宣科或流于文学现象的介绍和一般阐释,而是注重文学作品、文学理论和文学史的结合,客观论述评价各家,穿透现象抓住本质,这是给学生最大的启示性的东西。

---

①朱光潜:《诗论》,长沙:岳麓书社,2010 年版,第 2 页。

②杨周翰:《饮水思源——我学习外语和外国文学的经历》,《外语教育往事谈——教授们的回忆》,上海:上海外语教育出版社,1988 年版,第 217 页。

在另一位学生蒋炳贤的回忆里，朱光潜老师的授课进程、特点和影响更为具体鲜明：

> 1933年我在北京大学西洋语言文学系念书时，朱先生教授西洋名著，上迄荷马史诗、柏拉图的对话集及圣经文学，下至20世纪现代派作家作品，他都作了透辟的讲述。后来，朱先生又为我们开设了一门欧洲文学批评课程，讲授西方文学批评发展史及重要文论的评价，从古代到中世纪、文艺复兴、启蒙运动时期以至于浪漫主义时期的主要文艺批评家、美学家，都有所涉猎。朱先生用英语讲授，语言流利畅达，条理清晰。一学年下来，我的听课笔记竟达五厚册之多。朱先生所授的欧洲文艺批评课影响深远，对青年学生教育作用颇大。当时前来听课的很踊跃，不限于西洋语言文学系的学生，哲学系的何其芳也每课必到。①

不难看出，朱光潜的学识之渊博，英语水平之高，授课内容之丰富，条理之清晰。此外，在讲授过程中，为了更好地阐释文本，帮助学生理解，他还常常有意识地进行中西比较。比如在英诗课中，他将西方诗学与中国诗论进行参照对比，给学生留下了深刻的印象，北大西文系学生罗艺军后来这样回忆和评论道："朱光潜先生的实际讲课，当然比我的笔记丰富得多，充实得多。就仅从这过于简略的笔记，也不难窥见朱先生教学的循循善诱，通过中国诗词引导学生体悟英国诗歌之精髓，使两种异质文化在深层次上得以沟通。如果不是学贯中西的学者，很难对西方诗歌和中国诗歌作这样深入浅出的阐释。就我当年师从的教授中，大概只有朱先生不时作这样的美学参照。"②这种中西融通、美学参照的授课方式是与其中西比较诗学研究相容与共的，《诗论》正是在这样的授课过程中不断修改而成。

此外，据学生方敬回忆，朱光潜在教学上是素来要求严格的，一方面他自己讲课扎扎实实，批改作业和指导论文任劳尽责，另一方面他让学生认真记笔记，

---

①蒋炳贤：《一代宗师朱光潜》，《浙江画报》，1986年第7期。转引自商金林：《朱光潜与中国现代文学》，合肥：安徽教育出版社，1995年版，第90页。

②罗艺军：《忆朱光潜先生》，《青春的北大》，北京：北京大学出版社，1998年版，第197页。

并规定课外必读的和选读的作品与参考书，早上课，迟下课，两堂连课，课间往往不休息，更重要的是，他十分重视培养学生的独立学习和思考能力，提倡学生自己阅读、思考、探讨、写作、翻译，让学生自己动脑动笔，可以说，“朱先生不像有些洋教授那样一股洋气，空口说洋话，虽然他在外国生活多年。他是一位受到尊重的笃学的良师。”[①]总之，学生上朱光潜的课总有收获，觉得充实和满意，正因此他所授课程不仅对西文系的学生产生了很大影响，而且还深深影响了许多慕名而来的旁听生，在当时学生心目中，朱光潜的号召力和地位是可想而知的。

由于当时北平高校师资匮乏，从 1934 年起，朱光潜还奔走于清华大学、中央艺术学院、女子文理学院等校之间，主要是为中文系或全校学生讲授《文艺心理学》和《诗论》，由此建立起更大的声名，影响了更多的学生。毕业于清华大学的季羡林对老师朱光潜“一向怀有深深的敬意”，1986 年 3 月，在悼念的文章中，他深情地回忆起自己当时选修朱光潜《文艺心理学》课程的感受，对其教学方式、学术品格都极为推崇：

> 五十多年前，我在清华大学西洋文学系念书。我那时是二十岁上下。孟实先生是北京大学的教授，在清华大学兼课，年龄大概三十四五岁吧。他只教一门文艺心理学，实际上就是美学，这是一门选修课。我选了这一门课，认真地听了一年。当时我就感觉到，这一门课非同凡响，是我最满意的一门课，比那些英、美、法、德等国来的外籍教授所开的课好到不能比的程度。朱先生不是那种口若悬河的人，他的口才并不好，讲一口带安徽味的蓝青官话，听起来并不“美”。看来他不是一个演说家，讲课从来不看学生，两只眼向上翻，看的好像是天花板上或者窗户上的某一块地方。然而却没有废话，每一句话都清清楚楚。他介绍西方各国流行的文艺理论，有时候举一些中国旧诗词作例子，并不牵强附会，我们一听就懂。对那些古里古怪的理论，他确实能讲出一个道理来，我听起来津津有味。我觉得，他是一个有学问的人，一个在学术上诚实的人，他不哗众取宠，他不用连自己都不懂的“洋玩意儿”去欺骗、吓唬年轻的中国学生。因此，在开课以后不久，我就爱上了这一门课，每周盼望

①方敬：《意气尚敢抗波涛——忆朱光潜先生》，《朱光潜纪念集》，合肥：安徽教育出版社，1987 年版，第 217 页。

上课，成为我的乐趣了。

孟实先生在课堂上介绍了许多欧洲心理学家和文艺理论家的新理论，比如李普斯的感情移入说，还有什么人的距离说等等。他们从心理学方面，甚至从生理学方面来解释关于美的问题。其中有不少理论我觉得是有道理的，一直到今天我仍然记忆不忘。要说里面没有唯心主义成分，那是不能想象的。但是资产阶级的科学家，只要是一个有良心、不存心骗人的人，他总是会在不同程度上正视客观实际的，他的学说总会有合理成分的。我们倒洗澡水不应该连婴儿一起倒掉。达尔文和爱因斯坦难道不是资产阶级的科学家吗？但是，你能说，他们的学说完全不正确吗？我们过去有一些人习惯于用贴标签的办法来处理学术问题，把极其复杂的学术问题过分地简单化了。这不利于学术的发展。这种倾向到了“十年浩劫”期间，在“四人帮”的煽动下，达到了骇人听闻的荒谬的程度。“四人帮”竟号召对相对论一窍不通的人来批判爱因斯坦，成为千古笑谈。孟实先生完全不属于这一类人。他老老实实，本本分分，自己认识到什么程度，就讲到什么程度，一步一个脚印，无形中影响了学生。①

诚如斯言，朱光潜是一位有学问的、并在学术上诚实的人，善于深入浅出地做学问，也善于深入浅出地教学，“他实现了生命的价值”，他的形象不仅永远留在季羡林“这一个年迈而不龙钟的学生的心中”，更留在无数青年学生的心中。

1937 年 5 月，朱光潜与沈从文、杨振声、梁宗岱、废名、林徽因等“读诗会”的友人们一起创办主编了后来影响很大的《文学杂志》，并作为评审委员之一参加了当时北方文艺界的重大活动——1936 年《大公报》文艺奖金评选。1937 年 7 月底，日军占领北平，其时，北大、清华早已停课，国民政府对北大、清华等大学又未有适当的迁移计划和安排，朱光潜只好答应四川大学代理校长张颐，出任四川大学文学院院长。7 月 20 日，在四川大学总理纪念周大会上，他向全校师生做了一次公开演讲，表示非常赞同张颐校长所说的“修养精神，提高人格”的责任，认为“文化教育是国家的命脉”，四川大学在战争期间仍坚持办学十分不易，勉

①季羡林：《他实现了生命的价值》，《朱光潜纪念集》，合肥：安徽教育出版社，1987 年版。

励学生们要珍惜这来之不易的机会，各尽自己的责任，不负国家培养人才的宗旨。同时认为，在国家危机的时刻，中国大学教育应当要作长久的计划，极力培养中国文化之生命与元气，只要文明生命尚在，中国就不会遽然灭亡，具体到每一个人，就是应极为注意体格（物质方面）与人格（精神方面）的培育，特别是他以“汉奸太多”的事实严厉批评了中国教育的部分失败，强调人格教育、精神修养对于一个民族的重要性，是震耳发聩的：

据说当汉奸的人们，受过大学，中学，小学的教育的都有。这当然算是我们中国的教育，至少有一部分遭失败。由此可知救国之道，不是在注意物质方面，就可以了事的，还要特别注意精神方面的修养。在战争中交战两国所互相抗衡的不仅是枪炮，尤其是民族文化与民族精神。①

一年后，随着“易长风潮”的爆发，朱光潜作为实际领袖人物参与到争取学术自由和政治派系之争当中，失败之后，他离开成都，到了乐山武汉大学。需要说的是，在这期间，他和延安回来的几位朋友有所交往，并读过叙述延安事业的书籍，“觉得那里还有一线生机”，于是动了到延安的念头，并写信和其朋友卞之琳、何其芳表达了这个意思，但一直未收到回信，直到他到乐山任教后才收到延安负责文化宣传工作的周扬的来信，欢迎他到延安，然而此时他却难以动弹了。在回复周扬的信中，他十分诚恳地袒露了自己的中年心声：

你的信到了，可以想象我的兴奋，但是也可以想象我的懊丧。既然答应朋友们在这里帮忙，半途自然不好丢着走。同时，你知道我已是年过四十的人，暮气，以往那一套教育和习惯经验，以及家庭和朋友的关系都像一层又一层的重累压到肩上来，压得叫人不得容易翻身。你如果也已经过了中年，一定会了解我这种苦闷。我的朋友中间有这种苦闷而要挣扎翻身的人还不少，这是目前知识阶级中一个颇严重的问题。

当时刚入而立之年的周扬能否体味到一个中年知识分子的苦闷我们是无法

①朱光潜：《在四川大学总理纪念周上的讲演》，《朱光潜全集》第8卷，合肥：安徽教育出版社，1993年版，第568页。

猜测的，但可以判断的是，经历风潮之后的朱光潜对国民党政府统治下的大学教育是很失望的，其自身的苦闷说是来自于以往的教育和习惯经验，实则是与当时社会的腐败紧密联系在一起的，这也正是他“觉得社会和我个人都须经过一番彻底的改革”的意旨所在。虽然他的延安之行未能成行，但通过这次信件往来，他与周扬建立起了一定的联系和友谊，这对其1950年代以后的学术经历，特别是在教学上由英语专业转向创立美学专业，培训全国高校美学教师，扩大其学术的影响力，是发挥了积极影响的。

对朱光潜而言，乐山（即古嘉州，属嘉定府）是艰苦抗战和忧世伤生中值得特别纪念的栖息之地。1941年，他和奚今吾的大女儿出生，取名为世嘉，一年后，又有了二女儿——世乐。在享受天伦之乐的同时，朱光潜也进入到其人生旅途中非常重要的一段历程——“乐山交游”时期。当时与他交游的主要是武汉大学的老师以及当时客居蜀中的一些文化名士，前者如文学院院长陈源及其夫人凌淑华，老朋友叶圣陶，爱丁堡大学校友戴镏龄，中文系刘永济、朱东润、程千帆、苏雪林，外文系陈登恪、法学院周鲠生等；后者如在乐山创办复性书院的一代大儒马一浮，新儒学家熊十力，佛学家弘一法师等。此外，在担任武大教务长期间，他还盛情邀请了一些朋友来武汉大学讲学，如徐中舒、朱自清、丰子恺、钱穆、方东美（婉谢未来）、吴宓等，他陪他们游览嘉定山水名胜，在动乱中寻求一种慰藉；又因为学校事务而频繁地往来于成都、重庆等地，与抗战时期在成都或到成都的顾颉刚、蒙文通、罗念生等多有交往。在与这些文化学者的交流中，朱光潜所嗜好的书法诗词等古典兴趣重新复苏，他一边临帖，一边收藏朋友的手迹欣赏，一边鉴赏评论朋友们的诗文佳作，一边也受这些朋友们的影响而唱和一二，更重要的是，在交游过程中佛学、新儒家等思想也融注到他的思想之中。

朱光潜与学生之间的交往也同样非常密切。当代学者齐邦媛在其回忆录《巨流河》中，详尽而深情地追忆了她在武汉大学听朱光潜英诗课及交往的经历：

第一次见到朱光潜先生是在文庙正殿，大成殿，森然深长的办公室，朱光潜先生对我说“你联考分发到哲学系，但是你的英文很好，考全校第一名，你为什么不转外文系呢？”又问了我为什么要“读”哲学系，已经念了些什么书，我的回答在他看来大约相当“幼稚无知”，他想了一下说，“现在武汉大学搬迁到这么偏远的地方，老师很难请来，哲学系有一些课开不出来。我已由国文处看到你的作文，你太多愁善感，似乎没有钻研哲学的慧根。中文系的课程你可以旁听，你也可以一生自修，但是外文系的课程必须要有老师带领，加上好的英文基础才可以认路入门。暑假回去你可以再多想想再决定。你如果转入外文系，我可以作你的导师，有问题可以随时问我。”最后一个问题给我留下了很深刻的印象。

不难看出，朱光潜是多么爱才惜才。正因为他始终坚持因材施教的教育方式，所以才会培养出那么多像齐邦媛这样的优秀学生。在教授英诗过程中，朱光潜有自己的创意，讲究循序渐进，让学生能根据自己的知识修养、心智进展逐步提升。同时，他会通中西，善于以中国诗词中的意境作比较参照，并像传统私塾教育一样，要求学生将要学的英诗全都背诵。在生活中寻找审美，是朱光潜一生思考的方向，这种理念，自然也贯注到他的教育生活当中。齐邦媛写道，在她读大三时，朱光潜邀请学生们去他家中喝茶，深秋时节，朱先生的小院地上积着厚厚的落叶，走上去飒飒作响。有一位男同学拿起一把扫帚说要帮老师扫枯叶，朱先生立刻阻止，说：“我等了好久才存了这么多层落叶，晚上在书房看书，可以听到雨落下来，风卷起的声音。”这一年，齐邦媛正在读雪莱，因为这个唯美的记忆比读许多秋天境界的诗更为生动、深刻，所以，她后来一生都把那一院子落叶和雪莱的《西风颂》中的意象联想在一起。

毫无疑问，与朱光潜先生相遇的这段时间，不论是学识的积累还是品格的锻造，都成为齐邦媛记忆中一道抹不去的人文风景。她应该记得，1940 年 7 月 15 日，朱光潜曾在武汉大学做过一次关于美感教育的演讲，他说，人类有知、意、情三种心理活动，事关真、善、美三种不同的价值，“人能动情感，就爱美，就欢喜创造艺术，欣赏人生自然中的美妙境界”。“听到雨落下来，风卷起的声音”不正是“欣赏人生自然中的美妙境界”么？朱光潜这种融会言行感染的人格教育，上接孔夫子“从游”的教育精神，下启国难时期一代学子之纯洁心性，是真正意义上的人文教育。从这个意义上说，与其交给学生一时一地的知识，不如“教”给他们审美的认识和把握世界的趣味，这或许才是终生受益的。不由地想到，在今天外表光鲜、配置齐备的大学校园里，日益为课题、论文、职称等压迫和奔走的教师们，还会不会率真地告诉学生们“我等了好久才存了这么多层落叶”？还会不会、敢不敢、能不能在学生面前由衷地流泪——悲苦而又欢愉、无言而又幸福?

朱光潜在这一段时期所教过的许多学生后来都万分庆幸能遇到朱光潜这样的充满暖意的老师,能够充分站在学生的角度去选择专业、思考未来的出路,并且身体力行地告诉学生:要学会积极向上的态度,学会欣赏人生自然的境界,学会努力奋斗的精神。在他几乎一生的教育生涯中,朱光潜一直秉持着这样的教育方式和教育理念,努力为学生创造更好的教育环境,也终生致力于学生健全人格的培养。这样的坚持是值得当下的教育界深深反思的。我们的教育是否真在关心学生的人格,抑或只是形式主义地而非真正地实践这样的目标,也许这些问题的答案在教育改革的过程中将会出现。

1945 年 8 月,抗日战争终于以日本无条件投降而结束。这年年底至次年年初,朱光潜收到来自新任北大校长胡适的邀请函,请他回北京大学,担任西文系主任。最终他决定辞去武大教务长之职,重回北大任教。1946 年 8 月 4 日,在成都举行的北京大学校友聚会上,朱光潜兴奋地说道:“今天的中国,已经难得有能够安心学术研究的学校了,北京大学是唯一可研究学术的地方,我们北大人,应该承担起中国学术的重任。”事实上,在承担中国学术重任的同时,朱光潜也自然而然地担负起中国大学教育的重任。1946 年 8 月,朱光潜回到阔别 9 年的北平,结束了战争时期颠沛流离的生活。此时的朱光潜不仅担任西文系主任,还兼任北大招生委员会委员,1947 年至 1948 年这一学年,他又接替出国的汤用彤担任了代理文学院院长之职。朱光潜很会安排时间,在繁忙的行政事务之外,他还教大学一年级一个班的基础英语和一个高年级的专业课,并埋头于著述,比如在乐山便开始写的《美学原理》的译稿和《克罗齐哲学述评》就在这一阶段完成。

当然,此时的大学教育依然面临着诸多难题,因为战争并未彻底结束,尤其是内战爆发后,校内是一浪又一浪的学潮,校外是此起彼伏的社会运动,让朱光潜深深感受到政治、经济、教育的严重危机和混乱。作为一个崇尚理性的自由主义知识分子,他不由地积极从事着介入现实、介入政治的“入世事业”之中。一方面,他试图从文化和国民性的角度来探索混乱的根源,探究中国人的病症。比如,在《苏格拉底在中国——谈中国民族性和中国文化的弱点》一文中,他模仿柏拉图《理想国》的对话体，虚构了苏格拉底在1947年的北京与中国的褚教授和林老先生的对话，借苏格拉底之口表明：中国人因循守旧，不太“爱智”（Philosophial），缺乏希腊人所具有的那种“思想的自由生发”，没有发挥理智的力量，中国民族、中国文化没有穷理求知的空气，这可以说是他对中国文化所进行的最彻底的分析和批评。另一方面，在大混乱、大转折的关头，他又被卷入政治漩涡之中，尤其是在1947年9月被国民党民意代表选举为国民党中央监察委员之后，他试图以公正的立场来评论社会现状，提出社会改革的建议，批评国民党政府的政策，在承认政府合法性的前提下充当谏官的角色，相继写下了《自由分子与民主政治》《谈群众培养怯懦与凶残》等激烈的政论文章，以尽“监察”国家大事之责。虽然朱光潜的落脚点是政治的民主、人性的自由，但其自由主义立场尤其是对群众运动的否定，还是导致了当时中国共产党的文化宣传部门针对他及以他为代表的自由主义知识分子的批判，如邵荃麟把朱光潜的文艺思想定性为“地主资产阶级的帮凶和帮闲文艺”“是直接作为反动统治的代言人的”；[①]比如郭沫若更是把朱光潜定性为“蓝色”作家，把《看戏与演戏——两种人生理想》斥为反动文艺而加以简单、粗暴的批判；[②]比如蔡仪在《论朱光潜》（《文艺新辑》，1948）一文中，从出生和教育经历又把朱光潜定性为 “以旧的士大夫的底子，而加上洋化的镀金”，全面批判他的思想和人格。对所有批判，朱光潜并未反驳，却依然坚持自己的立场，但我们由此却不难预见，即将掌控中国的新政权对朱光潜的态度以及朱光潜在学术和教育领域中必然遭遇的命运。

二、中华人民共和国成立后

在经过激烈的思想斗争和现实的考虑（比如小女儿世乐的病）之后，朱光潜最终决定留下来，迎接新政权。中华人民共和国成立之后的1949年11月27日，朱光潜在《人民日报》发表了《自我检讨》一文，以一种诚恳平实的态度，对此前

①邵荃麟：《对于当前文艺运动的意见——检讨·批判和今后的方向》，《大众文艺丛刊》第一辑《文艺的新方向》，转引自《中国新文学大系1937-1949文学理论卷二》，上海：上海文艺出版社，1990年版，第794页。

②郭沫若：《斥反动文艺》，《中国新文学大系1937-1949文学理论卷二》，第763—764页。

自己的自由主义政治立场做了检讨，表明自己愿意接受改造，通过学习和自我反省而重获新生。这是特殊时代和历史背景下的“检讨”，虽然无法判断其中朱光潜的真实思想有多少，但不难判断新政权对自由主义知识分子的改造已经取得了初步的成果，而在此后一系列的思想改造过程中，朱光潜总不免成为首当其冲者。无论如何，他在努力调适着自己的观念和心态，以融入新社会，并继续思考着中国大学教育的问题。

在1952年全国高校院系大调整之后，仍留在北大西语系的朱光潜无法再教授他所擅长的文学史专题课程，而只能上语言训练方面的专业基础课，如高年级的“英语翻译”课，即便如此，他依然尽职尽责地完成教学任务，保持着质朴严谨的教学态度。虽然自己深陷批判之中，但他还是尽可能地关照学生，对才能突出的学生鼓励有加。在其得意门生——北大西语系学生朱虹的记忆中，朱光潜的教学风格和他的人品都是最宝贵的遗产之一：

> 他精心备好课，从无一句赘言。我们交的作业，他总是仔细看过。然后，他把大家关于某一词语的不同译法一一列出，择其最佳者，再解释原由。能得到他的肯定，是我们同学最珍惜的一种荣誉。有一次，他要我们把一篇中文译为英文，题目是《与冰的斗争》。我将英文题目译为《人冰之间》，得意地交上了作业。但是，出乎我的意料，他并没有表扬我，“当然，我注意到了，你是借用斯坦贝克的《鼠人之间》来使你的题目更为醒目。但是，后者的用词中有一种我们的作业中不存在的联想，为什么不朴素无华、直截了当呢？”是的，朴素无华、直截了当，这就是先生的风格，这也是他的人品，是他留给我们这些学生的宝贵遗产之一。①

让朱光潜感到欣慰的是，即使身在遭受批判的过程中，依然有学生真诚地向他请教，比如德语专业的学生李传松等；他也真诚地帮助学生，比如将自己发给北大学生的打印材料寄给在山西大学外语系任教的以前的学生常风，对其教好翻译训练课帮助很大。尽管改卷任务比较繁重，尽管思想改造运动依然不断，他

①朱虹：《我的老师朱光潜先生》，《朱光潜纪念集》，合肥：安徽教育出版社，1987年版，第151页。

还是不懈地进行着自己所钟爱的学术研究工作，完成了《柏拉图文艺对话集》的译注。

为了掌握马克思主义理论，朱光潜不仅自学了俄语，还写作了《澄清对于胡适的看法》(《新观察》,1951)、《剥去胡风的伪装看他的主观唯心论的真相》(《文艺报》,1955)等批判文章，积极参与到当时知识界开展的对胡适、胡风思想批判运动之中，并在批判他们的同时也进行着严厉的自我批判。这种对新的学术话语(即马克思辩证唯物主义话语)的接受和自我批判，使他也就成为胡风"反革命集团"之后被竖起的供批判的新靶子。于是，朱光潜不得不听了胡乔木、周扬、邓拓、邵荃麟提前打的招呼，而写了《我的文艺思想的反动性》(《文艺报》第12期，1956年6月)一文，在"百家争鸣"的口号下开始了"舌战群儒"的"美学大讨论"。在讨论中，朱光潜不断调整自己的观点，试图摆脱他人对自己主观唯心论的指责。随着研读马克思主义经典著作的深入，他提出了实践论美学的主张，最终得到了胡乔木、周扬等的认可，不仅将他从北大西语系转到哲学系创办美学教研室(1960年代初)，开设全校性的美学课，并邀请他到中央高级党校讲授美学，还在高教部的全国教材会议上决定让他编写高校西方美学史教材。关于"美学大讨论"时期朱光潜的美学课教学情状，当时北大大二学生、后来《文艺报》编辑吴泰昌回忆道：

> 朱先生的美学课安排在大礼堂，从教学楼跑去，快也要10分钟。常常是当我气喘吁吁地坐定，朱先生已开始讲了。他是一位清瘦的弱老头，操着一口安徽桐城口音，说话缓慢，瞪着一双大眼，这就是赫赫有名的美学大师。朱先生最初留给我的就是使人容易接近又略带某种神秘感的印象。当时美学界正在热烈论争美是什么，是主观，客观？……朱先生是论争的重要一方。他的观点有人不同意，甚至遭到批评。讲授同一课题的老师在讲课时，就时不时点名批评他。朱先生讲课态度从容，好像激烈的课堂内外的争论与他很远。他谈笑风生，只管从古到今，从西方到中国引经据典地论证自己的观点。他讲得条理清晰，知识性强，每次听课的除本校的，还有外校和研究单位的人员，不下五六百人。下课以后，人群渐渐流散，只见他提着一个草包，里面总有那个小热水瓶和水杯，精神抖擞地沿着未名湖边的水泥小径走去。[①]

①吴泰昌：《听朱光潜老师闲谈》，《美术之友》，2004年第4期。

在激烈的论争氛围中，这种从容的讲课态度，严谨的教学风格，精神抖擞的状态，是令人敬佩的。对朱光潜而言，站在讲台上，为学生们传道授业解惑，感受到的或许不仅是教师的职责，还有摆脱一切非学术纷扰的精神愉悦吧。正是这种坚定的乐观精神和在“入世”中“出世”的人生态度，使得他能够以顽强的韧性和生命力从容前行，不仅完成了中国学界第一部系统扎实的《西方美学史》，更经受住了“文化大革命”的严重冲击和身心折磨。在经历残酷的批斗、抄家、监督劳动改造的过程中，他还以相对平稳的心态和坚强的毅力于 1975 年完成了黑格尔《美学》三卷本 100 万字的翻译全稿，1976 年之后，他又潜心翻译出版了《歌德谈话录》，还同时进行对马克思主义经典著作的翻译与校改工作。

“文革”结束后，作为最早一批平反的学者之一，他又率先发表了关于人性论问题的理论文章，如《文艺复兴至十九世纪西方资产阶级文学家艺术家有关人道主义·人性论的言论概述》(《社会科学战线》，1978 年第 3 期)、《关于人性、人道主义、人情味和共同美问题》(《文艺研究》，1979 年第 3 期)等，并且重新以人性论标准来评估作家在文学史上的地位，比如在《花城》发表了《从沈从文先生的人格看他的文艺风格》(1980)，肯定了 1949 年以来被主流话语所否定的作家沈从文的小说创作和人格，随后又应沈从文之邀为其选集《凤凰》写了序言《关于沈从文同志的文学成就历史将会重新评价》(《湘江文学》，1983 年第 1 期)，对 1950 年代以来的文学史标准、现代革命文艺传统表示了质疑，引起了相当大的反响。老骥伏枥，志在千里，重获新生的朱光潜不再以 1950-1960 年代那种谦卑的态度说话，而是代之以“一个年过八十的老汉还经常带一点火气，难免要冒犯一些人”的态度，公开批评某些人的学风和文风问题，提倡扎实、开放的学风，提倡建立宽广的学术基础，并历时三年(1980-1983)翻译完成了维科的巨著《新科学》。这种执著坚定的学术精神，也使得朱光潜成为 1980 年前后几年里思想解放运动的先驱，成为学术界的风云人物，达到他人生的巅峰。

在晚年的时光中，朱光潜依然以扶持奖掖后学的方式继续彰显着一位教育家的崇高风范。正如他的学生所言：“朱先生一生老老实实。他对己谨严，对人宽厚；善于人交，乐于助人，关注和提携晚辈；胸襟开阔，对人多所称许，甚至对论敌也大度豁达。”[①]比如，对“美学大讨论”中批评其美学观念的“论敌”——后学

①方敬：《意气尚敢抗波涛——忆朱光潜先生》，《朱光潜纪念集》，合肥：安徽教育出版社，1987 年，第 218 页。

如李泽厚，特加奖掖，称赞其文章是“批评他文章中最好的一篇”，并在“文革”中以“牢骚太盛防肠断”来安慰开导对政治还有愤懑之情的李泽厚，以至于李泽厚后来在《悼朱光潜先生》(1986)一文中禁不住说：“(我)这篇文章的口气调门便也不低，被批评者却如此豁达大度，这相当触动了我，虽未对人常说，却至今记得……我想学术风格与人品、人格以至人生态度，学术的客观性与个体的主观性，大概的确有些关系。”[①]1978年之后，朱光潜特别给予关注和提携的中青年学者包括柳鸣九、朱虹、张隆溪、郑涌、阮延龄、陈望衡、萧兵、朱小丰、丁枫、凌继尧等，比如，他不顾年老体衰，认真阅读并写信高度评价郑涌的专著《马克思美学思想论集》，为朱虹的著作《英美文学散论》作序等，而这些学者也都以他们的成就证明了朱光潜的赏识与奖掖并不是轻易许人，而是很有伯乐眼光的。因为朱光潜的社会影响及其对教育事业所作出的贡献，1982年10月18日，北京大学相关部门在朱光潜85周岁诞辰(农历)前，就朱光潜任教60周年，在北大未名湖畔的临湖轩举行了隆重的庆祝会，教育部副部长黄辛白、北京大学校长张龙翔等对朱光潜作了高度评价，肯定了他的一生，尤其是1978年以来对社会、对教育的巨大贡献。1985年，朱光潜的母校香港大学决定授予他荣誉文学博士学位，朱光潜在答谢词中感谢母校奠定了他一生教育活动和学术活动的方向，并愿以最后余力奉献给人类文化和教育事业。1986年3月6日，朱光潜因生理机能衰退最终病逝，终年89岁。3月18日，《人民日报》发表新华社通稿《我国著名美学家、文艺理论家、教育家朱光潜教授遗体告别仪式在京举行》，给予他高度评价。总之，朱光潜的意义不仅在于其作为学者留下的600万字著译《朱光潜全集》所蕴含的巨大学术价值和意义，也在于其作为教育家既培养了一大批杰出的专业人才，也为我们留下了丰富的具有生命力和前瞻性的优秀教育学成果和教育思想，其人格教育、基础教育、高等教育、美感教育、文学教育等思想将继续为中国教育事业的发展发挥不可估量的作用。

①李泽厚：《杂著集》，北京：三联书店，2008年版，第48页。

第二节　大学教育体制批评与改革

在1930—1940年代的中国，大学教育所采用的教育模式和方法全部取自于经验先进的欧美和苏联，也就是说，当时的大学教育是完全西化的教育，如朱光潜所言，是“文不对题”的、机械化的教育：

> 现在中国大学教育制度大体是仿效欧美，它不是我们的特殊问题所应有的答案，而是一篇抄袭的文章。它的毛病像一切抄袭来的文章一样，在“不对题”。本来这篇文章在欧美已经就有很多毛病，我们抄袭过来，更显得只是一个空架子。①

显而易见，中国当时的社会现状非常复杂，而中华民族本身所包含的独特性也不容否定，这也就意味着，在西方国家有所成效的教育体制并不一定能适合于千疮百孔的中国大学教育。置身于大学教育中的朱光潜，深受这样的病态教育之害，并亲见这种教育育人之害，其内心的痛苦与焦灼是沉重而真挚的：

> 本人近几年在大学教书，年年看到一批又一批的毕业生出去，想到这一批又一批的人们在知识方面仅有一知半解，在为人处世方面则毫无正确的训练，如何能担当未来中国的艰难责任，心里隐痛难舍。再回头顾到自己的大学教授的生活，年复一年地变成一种教书的机械，自己所想做的学问总不能如自己所愿的做下去，将来恐怕连这一点做学问的兴趣也不免逐渐在机械的授课生活之下消磨净尽，更觉不寒而栗。②

①朱光潜：《论大学授课方式的机械化》，《朱光潜全集》第8卷，合肥：安徽教育出版社，1993年版，第468页。

②朱光潜：《论大学授课方式的机械化》，《朱光潜全集》第8卷，合肥：安徽教育出版社，1993年版，第473页。

一、机械化:教育制度之弊

究竟什么是教育?大学教育应如何?朱光潜的回答是直达根底的,“教育是一种人性的接触,没有情谊做基础,无论制度如何完备,设备如何周到,决难收完美的效果。”[①]“大学不应该只是一种高等知识贩卖所,大学教育应该包含人格熏陶在内,应该有情谊做基础”[②],这些认识我以为是切中肯綮、掷地有声的。教育不是贩卖知识,而是人性的接触,是建立在师生情谊基础上的人格熏陶,舍此,便无所谓“教育”或“大学”;制度毕竟是冷漠的,是外在于人的规范,即使非常完备周到,但如果缺乏情谊基础,也难以由外而内激发人性接触和人格交往,遑论弊端丛生的制度。正因此,他认为当时学校制度最大的毛病就在于缺乏情谊的基础与人格的熏陶,而这个毛病的原因大半在于授课方式的机械化。机械化的授课方式是机械化教育制度的必然产物,它主要导致三个方面的问题:

其一,师生之间不能发生亲切的关系。而之所以师生间缺乏亲切的情谊关系,缘由大致有以下几点:一是学生择校而就学,教师应学校的聘,与教师和学生有直接关系的是一个空洞洞的学校,因此,教师和学生在一般情况下是不容易有深情厚谊的关系的。二是教师只在一个“法定”的时间和固定的地点——教室和学生见面,在这样固化的时空当中,双方又都只是抱着敷衍了事的态度,而没有一点人性的温热的接触。在课程之外的时间,则彼此形同陌路。三是课程的安排没有自由选择的权利,对于开设的课程,不论学生想或不想,都必须去上;对于教员,不论想或不想教,也都要教。教课授课,形同买卖,二者都无法从教与学的过程中获得情感的慰藉和人格的熏陶,久而久之的结果便是:师生之间没有所谓朋友一般的友谊,师生对自身的工作和学习都会产生乏味、厌倦乃至厌恶的情绪,感觉都是在浪费光阴,整个学校生活因此而显得非常干枯烦闷。如此机械化的师生关系或者说机械化的教育所带来的必然恶果便是“士风的窳败,极端自私性的发展,敷衍苟且的恶习的酿成,学殖的落后”。相较之下,朱光潜便觉出中国传统的私塾制和书院制乃至西方“导师制”的优势所在,即学生择师而就教,

①朱光潜:《论大学授课方式的机械化》,《朱光潜全集》第8卷,合肥:安徽教育出版社,1993年版,第471页。

②朱光潜:《论大学授课方式的机械化》,《朱光潜全集》第8卷,合肥:安徽教育出版社,1993年版,第472页。

师生中容易有情谊关系。在今昔对比中，不难看出朱光潜的内心始终处于理想与现实冲突之中，不满于现行教育制度，而希望借鉴中国传统教育和西式现代教育的长处。

其二,"因材施教"的基本原则无法应用到实际的教育过程中。上文已经说过,"因材施教"一直是朱光潜所特别关注的,因为这与个性发展、人格养成密切相关。他尤其推崇的是孔子的书院式教学方法,以及古代希腊柏拉图的学院派教育风格,正因此,他认为当下的班级制度和学校制度是无法实现"因材施教"原则的,原因在于:一方面,因为班级制度,大学的每个系每个班有二十到三十个人以上,在敷衍的制度下,除非成绩坏到不可救药的地步,一般情况下都可以及格升级,老师不得不对这班高低悬殊的学生"一视同仁",造成的结果便是:高材生的进程被低材生拖得太慢，低材生的进程被高材生拖得太快，双方都不能尽量地获益，而是在彼此的拖拉之中浪费大量的时间和精力。另一方面是更重要、更危险的,机械化的授课方式不顾学生在资禀兴趣上的种种差异,不是让每个人顺着自己的特长去发展，而是囫囵吞枣地把资禀兴趣不同的学生强行纳入一个呆板的模型里，而不留给他们一点伸缩的余地。朱光潜不是主张"天才教育",而是批评这种教育实在是一种不顾每个人的个性和特长的教育,是有违教育本质和规律的。

其三，自由研究的风气不能盛行。在朱光潜看来:"大学是全国学术思想发育生展的地方。学术思想在大学里不能发育生展,文化低落是必然的结果。"①换言之,学术思想能否发育生展直接关系到文化的繁荣与低落,大学的责任可谓大矣！如果说在小学、初中和高中阶段是夯实基础教育的阶段,对于知识的掌握要比特长发展更加重要,那么,在大学教育阶段,除了知识的继续累积,最为关键的还是师生能够自由地进行学术研究,具有一定的学术理想。但是现实情况却与理想状态相距甚远,自由研究是难以实现的,原因有二:一是在当时的教育制度之下，大学教育常放弃以学术思想发展促进文化这样的首要目的，而把全力集中在职业预备这样的次要目标上，这是效仿欧美高等教育体制的必然结

①朱光潜:《论大学授课方式的机械化》,《朱光潜全集》第8卷,合肥:安徽教育出版社,1993年版,第469—470页。

果。实际上，在欧美，老牌学校和一般新兴大学分别担负着各自文化促进和职业预备两重目的，二者并行不悖，由此可见中国大学教育的偏颇所在。二是教授和学生各自为政，大学教育沦为死板陈腐知识的批发。在朱光潜看来，大学不仅能造就学生，同时必须能造就教授，大学教授的职责不仅在教书，更在于他的专门学问能做赓续不断的研究，使它逐日进步，教授与学生并非两个界限划然的阶级，对于所研究的专科学问应该有时是同力合作者，这在欧美大学不仅是理想而且是事实，而在中国一般大学中不但不是事实，而且从事大学教育的人们往往连这种理想也没有。没有自由研究的大学，是不能称之为真正的"大学"的。机械化的授课方式致使教授疲于上课，而无力兼顾自由研究，同样，学生疲于应付上课、讲义课本，而无力阅读课外书籍，作自由研究。

其四，影响基础教育乃至中国前途。对于大学教育和基础教育的关系，朱光潜持有这样的观点：初级教育的发展依赖大学教育水平的提高，而初级教育水平也会对大学教育产生深刻的影响，二者息息相关，一荣俱荣，一损俱损，如其所揭示的：

> 现在中国一般大学中机械化的授课方式如果不改变，我相信教育对于中国前途决不能发生好影响。大学生出去，大半是教中学生，中学生出去，大半是教小学生。各人都以自己所习闻习见的机械方式传授下去，于是全体教育机构都变成一种死板的空壳，其功用只在授受既陈腐而又不甚准确的知识。大学教育与中小学教育是息息相关的。中小学办不好，大学收不到好学生；大学办不好，中小学请不到好教员。一糟俱糟，目前中国教育现象就是如此。①

这表明，在大学教育与基础教育之间，朱光潜更重视大学教育，因为"大学教育是全国文化命脉所系"，只有抓住这个命脉，中国文化才有希望，反之，大学教育的失败必然导致基础教育的失败，最终导致中国文化的衰败。

不难看出，朱光潜所指出的上述弊病与其在《私人创校计划》《旨趣》中对中

---

①朱光潜：《论大学授课方式的机械化》，《朱光潜全集》第8卷，合肥：安徽教育出版社，1993年版，第471页。

等教育的观察与批评是相似的,一脉相承的。这也就意味着,这些问题是当时中国教育制度的普遍问题。虽然朱光潜对现行的机械化教育制度不满,但他还是对其抱有“了解的同情”,认为现行教育制度也有几分是事实逼成的。事实在于两方面:一是教育普遍化带来大学生数量的激增,要少数教师负责教成百成千的学生,势必走上工业上所谓的“大批制造”的路径,而系统化或机械化、不顾个性差异正是“大批制造”的条件。这也就解释了师生亲切关系难以形成,因材施教的基本原则难以应用。二是中国的国情导致中国的大学教育徘徊于基本训练与专门研究之间,将大部分工夫都花费在基本训练上,这种基本训练在欧洲着重中学的教育制度之下,在中学时期就已大体完成了,而中国的中学程度太低,由此导致大学实际上在完成本应当在中学就完成的基本训练任务,而几乎完全忽视了专门研究。这也就解释了自由研究的风气为什么不能盛行。

那么,如何补救这种教育之弊呢?虽然朱光潜说《论大学授课方式的机械化》这篇文章“意在指出弊端,促国人注意,不再策划补救的细则,因为这种细则应该是多数人根据各地特殊情形而研究出来的办法,不是一个人所能闭户造车的”,但他还是提供了四条补救的参考原则:一是中学应减少课程,提高效率,使学生集中精力进行基本学科的训练,这样升大学后就能做专门研究的工作了。二是大学应尽量减少授课时间,增加师生个别讨论时间。学生应自觉地读可看懂的书,做可做的工作,而教师应根据学生个别的兴趣和需要介绍应读书籍,说明研究的方法和门径,自己也应有充分的时间从事研究工作,以尽促进文化的责任。三是在可能范围内,应采取中国就有的书院制以及英国牛津、剑桥的导师制,每个学生应选择一个自己所敬仰的教员做导师,指导他治学和做人的方法。四是大学应少办,专门学校应多办,分清大学与专门学校的各自职能,前者偏重促进文化,后者偏重预备职业。在当时的特定条件下,朱光潜只能将这几条原则施行的希望都寄托于教育当局,自然地,这种“苦口婆心的呼吁”也并未换来教育制度的改观。

综合来看,朱光潜对于中国教育制度的批评有许多都能够直切当时教育弊病的要害之处,这是其敏感多见的教育情怀,也是其所怀抱的教育救国的一腔热血使然。总体来看,朱光潜对教育体制的批评,主要有这样几个特征:

其一,朱光潜是以非常充足的资料分析和实践经验为基础来进行教育批评的。这主要是就朱光潜的个人经历而言，即便是作为一个学者，他也是将其一生都献给了教育事业，可以说，其学术事业和教育事业是合二为一、相辅相成的。比如，在从事英语教学的时候就探究英语教学的方式方法等问题，在从事美学研究和教学的时候就探究美育的意义和对塑造人格的重要性，在从事文学研究和教学的时候就反思文学教育的意义和对提升人格修养的作用等（参见第四章、第五章）。

其二，朱光潜的教育批评具有完整性。经历了传统教育和现代教育双重洗礼的朱光潜，严格来说，是一位以传统儒家价值观为基本导向、以入世精神为主导人生观的教育家，这使其能够怀揣着整体性的、夯实了的国学和西学根基，来全面认识教育界所存在的诸多问题。所以，他的教育批评除了有对于教育本质的理论认识，更有实践层面的细节探究，例如，学生和教师关系的问题，学生自身的学习问题，课程的设置，教材的编写，上课的教法，学习的技巧等等，但凡涉及教育过程中的细节问题几乎都出现在朱光潜的探讨之中。

其三，朱光潜是带着理想信念的纯洁学者，对学术的追求和对教育精神的把握，使其教育批评能够深入教育本质，契合教育规律，击中教育制度的要害，也使其认识到教育要想摆脱困境、获得新生，必须走自由独立之路。

其四，朱光潜的教育批评尽管有很多的超前意识，但其中某些观点的可行性相对而言还是比较弱的，存在理想化的倾向。作为一名学者，朱光潜对于教育的认识，从一开始似乎就带有象牙塔的青涩和满腔热情，有热情固然是好事，但有时不免与社会的广大阶层存有脱节，站在理论的高度可以提出这些或那些不同的批评和主张，但是基于当时特殊的社会国情，乃至今日的国情都是无法实现的。比如在其上述所提的四个补救原则中，即使是在今天也没有一项能得到真正贯彻：在高考压力之下，中学的授课时间（甚至变相的补课时间）越来越长，即使到了大学也依然在进行课程众多的基本学科的知识传授，有志于自由研究的师生是不多的；由于要实现精英教育向大众教育的转型，1990年代末高校招生规模扩大，导致无论大班还是小班授课都人满为患，根据个性兴趣来因材施教是难以实现的，学生择师的“导师制”也不过是一厢情愿的幻想；大学的促进文化功能和专门学校（职业技术学校等）的预备职业功能虽然大体有所分工，但是在市场的调节之下，大学毕业生的职业前景和技术工的文化素养都危机重重，所培养的大批“高不成低不就”的大学毕业生和技术工，既无益于文化促进也无益于技术发展。当然，换个角度来说，有理想总比没有理想好，有热情总比死气沉沉好，随着教育改革的不断推进，谁又能断言朱光潜的这些主张有朝一日不会实现呢？

无论如何，朱光潜的教育批评具有超越时代的现实意义。虽然朱光潜批评教育的那个时代已经离我们很遥远了，但是“育人”的教育本质仍是不会改变的，因此朱光潜对于当时教育问题提出的批评也是永远不会过时的，更何况他所提出的问题仍然存在于现在的教育体制中，有些问题甚至变得愈来愈严重。背离教育本质的教育以及由此而导致的日益扭曲的社会期望和价值追求，正在给社会发展埋下深深的隐患，因此，作为教育家的朱光潜所提出的批评对于正处于现代教育改革过程中的中国教育而言，其超时代的现实意义是不可轻视，更是不可忽视的。我们应该反思，时间流逝过去几十年，教育的本质因为人类的科学探索而变得更加明确，然而教育实践的结果却显示出与教育本质背道而驰的进程。我们的现代教育即便不能够像孔子、柏拉图和亚里士多德时代那样培育精英，也至少应当让学生充分发展个性，独立自主学习。一切唯分数论、唯升学率论的教育观念，只能导致强行灌输知识的机械的教育方式盛行不衰，而由此培养的学生离“人才”恐怕相去甚远。如何改变这样的教育现象，如何从本质上进行改革而不仅仅是形式上的改革，这些都是当下中国教育工作者和研究者亟须解决的问题，朱光潜的改革设想未尝不是一条具有启示性的道路。

二、教育改革：观点和行动

朱光潜曾说：“我每想起柏拉图的教育主张，就深深感觉到我国目前教育须有一个彻底的改革。”[①]所谓“柏拉图的教育主张”即柏拉图在《理想国》中所讨论的理想的政治和教育，比如，理想国的统治者在二十岁以前只需体操和音乐两种教育工具，古希腊人的这种思想如其艺术一般是简单而深刻的。要改革教育，

①朱光潜：《音乐与教育》，《朱光潜人生九论》，北京：人民文学出版社，2011年版，第362页。

首先是要确定教育的目标和目的，认清教师的功能，只有教育观念正确了，才能在行动上做出正确的教育改革，才有可能达到如柏拉图所希冀的身体的健全，心灵的和谐。

（一）教育观念改革

在朱光潜看来，要改革机械的、弊端丛生的高等教育，关键是要回答“高等教育应重量还是重质”这一根本问题。在抗战期间，为了服务于抗战工作，高等学校的数量不断剧增，这在教育当局来看似乎是高等教育高歌猛进的标志，但在朱光潜看来这却导致了“有名无实的高等教育”：因为经费、设备不足，学校只好因陋就简敷衍了事；因为教授不足，又得按规定标准开设课程，只好拉资历和学力都不够的来滥竽充数；因为学生生源不足，各院系只好降低标准滥招足额；教师因为素质不高，待遇微薄，劳心于柴米油盐琐事，只好放弃研究，马虎教学；学生因为程度不齐，生活无法维持，不得不兼职挣钱，住学校等于住旅馆，苟图应付考试，混得一纸文凭就算了事大吉。

这种只顾数量不顾质量的“有名无实的高等教育”，其影响不仅是消极的，更严重的是，学风的腐败决不限于学校本身，必流毒于整个国家社会。在这里，朱光潜深刻地洞察到学校教育与社会风气之间的关系问题：

> 政府各机关各阶层的干部人员大半是学校出身，一般学生在学校里既没有顾到品格的修养，又没有学到一套真正够用的学识技能，到毕业做事，就不能凭真正的本领去打出一个局面，只得夤缘幸进，结党营私，以图个人的安富尊荣，把社会所已有的恶习惯一齐吸收进来，而且变本加厉，推波助澜，使恶势力一天深似一天，一代坏似一代。在治平的国度里，健全的学校教育产生了健全的社会风气，而健全的社会风气又回光返照，强化健全的学校教育，彼此相得益彰。在紊乱的国度里，学校教育与社会风气的关系，恰与此相反，彼此以坏影响交相推移，以至于积重难返，这种原则在我国历史上随时可以觅得例证。[①]

---

①朱光潜：《教育的质与量——战后高等教育问题之一》，《朱光潜全集》第 9 卷，合肥：安徽教育出版社，1993 年版，第 191 页。

朱光潜的逻辑理路是清晰而简明的。“有名无实的高等教育”只能培养出缺少品格修养和真才实学的学生，他们走上工作岗位之后，必然吸纳已有的社会之恶习风气而变本加厉，形成新的恶习风气，这就是学校教育与社会风气“彼此以坏影响交相推移，以至于积重难返”，造成国家衰颓、社会混乱；换言之，只有健全的学校教育才能培育健全人格的学生，才能形成健全的社会风气，最终形成治平之国度、和谐之社会。这种观点是引人深思的。我们往往习惯于指责社会风气如何之恶劣，却忘记自己可能正是这恶劣社会风气的制造者之一，与其把改造社会风气的责任推卸给他人（如各个领域的明星），不如从改造自己开始，即在学校教育中培养自己的人格修养，培育自己的真才实学，假若人人皆能如此，整个社会的健全风气自然也就会形成。从教育论来说，这种学校教育才是朱光潜所希冀的“重质”的教育，而非重量的“粗制滥造的教育”。

在这一点上，朱光潜还是秉持了他早期的“精英教育”理念。在他看来，与其费力量去培养一千个不中用的人，不如集中力量去培养十个二十个真正中用的人，这即是他所主张的“精兵主义”：

> 我们所需要的不是一知半解动辄误事的人，而是一个抵得千百个的真正能做事的人。我们不仅需要凡事都有人去做，尤其需要凡做事的人都有能力把事做好。事做得不好，有时比不做还更坏。[①]

不可否认，这种效率更大的“精兵主义”在当时战乱频仍、经费紧张的民国时代是有必要的，朱光潜说“高等教育原是人才教育而不是普及教育”在当时也是合情合理的。而在今天，经济的发展，人口的增长，使得高校招生规模扩大，大学教育变为数量优先的普及教育。从积极方面而言，普及教育使每个人（尤其是贫困生）都有了上大学的机会，教育公平似乎得以实现；而从消极方面而言，大批量工业生产式的普及教育往往只能培养雷同划一、质量不高的庸才，而难以培养人格健全、真才实学的人才，“钱学森之问”正是普及教育时代呼唤人才的诘问和呐喊。如何在普及教育与人才教育之间保持平衡，在普及中提高，依然是

①朱光潜：《教育的质与量——战后高等教育问题之一》，《朱光潜全集》第9卷，合肥：安徽教育出版社，1993年版，第191页。

未解的难题。换言之,要培养真正的创新人才,我以为"精兵主义"未尝不是一个依然有用的教育策略。正因此,他同意章行严(时任教育部部长)"有意把北平八院校合并为一大学"的主张,并"提议在战后必须把现存的中等以上的学校大加裁并",他认识到这其中的阻碍在于"人事",而只有打破"人事"的阻碍,我国才能变成现代化国家。而始于1990年代的高校合并,是高校实现资源共享、扩大办学空间、提高竞争力的一种有效途径,似乎是朱光潜"精兵主义"的实践,然而,事实是,并非所有高校一并就优、一合则强,这种大学规模、结构方面的巨大变化并不能彻底根治教育问题,如何改革教育制度、如何提高教学质量才是根本。

(二)教育行动改革

教育行动上的改革可分为三个部分,一是宏观层面,基于教育体制的批评所作出的改革,即教育本身的独立,教育与政治的关系等问题所做出的行动;二是中观层面上,对于学校这一大众教育的载体而言,在学校的内部根据五项教育的不同需求做出不同的调整,学校体制做出调整以适应教育和社会的需要;三是微观层面的行动,即在课堂教学内部来看,做出与原先僵化体制下不同的设置。

1.宏观改革

朱光潜和匡互生等人到上海创办"立达学园"正是如此。在这所完全由一群志同道合的教育家们一起成立的学校里,他们充分实践自己的教育理想,使立达学园能秉持教育独立的观念,这主要是因为他们通过引进私人投资的方式使学校在地位上摆脱了政治束缚,从而能够更加自如地实践自己及其他教育人士宏观改革的教育理想。然而最后的失败,也正说明了这一宏观改革在经济衰败、政治腐败等时局的共同逼迫下是难以成功的。(前已阐述,此处不赘)

2.中观改革

在朱光潜看来,"教育必以发展全人为宗旨,德育、智育、美育、群育、体育五项应同时注重"。[①]因此,他在教育实践中给予这"五育"以极大的关注和反思,尤其是对当时教育体制关注甚少的德育、体育、群育以及校风建设问题更是不吝

①朱光潜:《谈青年的心理病态》,《朱光潜全集》第4卷,合肥:安徽教育出版社,1988年版,第28页。

文字，极力倡导。

(1)倡导“五育并重”

朱光潜对当时“五育”的教育现状有着深刻感触和清醒认识：

就目前实际状况说，德育在一般学校等于具文，师生的精力都集中于上课，专图授受知识，对于做人的道理全不讲究。优秀青年感觉到这方面的缺乏而彷徨，顽劣青年则放纵恣肆，毫无拘束。即退一步言智育，途径亦多错误，灌输多于启发，浅尝多于深入，模仿多于创造，揣摩风气多于效忠学术。在抗战期中，师资与设备多因陋就简，研究的空气尤不易提高。向学心切者感觉饥荒，凡庸者敷衍混资格。美育的重要性不但在事实上被忽略，即在理论上亦未被充分了解。我国先民在文艺上造就本极优越，而子孙数典忘祖，有极珍贵的文艺作品而不知欣赏，从事艺术创作者更寥寥。大家都迷于浅狭的功利主义，对文艺不下工夫，结果乃有情操驳杂、趣味卑劣、生活干枯、心灵无寄托等种种现象。群育是吾国人向来缺乏的，现代学校对此亦毫无补救。一般学校都没有社会生活，教师与学生相视如路人，同学彼此也相视如路人。世间大概没有比中国大学教授与学生更孤僻更寂寞的一群动物了。体育的忽略也不自今日始，有些学生们还在鄙视运动，黄皮刮瘦几乎是知识阶级的标帜。抗战中忽略运动之外又添上缺乏营养。我常去参观学生吃饭，七八人一席只有一两碗无油的蔬菜，有时甚至只有白饭。吃苦本是好事，亏损虚弱却不是好事。青年人正当发育时期，日复一日年复一年地缺乏最低限度的营养，结果只有亏损虚弱，甚至于疾病死亡。心理的毛病往往起于生理的毛病，生理的损耗必酿成心理的损耗。这问题有关于民族的生命力，凡是远见的教育家政治家都不应忽视。[①]

不难看出，当时的“五育”问题丛生，为此，朱光潜提出治标和治本两种办法，前者在于自己“医治自己，拯救自己”，即青年人对于自己应有勇气负起责任，应知实事求是，接受当前事实而谋应付，应明了自己的心病须靠自己努力去医治；后者在于改良环境的影响，尤其是学校教育，即强化“五育并重”的教育。

---

①朱光潜：《谈青年的心理病态》，《朱光潜全集》第4卷，合肥：安徽教育出版社，1988年版，第28—29页。

加强训育。“训育”即今天所说的“德育”，是民国时期重要的道德形式。当时除中央政府颁布有系列训育法令外，地方政府大多也都制定有相应的训育实施纲要，各级各类学校也定有自己的训育规程，它们相互关联，形成了一个较为完整的制度体系。训育作为这一时期重要的德育理论形式，其核心是受教育者的人格培养，如陶行知所言“真正的训育是品格修养之指导”(《南京中等学校训育研究会》)，徐特立所言“至于训育方面，则重人格感化，与规则生活”(《整顿第一女师之计划》)，皆表明训育即人格感化基础上的道德教育，旨在培养健全人格。而当时训育的出现，以及好友匡互生与学校教育争取自由化中遇到的问题，都使朱光潜对训育问题做出了自己的深入思考。在《关于大学训育的五点意见》(《大公报》1937 年 5 月 10 日)中，朱光潜认为：训育对大学生是十分必要的，其意义在于，如果大学不注意训育，那么学生完全随社会潮流转移以及被不甚健全的思想所濡染，危险颇大。他建议，中国大学最好从第一年起，由学生在学校指定的导师中自主选择一个，以后一切训教即由该导师负责，一直到毕业为止，导师和学生相处时间长则劝化较易，而学生也需在规定时期内将学科进益向导师报告；军训、体育、训育三科的任教老师应多商讨合作，秉持一贯宗旨；一二年级训育宜较严，三四年级训育宜较宽；老师督率式的训育是有限的，最好的方式是通过发达的团体生活，来使“学生相规而善”“使各个人逐渐就范”，以健全校风。朱光潜的这些意见对大学生的道德培养可谓用心良苦，言近旨远。

重视群育。正如朱光潜所言，我们这个民族是不善处群的，而这样不健全的民族性格和社会现状也大半是由教育和政治形成的。因此，他在《谈处群》等文章中提出关于群体教育的一些意见和建议。在他看来，一方面要将上课读书的重点转移到学习做人的方面，让学生能够真正体会全体生活是如何的。而每个教师也必须要将所负责培养的人当作一件艺术品来看待，每个学生必把教师也当作自己的造化主，营造一种情感和友爱的氛围；另一方面则是要改变现行教育的一个大毛病，即许多课程面对的其实是个人而非是群体的，尽管学生成群结队上学，但实际上，每个人独自上课，独自学习，独自完成作业，这样无形当中养成了个人中心主义的习惯，而要打破这样的情形，则一定要增加团体合作的活动，设置适合团体协作的课程。其中最值得推荐的便是音乐课程，爱音乐的人很少是孤独的，音乐也是没有界限的，因此音乐也是群育最好的工具；其次便是运动课程，不但能够强身健体，更加能在运动期间培养遵守纪律的精神。同时，学生有机会还可参加健全的团体组织，养成热心公益的习惯，培养关注公共事务的观点。[①]事实上，在中国传统教育理论中，谈及教育进步的程序时也是极为重视群育的，“一年视离经辨志，三年视敬业乐群，五年视博习亲师，七年视论学取友，谓之小成”(《学记》)，朱光潜注意到这一点，并认为乐群、亲师、取友，都是着重同校里师生的关系，我国几千年来的教育理想都特别看重尊师敬友，这是深有见于在教育中人与人之间的关系之重要。时至今日，这种精神依然值得发扬光大。

强化体育。在任教过程中，朱光潜多次发表文章提出体育的重要性，他认为，作为一个人虽然其德行是非常重要的，但是首先要有一个良好的身体素质，才能够有精力去进行自己想要做的事情和学习。在《谈体育》《民族的生命力》等文中，朱光潜把体育放到“身的修养”的高度来认识，相应的，“心的修养”则包含智育、德育、美育三项，而当时的教育现状是偏重智育，忽视德育与美育，体育则更加落后，“久已降于不议不论之列”“这种鄙视体格的心理并没有被近代学校教育洗除净尽”。朱光潜则认为将体育视为无足轻重是错误的观念，因为“生命是有机的，身与心虽可分别却不可割裂；没有身就没有心，身体不健全，心灵就不会健全”，[②]“小而个人的成功，大而民族的复兴都要从身体健康下手”。[③]可见，他之所以强调体育，根本上是因为他洞察到多数民众缺乏“一番斗争的精神，一股蓬勃的生活力”，而要“补救我们民族体格的羸弱”，就必须强化体育，提倡运动，即通过先天基础(彻底研究优生)和后天培养两方面来改变民族的体质，成为一个健康的人，过一种正常的自然的生活。由此，他鼓励学生积极参加体育训练，重视自己的身体锻炼。在体育运动和锻炼中，自身的身体素质既得到培养，团队意识也在这群体活动中得到锻炼。在这一点上，朱光潜就将体育和训育、群育结合起来，并做了尽量完善的叙述。而且，自幼身体虚弱的朱光潜一生都坚持体育锻炼，即使是在挨批斗的黑暗岁月，他也抓住一切可能的机会锻炼身体，比如他每天坚持去未名湖畔散散步，打打“自由式”太极拳，绕着图书馆走上一圈。他瘦弱却坚韧的身体最终彰显出顽强的生命力，使其能够经受住各种挫折和屈

①朱光潜：《谈处群(下)——处群的训练》，《朱光潜全集》第4卷，合肥：安徽教育出版社，1988年版，第56页。

②朱光潜：《谈体育》，《朱光潜全集》第4卷，合肥：安徽教育出版社，1988年版，第130—131页。

③朱光潜：《民族生命力》，《朱光潜人生九论》，北京：人民文学出版社，2011年版，第89页。

辱,保全性命并投身于他所热爱的学术事业和教育事业中。

值得注意的是,朱光潜常常以英国教育作为范本,加以借鉴。比如,在他看来,英国大多数大学对训育都报以一种无所谓的态度,主要原因在于,英国的各大高校中往往都有非常发达的团体生活,因此也都会自发地产生这样或者那样优良的校园风气。那么,在各自为政、教育衰弊的中国,如何才能形成优良的校风呢?作为乐山武汉大学教务长的朱光潜,对此做了非常深入的探讨。

(2)改良大学校风

在《说校风》这一重要篇章中,朱光潜从"风"的五个意义来阐明了校风的内涵和重要性。他认为,校风是学校的风格,是风行全校的风气,同时是学校的风范,使全校师生都受它的风化。一所学校必有校风,因为它是学校道德意识的表现,是学校的特殊精神表现于特殊形态,是学校生命力的直观表现,无校风便无生命。而要培养优良的学风需要两个重要的条件:第一是全校师生必须形成一个健全的集团精神。按其所言,"要想学校成为一个有精神有生命的集团,师生全体必定有一种公同的认识,公同的情绪和公同的意志,大家在别的方向尽管不同,而向完成学校的崇高的传播学术文化的一个使命努力迈进,则属一致。在这个条件下,学校才能有一个公同的精神,才能有校风",[①]也就是说,师生在知识、情感、意志三方面能够交感共鸣;第二就是这个集团全体必须像个人一样,能自好自爱自重,有集团的"荣誉意识"。而要形成这样优良的校园风气,我们则需要做到四点要求,即家庭的和乐空气、爱护纪律、浓厚的研究学术的空气和宏毅正直的胸襟气宇,如果一个学校同这四个特点形成它的校风,它就不愧"优良"二字了。

不难看出,朱光潜始终关注的是教育过程中人与人之间的关系,是个人与团体之间的关系,是"为学问"与"为干禄"的选择,是"通才"和"专才"的培养,而其所择取的思想资源既来自于中国传统的儒家教育典范,比如,他认为中国讲教育最好的文章是《学记》,《论语·子路曾皙冉有公西华侍坐》一章就注重对胸襟气宇的教育,这其实是领悟并抓住了传统教育中强调人格修养的精华部分;与此

①朱光潜:《附录:说校风》,《朱光潜全集》第9卷,合肥:安徽教育出版社,1993年版,第66页。

同时，他又时刻以英美文化和教育为参照，比如从“文化”一词的西文“civilization”谈及“公民化”以及“教育”与“风化”同义的问题，提出西方政治学家和社会学家所谓的“esprit de corps”（集团的精神）以及“sense of honour”（荣誉意识），将“一种特殊的胸襟气宇”与英国人所说的“gentle man”（绅士）的风度相提并论等等，他游刃有余地进行这样的比较论说，却也深知这种理想教育所共有的乌托邦性质。

朱光潜之所以大力倡导培养优良的大学风气，是因为他深深懂得：大学教育所担负的社会功能和使命决定了培育优良校风对教育改革至关重要，改良大学校风对改良社会风气至关重要，实质上，改良大学校风即意味着从内在精神和外在形态上来改革大学教育：

> 我们要知道，大学是一国的最高学府，大学的风气可以转移全社会的风气；古人所谓“君子之德风，小人之德草，草上之风必偃”。我们筹建国大计，必须改良社会风气，而改良社会风气，必须从改良大学校风入手。①

在当时的特殊环境中，朱光潜除了从中观层面批评教育体制，提出“五育并重”的改革主张，同时还积极地将自己的教育理想落实到自己微观层面的教育实践上，比如其长期从事的外语教学。

3.微观改革

朱光潜最初便是以外语教学拉开其教育事业大幕的。无论是作为一名中学英语教师，还是大学英语教师，朱光潜总是立足于自己的教学经验，对外语教育进行深刻反思。1957年6月，在《关于外语教学的杂感》（《西方语文》第一卷第一期）中，朱光潜曾这样真心地说道：“头一二十年大半是率由旧章，照本宣读，敷衍了事。从教学改革以后这几年中，由于学习苏联先进经验，教学制度和方法在不断地改进，从旁人教学中吸取了一些经验，从自己教学中也遇见了一些困难，才把外语教学作为一种问题来经常摸索。”②此时的朱光潜已从事外语教学二十

---

①朱光潜：《附录：说校风》，《朱光潜全集》第9卷，合肥：安徽教育出版社，1993年版，第71页。

②朱光潜：《关于外语教学的一些杂感》，《朱光潜全集》第10卷，合肥：安徽教育出版社，1993年版，第88页。

多年，因此，他不仅对外语教学的重要性和发展方向等重大问题有着自己的思考，更对诸如课程设置、教材编写、课堂安排等具体的教学环节问题都有着切中肯綮的看法（并非“杂感”），相较于前者，他更看重后者这些“现实的活的问题”。

（1）四会并重

听、说、读、写的四会问题是外语教学最核心的问题。朱光潜认为，既是一门活的语言，就要把它当作一个活的语言来学习。对于外语学习，其中理想的学习方法就是儿童学习本国语言所用的方法，那就是从听和说开始，逐渐过渡到阅读和写作。这是因为从历史过程来看，语言的原始功用在于说和听，在于直接的社会交际，而只有在文字通行之后，读和写才成为语言的重要功能，当然，在文化不发达的国度，能运用语言作为读写工具的还只是少数人。

从教学观点来看，朱光潜认为初学外语的人从听和说开始至少有两层好处：一是把语言作为实际生活中的一种工具，可以使学者亲切地认识到语言与实际生活的密切联系，以及语言和思想活动的密切联系。它一方面可以使学者把语言中一些常见习惯应用的基本现象牢固地掌握起来，打下最结实的基础，一方面也可以建立语言紧密结合思想的良好习惯，不至于堕入专从字面上死扣语言现象（这是外语学习中最为致命的形式主义）；其次，过去的教学实践充分证明了：从读写过渡到听说是十分困难的事情，学习的人会读会写了就苟安于读写，不肯回头去纠正已经养成而很难纠正的发音上的欠缺，过去口语教学的失败就在于此。因此，从听说开始学起，一开始就可以培养肯张口说话的习惯和正确发音的能力。这一关打通了，就解除了学习者对说外语的许多顾虑和障碍。

从具体的现实需要出发，朱光潜又认为，四会要并重，并不等于说四会一定要达到相同的水平。这里有两个原因：一是因为教学所采用的方法和学者个人的能力偏向有所不同。对于学习者的母语而言，经过耳濡目染所造就的是听和说能力的超前发展，而读和写的能力则要经过正规识字教育和文学学习才能够发展起来，并且对于不同的人而言，即使是母语的读写能力之间仍然有着巨大的差异。但是对于外国语言学习来说，不同的课堂设置就会产生不同的效果，如一般教师将生词和语法的学习置于课文学习之前，由此，外语学习者的听和说的能力可能要比阅读能力强一些，而阅读是输入行为，写作是输出行为，只有当输入达到一定的量才能产生良好的输出能力，因此阅读能力又要优于写作；又或者教师采取先整体后部分的教学方法时，阅读和写作也有可能会走到听和说之前。因此，不同的结果要看教学所采用的方法和学者的个人能力偏向。但不论何种而言，朱光潜认为最为理想的外语学习状态就是，对于外国语言的四会掌握水平，其比例应该和本国语言的四会水平比例一样，就是听和说比较高，阅读次之，写作又次之。而朱光潜同时认为，对于从事笔译的人则可以侧重阅读和写作，从事口译的人可以侧重听和说。这是实事求是、十分中肯的。

第二个原因在于学外语的人不是都以外语为专业的，对以外语为专业的人而言，“四会并重”是毫无疑问的，有一个不会，就不可能彻底地掌握外语。比如，一个人如果不能掌握口语（听和说），就无法掌握语言中一个很基本的东西——音调节奏，也就不可能对诗歌、小说或戏剧有彻底的了解，也就不可能写作很好的外文。而对于非外语专业的多数科学工作者来说，外语只是一个阅读工具，四会的要求便不恰当。在他看来，如果专以阅读为目的，就可以取捷径，先把基本的语法知识系统地掌握好，接着就可以循序渐进地借字典的帮助进行阅读了。朱光潜自己便是这样学习俄文、德文的，据笔者所知，李幼蒸等许多著名学者也是如此学习多门外语的。当然，朱光潜说“学习外语，如果只为阅读，那是比较容易的事”是相对的，因为总有大量词汇需要在“长期广泛阅读”中加以解决。在这里，朱光潜顺便批评了“离开课文孤立地强记生字是个不科学的办法，因为字的不同的意义要结合课文的具体生活情境去学。孤立地去学，不但因为缺乏联想而不易记牢，而且也因为养成形式主义地看词汇的恶习，容易发生误解误用的毛病。多看书是解决词汇困难的最有效的办法”。这对于那些在四级或六级考试前整日抱着词典背诵单词的非外语专业的大学生们来说可谓一语中的之忠告。

（2）阶段重点

具体到四年或五年的大学外语教育，朱光潜发现：课程改革以后，在草拟和修改教学大纲的过程中，对于四年或者五年的外语课程都是有意或无意地把它分为两个阶段：第一二年是一个阶段，使用的是特地编写的浅近的结合生活的教材，主要处理一些基本的词汇和语法现象，希望两年之后学习者能够打好口语外文的初步基础；第三四年（五年制的加上一年）是另一个阶段，学习内容除了继续进行阅读写作和口语的练习之外，还设立了一些专门性的语言或文学方面的课程，要求学习者结合专门性的课程写作学年论文和毕业论文，这就要求学习者要逐渐具备十分必要的进行大量阅读的能力。从理论上看，由初期的基础学习到后期的高阶学习，这样循序渐进的过程是不存在问题的，但朱光潜根据实践结果却发现，从第一阶段过渡到第二阶段这一过程中却是存在很大问题，主要表现在：学习者到了第三年级虽然有了一定的词汇和语法基础，但是实际的阅读能力还很薄弱，使专门性的课程学习和写论文的工作都受到很大障碍，因此而导致很多人对于外语教学中的四会原则以及第一二年级采用浅近教材的办法都产生怀疑。当时有许多人认为与其四会不能都会，倒不如先求一些阅读的能力，希望把头两年的工作压缩在一年里面做完，以为这样就可以“踢开语言这块绊脚石”，尽快去进行专门性课程的工作。对这一问题，朱光潜也曾发生过动摇。正如他在北京大学校刊里所发表的意见：

> 我们在院系调整后所犯的是孤立语言和简化语言的偏向。我们当时以为语言等于词汇加语法，于是选择一些基本的词汇，根据最简单的语法来制造出一套语言，作为教材，希望学一点就能领会和使用。……当时我们的口号是“一切在课堂里解决”，竭力反对同学在课外阅读文学作品，以为这就会扰乱教学的效果。这种简化语言和鼓励语言的办法就象不吃饭专靠维他命去维持营养。……最好的语言运用是在文学作品里面，我们必须通过广泛阅读文学作品，来扩大语言的接触面，来培养对于语言的敏感和爱好，这样才能打好语言的结实基础。①

针对这种“孤立语言和简化语言的偏向”，朱光潜反思到“这些都是急躁的表现”。他并非反对语言和文学的结合，而是认为这种结合主要适用于第三年级以上。事实上，要一脚踢开语言这块绊脚石是不容易的，在朱光潜看来，除非是放弃四会原则，如果不放弃，就得从浅近处下手，就得选用基本的词汇根据基本的语法制造一套语言作教材。不但我们是在学习外国语言，就是外国儿童学习他们的本国语言，也都是这样办的而且是行之有效的。我们要从根本上解决问题，需要趁早在中学中分别设立各种重要的外国语课程，使最为基本的四会训练要在中学里面可以告一段落。在未作这种根本解决之前，我们还必须一步一步地

---

①朱光潜：《关于外语教学的一些杂感》，《朱光潜全集》第10卷，合肥：安徽教育出版社，1993年版，第92页。

脚踏实地地走，至少有两年的阶段根据四会的原则，进行基本训练。他认为，过去的失败不能只归咎于四会原则，教师的质量、教学方法以及教材的内容和文字都要负一部分责任，如何补救过去的缺陷是有待于我们进一步研究的。

因此，朱光潜认为，“四会原则是要在大学本科全部教程中坚持的，但在不同的阶段可以有不同的重点”，也就是说，在头一两年，重点应该放在听和说上，即简单的基本口语训练。这样做，过渡到第三年级，重点就要放在阅读上面。进行原著的阅读确实有些困难，不妨利用我们在上面所谈到的学习第二外语的经验，先至少花上半年多的时间去系统地学习语法，接着就循序渐进地进行原著的阅读训练，在自主阅读的过程中感知语言的特征，然后自己把握。如果有了这样的基础，阅读的收效就会很快出现。而以阅读作为重点的阶段究竟要多长才合适呢？这就要看具体情形才能做决定。根据自身的学习经验，朱光潜认为，一般来说，一年时间用来阅读是足够的。他还进一步认为，在头三年最好把阅读范围规定在近代外语（18 世纪以后的），到了第四年和第五年才可以逐渐增加古代外语的阅读分量。至于写作，他认为，在头三年可结合阅读和口语练习一直进行，但重点可以放在第四五年的阶段。一是因为学习者到了这个阶段思想逐渐成熟起来，知识也变得较为丰富，语言的掌握比较结实，不愁无话可说，也不愁有话说不出来；二是写作还可以结合科学研究和论文。

如何才能真正学好外语？朱光潜探索到的秘诀正在于坚持语言和文学的结合，这也正是其外语教育的最大特色所在，是其文学理论研究与语言教学实践密切结合的表现。他明确指出：“要通过文学作品来学习语言，不要为文学而文学。通过文学作品来学习语言，同时也就培养起文学的兴趣以及初步的研究文学的能力。至于把文学作为专门的研究，只能留到研究所的阶段。”因此，他坚持认为在本科三年级以上语言与文学不宜分家，而一二年级则可以采用一部分比较浅近的文学作品作为教材，并且不赞成在高年级设立过多的过于专门的文学课程，避免出现中华人民共和国成立前那样好高骛远、不切实际地盲目开设文学课程的现象。

（3）生活情境教学法

以上朱光潜对于外语教学观念上的问题和实际现象做了剖析，从学习者和教育管理者角度探察了外语学习应注意的问题，而从教师角度来说，“教学法问题”便显得尤为重要了。

首先，在朱光潜看来，教学法本身是无国界的，要促进中国的教育改革，就有必要借鉴和吸收他国的有用的教学方法，而不能带着意识形态的“有色眼镜”而一概否定，正如不能因为武器是敌人用来侵略的，就断然否定武器的效用。因此他认为，把“直接教学法”当作帝国主义进行殖民地奴化教育的一种方法而弃之如敝屣是不正确的，事实上，在外语教学的开始阶段，直接教学法是最有效、最合理的方法。当然，他同时注意到，要采用直接教学法，就要对初年级教师提出很高的要求，只有在初年级教师的素养和水平达标的情况下才能产生好的教学效果。但在现实中，教育管理者往往认为初年级课程相对来说较为简单，容易教，于是就把质量较低的或经验较少的教师摆在初年级，这是一种极为流行的办法，却也是一种极不妥当的办法，因为这不仅不能产生良好的教学效果，反而会因为基础教学不扎实而造成学生听、说、读、写能力的根基不牢，为其后来的外语学习埋下隐患。

上面说过，朱光潜既是一个兼容并包的“拿来主义者”，更是一个立足于本土的“现实主义者”，他既赞成对他国教学法的借鉴，更看重如何有效地使其在本国特定语境中合理应用。比如针对练习教学，朱光潜认为，“外语为练习的课程”的这一基本原则是与“四会要并重”的教学观念密切联系的，而后者正是苏联外语教学的一种宝贵的先进经验。在移植苏联经验的过程中，中国的练习教学法存在着“割裂破碎”的毛病，即把听、说、读、写这四件事割裂开来，分别加以练习，甚至分配不同的教师，设立不同的课程，把某些语法或词汇现象割裂开来，由此造成练习“干枯乏味”，而“最严重的毛病在于他使语言脱离了完整具体的生活情境，养成语言脱离思想的形式主义的恶习”。事实上，这样的“割裂破碎”的练习教学法在今天的许多大学仍然如此，比如在大学的外语专业教育中，仍将听、说、读、写设置成不同的课程，名曰“精读课程”“听、说、课、程”“写作课程”之类，并安排不同的老师教学，其结果往往导致学生听、说、读、写能力的割裂，有的在读、写上拥有好的能力，但是听、说却很困难，而有的则相反，最终的结果都是：难以应用外语进行良好的和完全的沟通，更难以通过外语学习和理解外国文化的真正内涵——这种外语教学成绩显然是不能令人满意的。对此，朱光潜主张的是一种“生活情境教学法”，也就是说，从某一完整具体的生活情境出发（例如上课、吃饭、看电影、一篇故事、一个问题的讨论、一段剧情的扮演等），把有关的常用习见的语法和词汇运用进去，就这个主体同时来进行听、说、读、写的练习。这样，学习者就能够在自己熟悉的场景里面学习陌生的知识，并在生活中经历相同或者类似场景的时候会自发地复习课上学习的知识内容，这样便可增加知识的学习频率以提高习得的效果。基本的原则是这样，具体的办法就是建立教材的事情。

其次，在教学大纲制定之后，教学的成败关键在于教师及其所用的教学法。朱光潜认为，过去教学成绩之所以不能令人满意，原因很多，比如，在基本政策上时常摇摆，一知半解的不结合中国式的搬运或者歪曲苏联先进的经验，很少从学生的能力和需要去考虑问题，教学大纲定得支离破碎，教材没能很好建立等等，这一切都给外语教学带来了很大的损失。而除此之外，教学方法上的毛病也要负很大一部分责任。同是一种课程，同是一样教材，由不同教师使用不同的方法进行教学之后，所达到的效果可能会迥然不同。所以，在教学大纲定了之后，教学的成败关键在于教师和他所用的教学法。教师要有适当的业务水平，这是基本的，但是教师适当的业务水平也还不能保证教学的成功，他必须善于教学，善于掌握学生的具体情况，随机应变地灵活运用各种教学方式去解决实际存在的问题，也就是说，他要有唯物辩证法的修养。这方面的欠缺恐怕是目前一般外语教师的主要欠缺，它的具体表现是在教学法上的形式主义。

而所谓“教学法上的形式主义”主要是指脱离具体的思想情境与逻辑线索，而专从字面上去揣摩语言的现象，这是外语教学中的基本错误。朱光潜认为，教外语和学外语的人首先要深刻地了解一个基本原则，就是语言和思想的一致性。关于这一点，朱光潜曾这样说：“语文（即语言文字）是表达思想的，语文和思想有天然的一致性，要学好语言，必须学会怎样运用思想。语文的训练必定同时是思想的训练，脱离具体的思想情境和逻辑线索，而专从字面上去揣摩语言现象，这恰巧是以往外语教学法的基本错误即形式主义的错误。从我自己学习写作的经验和外语教学的经验来说，我可以下这样一句断语：凡是语文有毛病的地方，那里一定有思想的毛病；没有想清楚，所以就说不清楚。”这是朱光潜始终坚持的关于语文教学的基本信条，由于忽视这个基本原则而产生的形式主义在外语教学上是严重而且普遍的。事实上，正因如此，朱光潜在自己的写作过程中，也历来十分重视思想与语文的契合。用清晰流畅的语言文字表达清楚明白的思想，原是不易的，而这也恰恰是朱光潜作为优秀的理论家、教育家的独特风范。

最后，朱光潜在翻译教学中首先接触到思想与语文的关系问题。他发现，学生在翻译方面所犯的错误几乎都可以归纳为一个公式，即不顾思想内容和具体生活情境而呆板地搬运语言形式。换句话说，学生只是按照字面意思直译，而不懂得结合实际生活情境来意译，结果就造成了“外语化的汉语”或“汉语化的外语”，比如把“He shook his head and I did the same”译为“他摇他的头，并且我也做了同样的事”，而不懂得译为“他摇摇头，我也摇摇头”。这其实不仅仅是翻译问题，而是整个语言教学问题，关键在于，语法教师只教给学生词语的基本形式，而没有帮助学生养成拿语言结合具体生活情境去思考的习惯。而在分析性阅读中也同样如此。分析性阅读是外语课程中的关键项目，是各种练习的中心，学生从中可学习到词汇和语法的实际运用，阅读法、写作法等语言结合思想的方法，但在分析性阅读的实际教学情形中，教师往往花大部分时间去就某一字、某一句孤立地进行分析，孤立地叫学生作复用练习，结果对这篇文章的大意却一无所知，这种“只见树木，不见森林”的形式主义训练对阅读和写作都是非常有害的。从这个意义上来说，当教师在评阅学生的读书报告和作文而唉声叹气的时候，与其怪学生太令人糟心，不如反躬自问、痛自谴责。

在朱光潜看来，如果不克服这种带来严重危害的形式主义，外语教学就无从走上正轨。那么教师应该做些什么，又怎样做呢？要回答这个问题，关键在于如何理解作为教育者的“教师”。正是在这一点上，朱光潜赋予“教师”这一职业新的现代功能，而这又不单单是针对外语教学而言了。

三、教师功能：“抽引”和“催生”学生的潜能

“教育”这个名词在拉丁文中为 education，原文为“抽引出来”。顾名思义，教师的功能就在于把学生潜在的能力（知、情、意各方面的）都“抽引出来”，使它得到尽量的发展。在古希腊时代，一个教师就叫做“引路人”，他须引着学生走而不

是背着学生走，正如苏格拉底所言，他自己在教导青年方面所做的工作就是他母亲（助产妇）所做的工作——催生。那么，教学到底是一般人所理解的教师“传授”一些知识给学生，还是教师从学生方面“抽引”一些东西出来呢？朱光潜回顾自己在大学14年的听课经历认为：

> 我也可以坦白地说出来，不怕老师们听见，也不怕旁人笑话，除了老师给我指点了方向以外，一切的路都是我自己这双脚走的，一切的功劳都是我自己的！因此，我有一个坚强的信念：一个教师如果能让自己做尽量少的工作，让学生做尽量多的工作，如果他能把学生的潜能“抽引”出来，“催生”出来，达到完满的发展，他就是一个最好的老师，就算尽了他的神圣的职责。①

也就是说，教师的功能在于引导和“催生”学生的潜能，使学生健康、完满地发展，指明正确的方向，让学生自己去读书和钻研问题，而不在于传授死的知识，代替他们思考。这其实也正是现代教学法上的“启发”和“灌输”的分别。子曰：“不愤不启，不悱不发。”对于外语教学来说，启发式尤为重要。因为如上文所言，语言与思想是密切联系的，语言的工作必定同时是思想的工作，别的工作都可以由旁人代庖，只有思想工作却必须开动自己的脑子。而当时乃至于当今的外语教学所采取的是灌输式的还是启发式的呢？据笔者所指，依然是灌输式的，即现在的外语老师们所用的那一套基本上还是过去他们自己的老师们“传授”给他们的，甚至有过之而无不及，把一切困难都替学生解决了，连字典和参考书也不必去查。这种包办性的教学替学生节省时间和精力，却也使得学生只顾被动接受，懒于思考，久而久之，便成为学习的机器。

而要改变这种现状，真正实现教师的功能，朱光潜认为，首先，要求教师们在思想上明确启发式教学法是外语教学的唯一的好方法；其次，根据这一原则，教师就要不惜时间，不惜精力，克服急躁病；再次，把训练学生有问必答作为重要目标之一，尤其是在大学一二年级，使问答成为教学的主要方式，使学生自然而然地养成热爱讨论、有问必答的良好习惯；最后，养成这样的习惯后，学生独立

①朱光潜：《关于外语教学的一些杂感》，《朱光潜全集》第10卷，合肥：安徽教育出版社，1993年版，第99页。

工作的能力自然就会逐渐提高,开动脑筋去钻研的风气也就会逐渐形成,如此,课堂气氛就会活跃起来,教与学都会成为愉快的工作了。针对“在本科阶段,学生主要吸收知识,科学研究会妨碍语文的学习”的错误看法,朱光潜认为,要学好语言就得学会运用思考,就得把它作为科学研究对象去学习,而教师在这方面应起些示范作用,让学生知道正确的路径和方法,由此建立起研究的风气之后,他就会发现许多问题都可以由学生去解决,他自己也就日渐轻松而愉快了。

不得不说,朱光潜的主张是希望在平等对话的基础上建立研究型教学和研究性学习,这是在孤立的教育语境下的思考,因此有着一定的理想主义的乌托邦色彩。事实上,教育不是封闭的自为结构,而是社会整体结构和语境中的教育,社会风气与教育风气此消彼长,互相影响,教师如何才能在不良的社会风气和沉重的生活压力之下保持人格的完善和研究的专一?学生又如何能在急功近利的社会风气影响下踏踏实实地思考和研究?换言之,要真正发挥教师的“抽引”功能,首先需要保证教师有足够的时间、精力和敬业精神从事于教学活动,而不是为了生计或为了完成科研任务、职称晋升等而急功近利地从事研究。如何把教师从这重重评价机制的陷阱中“抽引”出来,或许才是当下大学教育迫切需要解决的关键问题。

第四章

美感教育思想

一般认为,美育有广义和狭义之分。广义的美育是指对人的性格的全面培养,造就健全的人,从而造就健全的社会;而狭义的美育指对艺术和自然的美感教育,主要指对艺术欣赏能力的教育。[①]长期以来,美学家们都以将二者进行清楚的辨析看成是自己的使命,他们努力在知识的学习、道德的培养与美和艺术的欣赏之间作出理论上的区分,即区分真善美,但实际上,美育理论正是在真善美的连接处展开的,美育研究者所要研究的,应是这三者在教育实践中的联系和相互促进,而不是它们在理论辨析中的区别。朱光潜的美育理论正是追求广义美育与狭义美育的融合,正如其美学思想与美育思想是合二为一的,换句话说,“美”不仅仅是其美学研究的中心问题,而且也是其教育思想的中心问题,归根结底是使“人生”与“艺术”亲密无间的黏合剂。

朱光潜以哲学、美学、心理学、教育学等多学科融合和中西学术思想兼容的视野阐述中国现代美育问题,为中国现代美育理论构筑了较为完整的学术基础。朱光潜美育思想,作为一份现代美育学术遗产,有待我们虚心学习、虔诚继承、深入发掘、发扬光大。

---

①高建平:《美学的当代转型》,保定:河北大学出版社,2013年版,第195页。

第一节 美育与美学

美育与美学是不能截然分开的。19世纪末20世纪初，美学由西方传入中国，由此开启了较为漫长的“西方美学在中国”的时期。美学之所以能够在中国生根发芽，其中最重要的原因在于，当时有一批教育家、学者接受了席勒等西方美学家的美育思想，希望从美育中寻求救国、改革社会的途径和方法，从而形成了一股重要的美育思潮。因此，西方美育的中国化进程也就是西方美学的中国化进程，二者相辅相成，不可分割；而担当这一双重使命的人物，如梁启超、王国维、蔡元培、朱光潜等，则既是美学家，也是美育学家。

梁启超是中国最早引进西方美学，并将其与中国传统美学思想结合起来的尝试者，也是近代中国美育思想的开启者。1922年，他首次在中国提出了“趣味教育”的概念（《趣味教育与教育趣味》），把“趣味”当目的，而不是像近代欧美教育界那样把趣味当手段，所谓“趣味教育”实质上就是情感教育或曰美育。

王国维可谓中国近代美学和美育思想的最早启蒙者和理论上的奠基人，在1903-1906年间，他先后发表了《论教育之宗旨》《孔子之美育主义》《去毒篇》《人间嗜好之研究》等专门研究美育和教育问题的重要论文，最早将“美学”这个译名介绍到中国来，[①]第一个明确提出了“美育”概念（作为“心育”之一），并第一个提出要把美育列入教育方针，全面分析了美育的特点、功能以及美育在教育体系中的特殊位置。他从教育的宗旨出发，提出了智德美三育并重不可偏废，认为正确的美育应当能促进智育与德育，成为它们的有效手段，如其所言：“然人心之知情意三者，非各自独立，而互相交错者。如人为一事时，知其当为者‘知’也，欲为者‘意’也，而当其为之前（后）又有苦乐之‘情’伴之：此三者不可分离而论

①王国维于1900年赴日本留学，1901年回国，在1903年写的《哲学辨惑》一文中曾提到“美学”一词。参见佛雏校辑《王国维哲学美学论文辑佚》，《王国维文集》，北京：中国文史出版社，1997年版。

之也。故教育之时，亦不能加以区别。有一科而兼德育智育者，有一科而兼美育德育者，又有一科而兼此三者。三者并行而得渐达真善美之理想，又加以身体之训练，斯得为完全之人物，而教育之能事毕矣。”[①]可见，王国维对美育有着全面的认识，既强调了美育作为情感教育的独特性，又没有忽视美育与德育、智育的关联。

王国维之后，对美育的力量和实践等问题进行系统研究和阐述并产生了深刻影响的人是著名教育家、民主革命家蔡元培。他对美育思想作了更为系统的阐发，把美育称为“美感教育”，明确提出了美育的概念及目的，“人人都有感情，而并非都有伟大而高尚的行为，这由于感情推动力的薄弱，要转弱而为强，转薄而为厚，有待于陶养。陶养的工具，为美的对象；陶养的作用，叫做美育”(《美育与人生》)，其美感教育根本上仍是以道德情感的陶养为目的；他还明确了美学与美育的关系，他说：“美感教育者，应用美学之理论于教育，以陶养感情为目的者也。”[②]此外，其“以美育代宗教”的主张更是风靡一时，并引起很大争议，至今仍有影响。

在这之后的三四十年代，宗白华、邓以蛰、朱光潜等学者，在国外学习接受美学然后研究并介绍到国内，他们的美学研究基本上都是借助西方美学的研究方法与成果，结合中国的传统文学艺术，或构筑体系，或探索中国的审美与艺术精神，而他们的美育理论同样具有“融西于中”的意味。正如研究者所言：“如果说，王国维是20世纪最早引进西方美育理论、并把它与中国传统的育人理论结合起来提出中国美育问题的思想家，蔡元培是20世纪中国提倡美育用力最多、时间最长、影响最大的活动家，那么，朱光潜则可以说是上个世纪中国研究美育最深、美育观念较新、而且在这方面理论成果最多的理论家。”[③]

①王国维：《王国维文集(第三卷)》，北京：中国文史出版社，1997年版，第57页。
②蔡元培：《蔡元培美学文选》，北京：北京大学出版社，1983年版，第174页。
③杜卫：《朱光潜论美育》，《美育学刊》，2010年第1期。

第二节　美感教育:朱光潜的入世事业①

“朱光潜虽以绝大部分精力讨论文艺创造与欣赏问题,但其真正的落脚点却在美感教育,他的著述,从《给青年的十二封信》开始,几乎篇篇都离不开美感教育。”②尽管朱光潜的著述未必篇篇都直接关联着美育问题,但这一看法基本上是中肯的。总体来看,朱光潜的美育思想是其美学思想和教育思想的落脚点和融汇点,在其全部思想理论中居于核心地位。要探察朱光潜的美感教育思想,我们不妨从其美感理论开始说起。

一、美感:“无所为而为”地观赏形相

美感问题是朱光潜美学研究中始终关注的重心问题,也是近代美学所侧重的关键问题。在朱光潜看来,要解决一般人所喜欢问的“什么样的事物才能算是美”的问题,必须先解决“在美感经验中我们的心理活动是什么样”的问题,因为事物能引起美感经验才能算是美,我们必先知道怎样的经验是美感的,然后才能决定怎样的事物所引起的经验是美感的,因此,美学根本的问题,不在注意如何是美,而在分析这种美感的经验。

结合近代美学的发展来看,鲍姆嘉登于1750年率先倡导的“Aesthetic”(即

①1981年7月,朱光潜在读自己的《朱光潜文集》第一卷校样时,在《文艺心理学》第一章后“补注”道:“西文中的aesthetic,在我早期的论著中,都译作‘美感’,后来改译为‘审美’。后者较妥。”(参见《文艺心理学》,复旦大学出版社,2011年版,第11页)朱光潜没有对为什么“后者较妥”作出说明,高建平先生认为主要有两方面原因:第一,康德哲学及康德著作翻译的影响;第二,“美感”一词已经被用于对应其他的西文词。按其所言,“我们并非一定要通过‘审’,才能获得‘美’”(参见高建平《美学的当代转型》,河北大学出版社,2013年版,第161—163页),故本文依然采用“美感”这一译名。

②阎国忠:《朱光潜美学思想及其理论体系》,合肥:安徽教育出版社,1994年版,第159页。

“感性学”)，经由康德、席勒、谢林、黑格尔等人发展深化而成为独立完整的美学体系，成为哲学中与研究“知”(即理性认识)的逻辑学、研究“意”(意志，类似于人的“道德理性”)的伦理学相提并论的研究“情”(即感性认识)的美学学科。而到了19世纪末20世纪初，随着对以黑格尔哲学及美学为代表的形而上学体系的批判，尤其是德国哲学家费希纳在实验心理美学建立的基础上提出了以“自下而上的美学”来代替“自上而下的美学”，即以美感经验的研究取代传统的纯哲学思辨的美学倾向得到认可，从方法论上引发了美学研究的革命，使西方美学从古典形态进入了现代形态，由此，美学被看做是对美感心理或美感经验的研究。

因此，接受西方现代心理学、美学教育的朱光潜，很自然地便以美感心理学家的角色步入中国现代学术殿堂。在其早期的著作《悲剧心理学》《文艺心理学》中，运用大量的中西艺术例证，以行云流水的文字着重介绍了德国立普斯的“移情说”，谷鲁斯、费肖尔父子、浮龙·李的“内模仿说”、瑞士布洛的“心理距离说”、克罗齐的“直觉”说等当时西方流行的现代心理学前沿成果。[①]当然，朱光潜并非只是对这些流派作介绍和列举，而是以“形相的直觉”为核心，创造性地将这些形态各异的心理学研究成果整合起来，并转化为有序演绎“美感生成”的心理美学环节，对“美感经验的心理生成”这一重大命题给出了链式描述。按夏中义先生的理解，朱光潜的“美感链”可简述如下：心理距离→直觉→移情→(含内模仿)→审美意象→符号传达→形式→道德。[②]不得不佩服朱光潜独具慧眼，他对这些学说之间的隐秘关联的发现与把握，“六经注我”式的学术胸襟和驾驭能力，使其能够顺利完成对西学的“照着说”和“接着说”。

朱光潜认为，美感经验就是我们在欣赏自然美或艺术美时的心理活动，即

---

①夏中义认为，“朱光潜作为美学家，他更多的是用西方术语，来描述一个东方读书人乃至士大夫的审美经验或艺术经验，这是他的特点，所以当李泽厚说，美学可以分三大块，第一块叫美的原理，第二块叫审美心理学，第三块叫艺术美学，朱光潜无疑属于审美心理描述大师，二十年代末三十年代初中国第一位审美心理描述大师，而审美心理描述本来就与美育有血缘关联。因为审美心理是发生在朱光潜这个活生生的人身上，当他用审美眼光打量山川，其实他已经把人生艺术化了，当他这么想这么陶醉的时候，其人性已经处在一种自由状态，所以只需把他的审美心理学稍微做一点转换，就成了美育理论。审美心理学和美育理论在朱光潜那里不过是一张脸的两个脸谱”。参见夏中义，张屏瑾：《朱光潜美育观与“日神精神”》，《现代中文学刊》，2003年第2期。

②夏中义：《朱光潜美学十辨》，北京：商务印书馆，2011年版，第21页。

“形相的直觉”,无论一件什么东西觉得美的时候,都能引起一种意象(image),并且用全副精力去欣赏。所谓“美感”,首先是人们面对事物的一种特殊态度,即“美感的态度”,它的最大特点在于注意力的集中和意象的孤立绝缘,也就是说,当我们将注意力聚焦于事物(比如一棵古松、一棵梅花)本身之上的时候,事物便成为一个与外在世界无关的、独立自足的意象世界。与“美感的态度”相对的是“实用的态度”和“科学的态度”,在实用态度中,我们的注意力偏重于事物对人的利害,心理活动偏重于意志,以“善”为最高目的;在科学态度中,我们的注意力偏重于事物间的互相关系,心理活动偏重于抽象的思考,以“真”为最高目的;而“美感的态度”则与意志和抽象思考无关,以“美”为最高目的,这种脱净意志和抽象思考的心理活动就叫做“直觉”,而直觉所见到的孤立绝缘的意象叫做“形相”,由此,所谓美感或美感经验就是人对事物本身形相的直觉,而所谓“美”生于美感经验,就是事物呈现形相于直觉时的特质。进而言之,在实用的和科学的世界中,事物本身并没有意义,它只能和其他事物发生关系而获得意义;而在美感世界中,事物却能孤立绝缘,能在本身现出价值,可以说,美是事物的最有价值的一面,美感或美感经验是人生中最有价值的一面。

对于人类而言,这三种态度——实用的、科学的、美感的态度是难以分割的,正如“真善美三者具备才可以算是完全的人”。而实际上,大多数人常常只满足于实用的活动,为口腹之欲,为一己之利而劳碌终生,他们对于科学活动和美感活动缺乏兴趣,或以为“无用”而不屑一顾。严格说来,“美”确实是没有实用价值的,它既不是贮茶的壶,也不是御寒果腹的衣食,而那些创造美的艺术家也几乎都是些太不切实用的人物。但在朱光潜看来,人之所以是人,“人所以异于其他动物的就是于饮食男女之外还有更高尚的追求,美就是其中之一”,换言之,只知道满足“口腹的饥渴”而丧失美感活动的人或民族,无异于一个动物性的、低级趣味的人或民族,一个没有“精神上的饥渴”而陷入疾病衰老状态的人或民族。显而易见,生命的活力和意义并不在于维持生命本身,而在于能够自由地、自主地“活动”,而这恰恰是实用活动与美感活动的分水岭:

人的实用的活动是有所为而为,是受环境需要限制的;人的美感活动全是无所为而为,是环境不需要他活动而他自己愿意去活动的。在有所为而为的活动中,人是环境需要的奴隶;在无所为而为的活动中,人是自己心灵的

主宰。(《我们对于一棵古松的三种态度》)[①]

“有所为而为”,人必然受环境的制约和奴役;“无所为而为”,人方能超越现实的拘囿而获得精神的自由,主宰自己的心灵。如果说实用的世界是现实的、功利的、趋利避害的世界,那么,美感的世界就是纯粹的、超乎利害关系而独立的意象世界,因为美感(经验)的特点就在于“无所为而为”地观赏形相。由此出发,朱光潜打倒了关于美感的几种误解,首先,打倒了“享乐主义的美学”,将美感与快感区别开来:美感具有普遍性,快感没有普遍性;美感与实用活动无关,快感则起于实际要求的满足;美感经验是直觉的,快感则是反省的(《希腊女神雕像和血色鲜丽的英国姑娘》);其次,将联想与美感区别开来:美感起于直觉,不带思考,联想却不免带有思考;在美感经验中,人们聚精会神于一个孤立绝缘的意象之上,而联想最易使人精神涣散,使注意力从美感意象而旁迁到许多无关美感的事物上去;最后,将考据批评与欣赏区别开来:考据不是欣赏,批评也不是欣赏,但是欣赏却不可无考据与批评。总之,朱光潜通过立论与辩误,为美感开拓了独立的、专属的领土,为美感教育的提出扫清了障碍。

随之而来的问题是:为何一般的世俗之人难有美感经验呢?换言之,如何才能“见出”(直觉到)事物本身的美呢?朱光潜借用瑞士心理学家布洛(Edward Bullough)的“心理距离说”来回答这个问题。一般人迫于实际生活的需要,往往把利害认得太真,而不能站在适当的距离之外去看人生世相,他们一看到瓜就想它是可以摘来吃的,一看到漂亮的女子就起性欲的冲动,因此,也就欣赏不到她(它)们本身之美:这是一种“当局者迷”的实用态度;而艺术家和审美者则能够跳出实用世界的利害圈套,与实际人生保持适当的心理距离,以“无所为而为”的精神专注地欣赏事物本身的形相,由此便见出了事物本身的美:这是一种“旁观者清”的美感态度。可见,美(或美的事物,比如艺术)和实际人生是有一个距离的,我们想要见出事物本身的美,就必须把它摆在适当的距离之外去观照(contemplation),就必须努力做一个“旁观者”。在这里,“适当的”这三个字不可少,因为“距离”不及,易使人回到实用世界,而“距离”太过,又易使人无法了解欣赏,因此,布洛提出“距离的二律背反”(the antinomy of distance)。可以说,不远

---

①朱光潜:《给青年的十二封信》,长沙:岳麓书店,2010年版,第81页。

不近才是最为适当的审美距离。也正因为如此，朱光潜认为从韩愈的“文以载道”说到现代的“革命文学”说，以及极端写实主义，都是与艺术的美感世界不相容的，因为它们不免取消了艺术与人生（自然）之间的距离，而将艺术硬拉回到“有所为而为”的实用世界中，从艺术本体论角度而言，是应当反对的。

值得注意的是，在朱光潜看来，“无所为而为”还应当是所有做学问或干事业的人都要抱有的一种精神，只有把自己所做的学问事业当作一种艺术品来看待，只求满足理想和情趣，而不斤斤计较于利害得失，才可以有一番真正的成就：这也正是朱光潜所具有的一种“宏远的眼界和豁达的胸襟”。

二、美感教育：提倡动机和情感内涵

（一）提倡美育的动机：拯救人心，复兴民族

首先需要提醒注意的是，朱光潜并非在写作《谈美》的时期（1932）才开始提倡美感教育，实际上，早在《给青年的十二封信》时期就已表露出以美感标准超越“效率”标准的意图，而对人的关切则是其提出美育观念的前提条件。

前面说过，朱光潜在获得香港大学教育学学士之后，便应张东荪的聘请而担任了上海中国公学中学部的英语教师兼上海大学讲师（教授逻辑学），正是这段中学和大学任教的经历（1923-1925），使他对当时的学校教育和青年问题深有感触。在1920年代党派纷争、思潮迭起的政治和社会氛围中，学校已然成为各派政治势力你争我夺的权力场，受此熏染的青年乃至学者和革命家也都难免显出种种急功近利的病相。在《谈在卢佛尔宫所得的一个感想》一信中，他郑重地指出了这种病象并提出了自己的“超效率”态度：

> 假如我的十二封信对于现代青年能发生毫末的影响，我尤其虔诚默祝这封信所宣传的“超效率”的估定价值的标准能印入个个读者的心孔里去。因为我所知道的学生们，学者们和革命家们，都太贪容易，太浮浅粗疏，太不能深入，太不能耐苦，太类似美国旅行家看《孟洛里莎》了。[①]

①朱光潜：《给青年的十二封信》，长沙：岳麓书社，2010年版，第48—49页。

在朱光潜看来，那些蜂拥而来又蜂拥而去的美国旅行家们，并不懂得欣赏《蒙娜丽莎》的美，不能“游心于和谐静穆的意境”，因为他们以“效率”作为估定人生价值的唯一标准，因此，匆促的脚步和轻浮粗率的心境遮蔽了一切美的可能，而国内某些急功近利的青年学生、学者们和革命家们也同样如此，一味亟亟于所谓“效率”。正如夏丏尊对当时的学校教育现状所做的概括，“教师目的但在地位薪水，学生目的但在文凭资格”“教师想把学生嵌入某种预定的铸型去，学生想怎样揣摩世尚毕业后去问世谋事”。这种贪图浮浅近利、一味袭踏时下陋习的教育，不仅对青年能力的培养十分有害，对社会的建设、国家的前途更是有百害而无一利。为此，朱光潜明确表明，“效率”决不是唯一的估定价值的标准，尤其不是最高的估定价值的标准，而最高的估定价值的标准则一定要“着重人的成分”，即看重作品中是否蕴含着人的努力，是否表现了高尚理想和伟大人格，这才是尤为重要的“‘超效率’的估定价值的标准”，而这也正是他三年后所提倡的一种超功利的、理想的美感标准。朱光潜真诚地希望自己的十二封信能对现代青年产生影响，使其明白这“超效率”在人生和文化上有着极其重要的意义和价值，使其“能惊赞热烈地失败，能欣赏一般人所喘笑的呆气和空想，能景仰不计成败地坚苦卓绝的努力”，然而，在当时动荡的时局中，抑或今日“时间就是效率”的现代生活中，虽然科学和道德信条都比从前进步，但我们却丧失了从前人的“呆气”，也消逝了从前人的“苦心”与“热情”，这与其说是现代文化的“进步”，毋宁说是现代文化的危机。

虽然朱光潜当时已去国外，但他时刻心系着困境里的中国青年和中国教育，而其留学欧洲（1925–1933），主要目的也是为了“谋中等教育的改进”，为了实现“教育救国”的梦想。1932年，中国正处于内忧外患、危急存亡的关键时刻，身居法国斯特拉斯堡大学的朱光潜，在忙于博士论文《悲剧心理学》的间隙，再次和国内青年开始“通信”，然而“奇怪”的是，这次他既不谈战争苦难，也不谈政治局势，却专门“谈美”：这似乎又是一次“不合时宜”、不合情理的反常之举。在《谈美·开场话》中，他首先开诚布公：

> 现在青年不应该再有复杂错乱的心境了。他们所需要的不是一盆八宝饭而是一帖清凉散。想来想去，我决定来和你谈美。
>
> 谈美！这话太突如其来了！在这个危急存亡的年头，我还有心肝来“谈风

月”么？是的，我现在谈美，正因为时机实在是太紧迫了。①

这段话道出了“谈美”的直接动因。在《给青年的十二封信》中，朱光潜虽然谈了读书、作文、社会运动、恋爱等各种话题，但其根本出发点只有一个，那就是“劝青年眼光要深沉，要从根本上做功夫，要顾到自己，勿随了世俗图近利”（夏丏尊《<给青年的十二封信>序》）。而三年之后，随着“九一八事变”和国内政局的不断变化，许多“不幸的事变，刺耳痛心的新闻”不断传来，使他越发感到“政治救国”的渺茫；而当他听到青年朋友的惨死、废学、忙于追求高官厚禄的消息时，促使他更深入地思考国家的前途和青年的命运。如何才能真正拯救青年、拯救国家？这是当时摆在每一个有良心、有责任感的中国知识分子面前的一道难题。要解决这道难题，必须首先找到问题的症结所在。

在朱光潜看来，国家之不幸，社会之混乱，主要原因并不只在于“制度”问题，更在于“人心太坏”：

我坚信中国社会闹得如此之糟，不完全是制度的问题，是大半由于人心太坏。我坚信情感比理智重要，要洗刷人心，并非几句道德家言所可了事，一定要从“怡情养性”做起，一定要于饱食暖衣，高官厚禄等等之外，有较高尚、较纯洁的企求。要求人心净化，先要求人生美化。②

与某些爱国人士在“制度建设”上孜孜以求不同，朱光潜坚持向“人”自身求取答案。在朱光潜看来，“人心太坏”是造成中国社会乱象丛生的主要原因，“洗刷人心”才是紧迫时局之下最应解决的根本问题。而人心之所以坏，则是由于“未能免俗”，而之所以“俗”，又是由于缺乏美感的修养。

那么，如何才能“免俗”呢？朱光潜再次从自身出发来谈自己是如何“免俗”的。他自谦为“还是一个未能免俗的人”，但“时常能领略到能免俗的趣味”，之所以能领略到这种趣味，“自信颇得力于美学的研究”，而这封“谈美”的书信即是他美学研究的心得。之所以在写完《文艺心理学》之后紧接着再来“谈美”，是因

①朱光潜：《谈美·开场话》，《朱光潜全集》第2卷，合肥：安徽教育出版社，1987年版，第5页。
②朱光潜：《谈美·开场话》，《朱光潜全集》第2卷，合肥：安徽教育出版社，1987年版，第6页。

为:二者虽都旨在告诉人们如何“免俗”的,但前者是向一位亲密的朋友随便谈谈,写得明白晓畅,而后者则是向专门研究美学的人说话,免不了引经据典,带有几分掉书袋的气味。从普及美学的角度来说,《谈美》无疑更能够承担起“美育指南”的重任,为现代青年提供一帖潜移默化、深入人心的“清凉散”。

总之,智育也好,德育也罢,并不能从根本上使人“免俗”,平复人们(尤其是青年人)“复杂错乱的心境”;要使人们超越“有所为而为”的实用之境,以“无所为而为”的精神作高尚纯洁的企求,要使人心净化,获得美感的修养,我们就必须寄托于美育,正如朱光潜所希冀的,现代青年经过《谈美》的美感教育之后,“看到一首诗、一幅画或是一片自然风景的时候,比较从前感觉到较浓厚的趣味,懂得像什么样的经验才是美感的,然后再以美感的态度推到人生世相方面去”,使人成为有“趣味”的人,有美感修养的人,使人生成为美化(即艺术化)的人生,这是朱光潜毕生的心愿所在,亦即其美感教育的目标所在。

以上似乎揭示了朱光潜提倡美育的动机,其实这只是表层动机。若联系 20 世纪上半叶中国的社会局势与思想趋势来看,王国维、蔡元培等中国思想文化名家,都不约而同地在“美育”上下工夫,并都说过“以美育代宗教”,这应该与“五四”为标志的中国文化转型有关。作为美学家的朱光潜,提倡美育是水到渠成的,但其根本目的不仅仅是在于通过美育把人变得精致一点,不那么粗俗,讲风度,有趣味,而是希望美育能为中国现代世风挽回颓势、使礼崩乐坏的人心不再变得更坏,归根结底是希望“复兴民族”:这可谓他提倡美育的深层动机。

美育与民族兴衰究竟有何关系呢?在朱光潜看来,美育与民族兴衰关系密切。这是因为:从历史看,一个民族在最兴旺的时候,艺术成就必伟大,美育必发达,比如史诗悲剧时代的希腊、文艺复兴时期的意大利、莎士比亚时代的英国、歌德和贝多芬时代的德国等都可以为证,而古代中国人对诗乐舞的嗜好也极普遍,《诗经》《礼记》《左传》诸书所记载的歌乐舞的盛况常使人觉得仿佛是置身近代欧洲社会。而从现实看,随着现代学科教育体制的建立,使得现代中国人除专门学习文学艺术的人之外,一般人对于艺术都漠不关心,这是最可惋惜的事,而在西方社会中欣赏艺术的美感活动是每个受教育者的日常生活中的重要节目。

日常生活中美感活动的普遍与否看似无关紧要，实则多少表现出“民族生命力的低降与精神的颓靡”。更重要的是，按儒家乐教理论所理解，音乐与事关民族兴衰的政教关系密切，国民的性格与文化状况如何，所表现的音乐也就如何，“是故治世之音安以乐，其政和；乱世之音怨以怒，其政乖；亡国之音哀以思，其民困”（《乐记》），音乐具有感动人心的力量，音乐的性质如何，所感化成的国民性格与文化状况也就如何。“是故志微噍杀之音作，而民思忧；啴谐慢易繁文简节之音作，而民康乐；粗厉猛起奋末广贲之音作，而民刚毅；廉直劲正庄诚之音作，而民肃敬；宽裕肉好顺成和动之音作，而民慈爱；流辟邪散狄成涤滥之音作，而民淫乱。”（《乐记》）也就是说，古代中国人在自己的国里常采风，在别人的国里必观乐，他们要从音乐窥透这一国人民的内心生活秘奥，来推断这一国的政教风化好坏。正因为音乐与政教关系如此之大，所以周官乐有专司，处于周衰之际的孔子，慨叹诗亡乐坏，要教化鲁，第一件大事就是“正乐”，可见其是明白美育与政教风化、民族兴衰有着密切关系的。那么，如何复兴民族，振奋精神？在《谈美感教育》的结尾，朱光潜斩钉截铁地说道：“现在我们要想复兴民族，必须恢复周以前歌乐舞的盛况，这就是说，必须提倡普及的美感教育。”事实上，他的美育思想正是“提倡普及的美感教育”的最好体现。当然，美育能否治愈礼崩乐坏的道德真空？能否作为一种伦理甚至是价值的代替和补偿？在当时和此后，这都如“内圣能否开出外王”的难题一般，是值得怀疑和深思的。

由上不难看出，朱光潜的美学观与美育观之间存在着某种悖谬。就其美学观而言，他主张我们应当要从实用世界跳开，以“无所为而为”的精神观赏事物本身的形相，即在美的事物和实际人生之中维持一种适当的距离，才能见出事物本身的美；而就其美育观而言，他又表现出对实用世界的高度关注和积极介入，希望通过美育而达到拯救人心、复兴民族乃至救国的目的，前者是无功利的、理想的，而后者则是功利的、现实的。二者看似悖谬，实则恰恰统一于朱光潜所追求和实践的“以出世精神做入世事业”的人生理想，即以美学的“出世精神”做美育的入世事业，在前者他实现了一个学者的学术抱负和科学精神，在后者他实现了一个教育家的育人使命和人文情怀，在其人生历程中，始终关联在一起，从而使其获得了内在文化心理结构的平衡。

（二）美育的内涵：以“怡情养性”为核心

1.美感教育是一种“怡情养性”的情感教育

在西文里，“美感”一词既指审美情感（the aesthetic feeling），又指审美能力，所谓“美感教育”就是指人的审美情感陶养和审美能力培育，用朱光潜的话来说，就是“怡情养性”。那么，朱光潜是如何形成以“怡情养性”为核心的美育思想的呢？

在《谈美感教育》一文的开始，朱光潜借用了康德对人类心理结构的知意情的划分，这三者也正对应人世间真善美的三种价值，真对应知，善对应意，美对应情，而求知、想好、爱美都是人类的天性。教育的功用就是“顺应人类求知、想好、爱美的天性，使一个人在这三方面得到最大限度的调和的发展，以达到完美的生活”。①于是教育从功用上就分为了智育、德育和美育。智育叫人研究学问，求知识，寻真理，是关于知识（真）的教育；德育叫人培养良善品格，学做人处世的方法和道理，是关于意志（善）的教育；美育叫人创造艺术、欣赏艺术与自然，在人生世相中寻出丰富的兴趣，是关于情感（美）的教育。从这里可以看出，朱光潜从一开始就是将美育纳入了与德育和智育大的教育框架内论述，从人类天性和内在的心理结构的角度来论述，将美育界定为“情感教育”。这里朱光潜既说明了为什么要美育——人的本性所要求的，又说明了美育的内涵，即美感教育是一种情感教育。

毫无疑问，智育、德育、美育对于人生同等重要，然而，正如上章所言，在当时的流行教育中，只有智育被人看重，德育在理论上的重要性也还没有被人否认，至于美育则在实施与理论方面都很少有人顾及。朱光潜在批判中外历史上重理轻情的错误现象的同时，也提出了自己极富创见的情感论。他举出柏拉图驱逐诗人出理想国、中世纪宗教势力镇压世俗文艺、托尔斯泰攻击西方文艺的煽情趋向，以及蔡元培一度提倡的“美育代宗教”的主张没有发生多大影响、中国历史上崇理抑情的某些儒家（“存天理灭人欲”）等作为反例，证明情感在历史上曾长期处于屈从地位，并未得到人们的正确认识。对这种漠视情感甚至仇视美育的现象和观念，朱光潜深以为谬，“这些哲学家和宗教家的根本错误在认定情感是

---

①朱光潜：《谈美感教育》，《朱光潜全集》第4卷，合肥：安徽教育出版社，1988年版，第143页。

恶的,理性是善的,人要能以理性镇压感情,才达到至善”。其错误的理由在于:

其一,人是一个有机体,其中任何一部分都是不可缺少的,而情感和理性都是人天性固有的,同为人本质的表现形态,应当得到同样的维护和发展。正如朱光潜在《西方美学史》中论及席勒的《审美教育书简》时所言,让自然的情感和“社会道德结构”所必有的理性都得到和谐的发展,让必然和自由统一起来。[①]这种统一的结果朱光潜认为就是人格的完整,情感是不应被理性所压抑的。

其二,纵使情感可以被理性压抑下去,也是一种损耗,一种残废,更何况情感是不可能被压抑下去的,因为就人性论,情感的作用比理性更为活跃。朱光潜在深入研究了边沁的享乐主义、麦独孤的动原主义和弗洛伊德的隐意识心理学等之后,认为这些学说为自己的观点提供了理论依据,也就是说,情感在人格中占有比理性更为重要的地位;另外,就生活论,“仁胜于义,问心的道德胜于问理的道德,所以情感的生活胜于理智的生活。生活是多方面的,我们不但要能够知(know),我们更要能够感(feel)。理智的生活只是片面的生活。理智没有多大能力去支配情感,纵使理智能支配情感,而理胜于情的生活和文化都不是理想的。”[②]因此,用理性来压抑情感只是某些人的幻想,是毫无科学根据的,也是不符合生活实际的。

其三,如果情感被压抑下去,其结果并不是理性的伸张,而是理性的衰竭,因为只认理性而排斥情感,理性则失去了依存的心理环境和扩展的内在动力,因此要崇扬理性就必须重视情感。

本着“尽人之性”的人生观,朱光潜竭力为情感和美育作辩护。在朱光潜看来,有理无情或有情无理之人都是难以想象的。美育的性质和任务,就是在感性和理性的领域之外开辟一个新的消除了感性和理性束缚的高尚情感领域,从而使人获得精神上的解放,臻至完美的人格,换言之,离开作为情感教育的美育,要实现培养“全人”的教育目标是根本不可能的。何谓“全人”? 朱光潜认为,“全

①朱光潜:《朱光潜全集》第7卷,合肥:安徽教育出版社,1991年版,第98页。
②朱光潜:《谈情与理》,《朱光潜全集》第1卷,合肥:安徽教育出版社,1987年版,第46页。

人”除体格强壮以外，心理方面真善美的需要必都得到满足，如果教育只满足其一而不满足其他，则只能培养出畸形人，这是有违人之天性，也是与教育功用相悖的。人好比一棵花草，要根茎叶花实都得到平均、和谐的发展，才长得繁茂有生气，理想的园丁应当知道尽草木之性，不用人工歪曲自然，使某一部分发达到超出常态，另一部分则受压抑摧残，这种畸形发展是不健康的状态。这正如龚自珍在《病梅馆记》中所讽喻批判的，养梅人为了赚钱，将自然生长的梅花“斫其正，养其旁条，删其密，夭其稚枝，锄其直，遏其生气”，最终成为“病梅”。其实，孟子早就反对告子的“性犹杞柳，意犹杯棬”的比喻：“如将戕贼杞柳而以为杯棬，则亦将戕贼人以为仁义与？”(《孟子·告子上》)禁欲主义(无论中西)在儒家看来是“戕贼”，儒家的办法是“节”而不是“禁”，即他们只求调节情欲而达于中和，并不主张禁止或摧残。而西方思想中，灵与肉，理智与情欲，往往被看成敌对的天使与魔鬼，他们的解决方法，如同在两敌国中谋和平，必有甲国消灭乙国，苦行主义和禁欲主义由此诞生。

这种“尽性”的人生观是人生理想中的一个极康健的观念，也是儒家伦理思想和教育思想中极有价值的观念。教育的目的诚如孟子所主张的“尽性”“发挥性之所固有”，即人应该发展人类所有的可能性，亦即朱光潜晚年著作中所言的“人尽量发挥他的本质力量”。一方面，在朱光潜看来，“理想的教育不是摧残一部分天性而去培养另一部分天性，以致造成畸形的发展；理想的教育是让天性中所有的潜蓄力量都得尽量发挥，所有的本能都得平均调和发展，以造成一个全人”，而失败的或片面的教育只能造成只顾求知而不顾其他的书虫，只讲道德而不顾其他的枯燥迂腐的清教徒，只顾爱美而不顾其他的颓废的享乐主义者。另一方面，仅仅强调或依赖先天的“天性”还不足以使人成为“全人”，只有同时立足于“性伪合一”的教育观，才能真正实现尽性全人。“性伪合一”的教育观由荀子率先提出，“伪”是人为之意，可引申为后天的学习修养。在主张“性恶论”的荀子看来，“性者，本始材朴也；伪者，隆盛也。无性则伪之无所加，无伪则性不能自美。性伪合，然后圣人之名一，天下之功于是就也”。(《荀子·礼伦》)也就是说，人的自然本性虽先天生就，但并非生而健全完善，健全的人格或完美的人生(他谓之“圣人”)总是顺性适情的基础上“化性起伪”，经过后天陶养修炼的结果。而朱光潜之所以始终不渝地谈“美”、谈“读书”、谈“修养”、谈“趣味的培养”等等，也正是本着这样的“起伪”的教育意识，在他看来，这种“尽性”的人生观是同真正的人道主义精神相吻合的，而这种“性伪合一”的教育观亦是与近代教育、心理科学精神相一致的。正是将“怡情养性”的美育思想立足于这两个既植根传统文化土壤又合乎近代科学精神的理论基点之上，朱光潜建构了自己的美感教育学说。

需要注意的是，朱光潜尽管确认美育就是情感教育，但他认为美育并不涉及所有情感，而仅仅关涉审美情感。这是因为情感是一个具有含混性和歧义性的词语，对情感的理解必须依据一定的语境，朱光潜清醒地意识到这种复杂性，因此在对于情感本质的分析中指出，在一个活动的主体的情感产生过程中，“感”既能生“情”，“情”也能生“感”，“感”侧重于主体与外部的联系，“情”侧重于主体内心的体验，情感结合起来则指人与外部世界建立联系并展开活动时的一种体验。换言之，在情感的产生过程中，既有外部世界对人的影响，也有人对外部世界的影响，在这种相互影响之中，人与外部世界就建立了一种特殊的关系，人也就获得了各种各样的情感，审美情感便是其中之一种。审美情感是一种特殊的情感，具有自身特点，在朱光潜看来，这些特点包括：(1)在审美情感中，“感”的对象是形象，“感”的方式是直觉；(2)在审美情感中，情的内蕴是具有普遍性的精神愉快；(3)在审美情感中，主体与对象的心理联系是一种不涉及利害计较的超功利的自由联系；(4)在审美情感中，主体之所以获得精神愉快，是因为主体从对象中体验到了自身的本质力量，从对象身上感受到了自身本性的丰富与完满，因而在物我同一的境界中实现了一种充满肯定性和积极性的观照。因此，在审美情感的作用下，人和外部世界的距离已被消融，宇宙是人化的宇宙，人是对象化的人。人在感受对象中认识了自己、肯定了自己；人又在情趣对象化的过程中伸张了自己、提高了自己。

“美感教育是一种情感教育”，这尽管不是美感教育的完整定义和内涵说明，但朱光潜这种抓住情感来阐释美育的思路却容易通向美育的本质之途，并为我们指明了解决美育理论中许多难解之谜的方向，至少它进一步揭示了情感与理性的正确关系，确立了情感在美育中的重要地位；较为全面地阐释了情感的复杂涵义，创造性地概括了审美情感的特点，明确了美感教育就是审美情感的教育。按李泽厚的观点，“佛是人的潜在情感性的生长完成，这也就是‘美育代宗教’之可能所在”(《实用理性与乐感文化》)，情感的普遍性与潜在性使美育如宗教一般深入人心成为可能。既然美感教育就是情感教育，那么美感教育的首要功用就在于陶冶性情，即“怡情养性”。所谓“怡情养性”，就是通过非功利性的、超越狭隘物质利害关系之上的审美活动（尤其是艺术），使受教育者的个人情感得以解放，爱美天性得以生展。从个体方面来说，可以维持心理健康，升华情感，由此完成自我人格的塑造；从群体方面来说，能够打破自我与他者之间的界限，伸展同情，从而加深对人情物理的认识。因此，美育作为国民教育的有机部分之一，无论对个人还是对社会，无论在过去还是在现在，都是十分重要、不可或缺的。

朱光潜之所以单单拎出充满古典文人雅趣的“怡情养性”四字，实质根源于他对旧时代的信仰，如其所言：“我是一个旧时代的人，流落在这纷纭扰攘的新时代里面，虽然也出过一番力来领略新时代的思想和情趣，仍然不免抱有许多旧时代的信仰。”这“旧时代的信仰”实质上就是以“礼乐精神”为核心的中国儒家思想，朱光潜不仅深谙于此（写有论文《乐的精神与礼的精神——儒家思想系统的基础》等），而且他还自然而然地将现代美育观念与中国传统儒家教育思想相接通，将美育与德育紧紧卯合在一起。

2.美育是德育的基础

因为德育问题自古至今都被视为人格教育的核心，因此，如何看待美育和德育的相互关系，这对美育最终能否在国民教育体系中站稳脚跟具有举足轻重的意义，自然也成为提倡美育的朱光潜所必须着重考虑的问题。很显然，朱光潜依然将目光回溯到传统儒家思想那里，从中获取有关教育（美育、德育）的理论资源，从而为自己的美育观念张目。

美感教育既是现代命题，更是传统主题。中国古代儒家早已知道作为情感教育的美感教育的重要性。儒家教育非常重视诗歌，认为它可以“兴观群怨”（孔子《论语·阳货》）；又特别重视礼乐，儒家最主要的经典是五经，五经所言者非礼即乐，诸如“礼以制其宜，乐以导其和”“乐自内出，礼自外作”等等。按朱光潜所言，礼乐可谓儒家思想系统的基本观念，其与美育的关系，亦如美学家曾繁仁所言，“儒家的礼乐教化思想虽不能完全等同于现代的美育思想，没有现代美育思想那么纯粹，但却包含着美育思想乃至艺术教育思想，应当是无疑问的。儒家的礼乐教化思想奠定了中国古代美育思想的理论基础”。儒家教育的宗旨可以用《论语》中的一句话予以总述，即“兴于诗，立于礼，成于乐”，这是针对个人的修身而言，诗、乐、礼三项可以说都属于美感教育。按李泽厚的理解，“诗”主要给人以语言智慧的启迪感发，激发人内在的情感志趣，乐是一种最高的艺术，它直接地感染、熏陶、塑造人的情性心灵，通过乐的陶冶来造就一个完全的人，“乐以治性，故能成性，成性亦修身也”（刘宝楠《论语正义》），[①]诗乐二者密切相关，目的在怡情养性，养成内心的和谐；礼重仪节，目的在于使行为合乎规范，养成生活上的秩序。蕴于中的是性情，受诗与乐的陶冶而达到和谐；发于外的是行为仪表，受礼的调节而进到秩序。简言之，乐主和，是情之不可变，礼主敬，是理之不可易，合乎情然后当于理，“和”是乐的精神，“序”是礼的精神。

需注意的是，儒家重情（乐、和）但不轻理（礼、序）。因为就一个人的内心来说，思想要成一个融贯的系统，他必定有条理秩序，人格要成一个完美的有机体，知情意各种活动必须各安其位，各守其份。就一个社会来说，分子与分子要和而无争，他也必有制度法律，使每个人都遵照。世间绝没有一个无“序”而能“和”的现象。换言之，有“序”才能有“和”，内外合一，方为“不伪”；若有偏颇，即为“伪”。“内不和而外敬，其敬为乡愿；内不合乎情而外求当于理，其礼为残酷寡恩；内无乐而外守礼，其礼必为拘板的仪式，枯渴而无生命。礼不可以无乐，犹如人体躯壳不可无灵魂，艺术形式不可无实质。”[②]可见，“序”是“和”的条件，乐之中有礼，礼之中也必有乐，礼乐是内外相应，不可偏废的，儒家常并举礼乐，如果单说一项，也常隐含另一项。因此，儒家所憧憬和努力践行的是一种“内具和谐而外具秩序的生活”，因为从伦理观点看，这是最善的；而从美感观点看，这也是最美的。从这个意义上说，儒家教育出来的人要在伦理和美感观点都可以看得过去，这样的人实际上也就是兼具乐的精神与礼的精神、合“情”合“理”的“一个理想的人”。

由上也不难看出：礼乐的最大功用，还不在个人修养，而在社会教化。普通师徒授受的教育（如现代的学校教育），对象为个人；而教化是兼政与教而言，其对

---

①李泽厚：《华夏美学·美学四讲（增订本）》，北京：三联书店，2008年版，第54—55页。

②朱光潜：《乐的精神与礼的精神——儒家思想系统的基础》，《朱光潜全集》第9卷，合肥：安徽教育出版社，1993年版，第97页。

象为全国民众；前者目的在养成有德有学的人，后者目的则在化俗行美，政治修明。儒家先儒在论个人修养时，主张用礼乐；在论社会教化时，仍是主张用礼乐。由此，朱光潜揭示出儒家教育的特色所在：

> 内仁而外义，内心和谐而生活有秩序纪律，这是个人的伦理的理想，也是社会的政治的理想。实现这个理想，致和以乐，致序以礼，这是个人的修养方法，也是社会的教化方法，所以儒家的教育就是政治，他们的教育学与政治学又都从伦理学出发。①

朱光潜的眼光是锐利而深邃的。儒家先儒早就把社会看成个人的扩充，正如把“国”视为“家”的扩充，内在的和谐和外在的有序不仅是个人的伦理理想，也是社会的政治理想所在，换言之，一个理想的社会正如一个理想的人，必须具备乐的精神和礼的精神，这样才算完美。总之，乐的精神在和，礼的精神在序，从伦理学的观点说具有和与序为仁义；从教育学的观点说，礼乐的修养最易使人具有和与序；从政治学的观点说，国的治乱视有无和与序，礼乐是治国的最好工具。正是以“礼”和“乐”为基础，儒家建筑起一套伦理学、一套教育学和政治学，甚至于一套宇宙哲学和宗教哲学。可以说，儒家论修身治国，都是从最根本处着眼，而朱光潜论美育救国，又何尝不是如此？

如上文所言，培养既“尽善”（伦理）又“尽美”（美感）的人是儒家教育思想中最值得注意的一点，当然，他们的着重点无疑是在善（伦理道德）这一方面，因此，德育是他们的最后鹄的。这是与西方哲学家、宗教家柏拉图和托尔斯泰等人相同的。比如，柏拉图认为诗和艺术是说谎的，逢迎人类卑劣情感的，如果多受诗和艺术的熏染，人就会失去理智的控制而变成情感的奴隶，所以，他对诗人和艺术家说了一番客气话之后，就把他们驱逐出了“理想国”；而托尔斯泰则对近代西方艺术的攻击更丝毫不留情面，他认为文艺常传染不道德的情感，对于世道人心影响极坏，他甚至在其《艺术论》中这样说道：“每个有理性有道德的人应该跟着柏拉图以及耶回教师，把这问题重新这样决定：宁可不要艺术，也莫再让现

①朱光潜：《乐的精神与礼的精神——儒家思想系统的基础》，《朱光潜全集》第9卷，合肥：安徽教育出版社，1993年版，第105页。

在流行的腐化的虚伪的艺术继续下去。”相较于他们所误认的“美育妨碍德育”的观念，秉持儒家思想的朱光潜则认定美育为德育的必由之境。

在一般人眼里，德育与美育的区别是显而易见的：德育主要是培养人的善良品格，教给他以立身处世的方法和道理，主要诉诸理性；而美育主要是教人欣赏美和艺术，使其在人生世相中寻出丰富的乐趣，更多诉诸感性，二者各不相同，彼此难以替代。而在朱光潜看来，二者之间有着非常重要的、密不可分的联系。

其一，在儒家德育观念中，道德并非陈腐条文的遵守，而是至性真情的流露，因此德育要从根本做起，就必须怡情养性；而美感教育的功能就在怡情养性，所以，美育是德育的基础工夫。说“美育为德育的基础”，正如英国浪漫主义诗人雪莱在《诗的辩护》里所言：“道德的大原在仁爱，在脱离小我，去体验我以外的思想行为和体态的美妙。一个人如果真正做善人，必须能深广地想象，必须能设身处地替旁人想，人类的忧喜苦乐变成他的忧喜苦乐。要达到道德上的善，最大的途径是想象；诗从这根本上做工夫，所以能发生道德的影响。”这是透辟之论。道德起于仁爱，仁爱就是同情，而同情起于想象。比如，你哀怜一个乞丐，你必定先能设身处地地想象他的痛苦。诗和艺术对于主观的情境必能“出乎其外”，对于客观的情境必能“入乎其中”，在想象中领略它，玩索它，所以能扩大想象，培养同情。这种看法也正与儒家学说暗合。儒家在诸德中特重“仁”，“仁”近于耶稣的“爱”、佛教的“慈悲”，是一种天性，也是一种修养。仁的修养就在诗。儒家有一句很简赅深刻的话：“温柔敦厚诗教也。”诗教就是美育，温柔敦厚就是仁的表现。

其二，归根结底，善与美不但不相冲突，而且如到最高境界，根本上是一回事，因为它们的必要条件都是和谐与秩序。从伦理观点看，美是一种善；从美感观点看，善也是一种美。所以，在古希腊文与近代德文中，美善只有一个字，而在中文和其他近代语文中，“善”与“美”名为二而实不可离，且仍可互相替用。真正的善人对于生活不苟且，犹如艺术家对于作品不苟且一样。过一世生活，好比做一篇文章，文章求惬心贵当，生活也须求惬心贵当。我们嫌恶行为上的卑鄙龌龊，不仅因其不善，也因其丑，正如我们赞赏行为上的光明磊落，不仅因其善，也因其美。总之，一个真正的有美感修养的人，必定同时也有道德修养。

概而言之,美育不但不妨害德育而且是德育的基础,二者犹如组合在乐曲中的乐音一样,彼此协调配合,相辅相成,共同奏响健全人格塑造、完美人生实现的宏丽乐章。

三、美感教育:功能、目的及途径

(一)功能:“解放说”

与20世纪绝大多数中国美学家和教育家不同,朱光潜并不仅仅把美育定位为德育的基础,而且把对美育功能的阐释提升到一个更新颖、更深刻同时也更具有现代生命哲学意味的境界,提出了具有创新意义的美育“解放说”。

传统美育观点的一个显著特征是强调“陶冶”,柏拉图是这样,传统儒家也是这样。美育“陶冶论”抓住了美育对于培养人的高尚性情的积极作用,这是其合理的一面。但是,“陶冶论”很不全面,它以道德教化为根本,轻视甚至蔑视个人感性生命或情感生活本身的意义和价值,只注重规范个体的性情,片面强调美育对个体心理的内聚性和趋同性作用,忽视甚至排斥美育对个体心理的解放功能和发展作用。这是传统的美育“陶冶论”与现代性意义上的审美范畴最不相适应之处。朱光潜在《谈美感教育》一文中,一方面继承了传统的美育“陶冶论”,充分肯定了美育同德育之间的内在联系;另一方面又充分强调了现代美育应该具有的解放功能。朱光潜认为,西方恒言“艺术是解放的,给人自由的”(Avt is liberative)这句话最能见出艺术的功用,也最能见出美育的功用,即艺术和美育是“解放的,给人自由的”,随后他以当时西方现代美学和心理学研究的新成果为依据,集中阐释了美育的三种解放功能。

首先是本能冲动和情感的解放。他以精神分析学原理为依据,指出人的本能欲望和情感需要发泄,但是,文明社会的道德、宗教、法律、习俗等往往对本能和情感实行强制压抑,这是违背人的自然本性的,也是不科学的。他认为,文艺是让本能与情感得以适当释放的理想途径:

这种潜力可以借文艺而发泄,因为文艺所给的是想象世界,不受现实世界的束缚和冲突，在这想象世界中，欲望可以用“望梅止渴”的办法得到满足。文艺还把带有野蛮性的本能冲动和情感提到一个较高尚、较纯洁的境界去活动，所以有升华作用(sublimation)。有了文艺，本能冲动和情感才得自由发泄，不致凝成疮疖酿精神病，它的功用有如机器方面的“安全瓣”(safety volve)。①

实际上，文学艺术可以让人发泄心中郁闷的观点，在中国历史上并不少见，比如李贽，最强调文学的宣泄功能，它能使人“恸哭呼呵，涕泗滂沱”，人们在读书时心中的情感得到诱发，从而涕泗滂沱，抑郁在内心的情感得到释放而获得心理的快适，所以能“歌哭相送，其乐无穷”。而朱光潜的美育“发泄说”却有两点是中国传统审美理论中所没有的：其一，是在现代心理学知识基础上，把本能冲动和情感的发泄作为人生必不可少的一种活动来认识，并把本能欲望和情感通过文艺而发泄的“替代性满足”同心理、精神健康密切联系起来认识。其二，是指出审美活动可以对本能欲望和情感起到“升华”的作用，可以把它们“提到一个较高较纯洁的境界”。这样，美育就有了一个基于人的本性的内在动力机制，寻求发泄的本能和情感通过审美活动既得到了释放，又得到了提升。把本能、情感的释放与升华有机结合起来才是朱光潜美育“解放说”的真谛：审美解放是既合乎人自己的本性又合乎人的目的的自由活动。还有一点是值得注意的，那就是传统的文艺发泄说仅仅偏重于人通过审美活动而摆脱现实世界纠缠的功能，也就是“超脱”的功能；而朱光潜的上述论述中，审美解放不仅有“超脱”之义，还有“升华”之义，这种具有形而上学意味的含义充分肯定了人的感性生命在审美超越中获得超验性的积极价值，而这种积极的价值正是对传统审美超脱说中消极成分的扬弃。

朱光潜阐述的美育的第二个解放功能是“眼界的解放”。他指出，宇宙生命时时刻刻在变动进展中，审美经验就是在人生世相中见出某一刻、某一境特别新鲜有趣，并加以欣赏或描写。朱光潜对这一看似普通的“见”字格外重视，进行了颇有意味的阐释。在他看来，一般人有双目却不能“见”，因为他们常常把自己囿于习惯所画成的狭小圈套里而眼界被“蔽”，对此外的世界都视而不见、听而不闻，正如海边的农夫，对别人称赞的门前的海景美不以为然，而对屋后的一园

①朱光潜：《朱光潜人生九论》，北京：人民文学出版社，2011年版，第347页。

菜情有独钟，这园菜囿住了他，使其不能见到海景美。事实上，我们每个人都有所囿、有所蔽，许多东西都不能见，所见到的天地是非常狭小、陈腐、枯燥的；又因为缺乏美感修养，见不着人生世相的新鲜有趣，因此许多人便嫌生活枯燥、烦闷、无聊，生命对于他们失去意义与价值，从而走向堕落颓废，成为身在而“心死”之人，所谓“心死”也就是对于人生世相失去解悟与留恋，就是不能以美感态度去观照事物。而诗人和艺术家则不然，由于他们的情感比较真挚，感觉比较敏锐，观察比较深刻，想象比较丰富，因此他们“见”得着我们“见”不着的东西，并且将其说出来，使我们也可以“见”到，可以说，他们是“借他们的眼睛给我们看”。比如，陶谢、王韦诸诗人让我们见出自然风景的趣味，画家约瑟夫透纳（Turner）和惠斯勒（Whistler）让我们见到泰晤士河上有雾，悲剧教我们于罪孽灾祸中见出伟大庄严，喜剧却教我们在丑陋乖讹中见出新鲜的趣味，如此等等。美育确实能使人们在平凡的世界里发现神奇的美，获得新鲜的人生经验。他写道：“文艺逐渐向前伸展，我们的眼界也逐渐放大，人生世相越显得丰富华严。这种眼界的解放给我们不少的生命力量，我们觉得人生有意义，有价值，值得活下去。……美感教育不是替有闲阶级增加一件奢侈，而是使人在丰富华严的世界中随处吸收支持生命和推展生命的活力。”[①]这里，“眼界的解放”实际上在于创造，而创造性的发现又给人生增添了无穷乐趣。值得注意的是，朱光潜认为，这种人生的乐趣（也是审美的乐趣）是获取生命活力的“源头活水”，而美育就是在使人能够体悟人生乐趣的同时获得生命的源头活水，也就是增强人的心动力和生命力。

美育的第三个解放功能是“自然限制的解放”。这是德国唯心派哲学家康德、席勒、叔本华、尼采等所最看重的一点，比如康德指出，当人超脱利害关系进入审美观照的境界时，便会“感到自己是完全自由的”。在自然界中，人是极不自由的，可以说是两重奴隶：一是服从自然的限制，即人的活动寸步离不开物质生存条件的支配，没有翅膀就不能飞，没有饮食就会饿死；二是要受自己的欲望驱使，即人有心灵，有不可压抑的欲望，对于无翅不飞绝食饿死之类事实总觉得有些歉然，而动植物和非生物则一味顺从自然，接受它的限制，没有过分希冀，也就没有失望和痛苦。因此，以无穷欲望处有限自然，人便觉得处处不如意、不自

---

①朱光潜：《朱光潜人生九论》，北京：人民文学出版社，2011年版，第348页。

由，烦闷苦恼都由此起。就物质方面而言，人在自然面前是十分渺小的，在自然有限中求征服自然是不可能的。但是在精神方面，人却可以跳开自然的有限而征服自然，他可以在自然世界之外另在想象中创造出较能合理慰情的世界——这就是艺术的创造。正是基于对艺术能够创造一个理想世界的认识，朱光潜认为，美育可以使人从有限的自然、物质世界中超越出来，摆脱单纯的物欲和情欲，脱离低级趣味，在审美的世界里获得无限的心灵自由。他说："美感活动是人在有限中所挣扎得来的无限，在奴属中所挣扎得来的自由。……多受些美感教育，就是多学会如何从自然限制中解放出来，由奴隶变成上帝，充分地感觉人的尊严。"[①]这种超越物性以实现人性的完满的思想是西方现代美学针对近代以来的物质主义所提出的核心思想之一，然而对于朱光潜来说，这种超越性理论还有另一层意思，那就是他在《谈美》中就已经提出的"脱俗"的吁求。在他看来，中国人太容易受物质欲的诱惑，贪图安逸、不肯奋斗是国民的又一种劣根性。所以，他总是希望以审美来帮助人们摆脱物欲的纠缠，使主体精神在创造中达到一个较高的境界。

朱光潜关于美育的解放功能的观点概括起来就是：美育使人的感性素质得到开发和提升，从而使他具有活泼的生命活力、创造动力和高尚的精神境界。由于中国传统美育思想注重的是美育的"陶冶"功能，蔡元培也主要是从这个意义上阐发美育的意义，因此，朱光潜的美育"解放说"就显得特别新颖。从今天的眼光来看，美育"解放说"实际上为美育发展人的创造性奠定了理论基础。国内外诸多研究表明，艺术对于发展人的想象、直觉等创造能力有着独特的作用，利用美育来开发和发展儿童青少年的创造力已经成为欧美不少国家学校教育的基础性任务，值得我们借鉴。

（二）目的："人生的艺术化"

从朱光潜整个美育思想来看，生命力的激发和表现不仅是美育最具特殊性的功能，而且是"人生的艺术化"这一命题的精神实质所在。朱自清曾在为《谈美》所作序言中说："人生的艺术化"是他自己最重要的理论。因为这个理论将真善美融为一体，"引读者由艺术走入人生，又将人生纳入艺术之中"。[①]而这既是

①朱光潜：《朱光潜人生九论》，北京：人民文学出版社，2011 年版，第 349 页。

朱光潜美学研究的出发点和根本宗旨，也是他的美育理论的根本宗旨。

1.人生与艺术，看戏与演戏

如何认识人生？如何看待艺术与人生之间的关系？无论是作为美学学者，还是作为美育学家，朱光潜自始至终关心着这两个为人为学都无法规避的关键问题。

首先，他以整体性的观念来看待人生，表明人生是由实用的、科学的、美感的等多方面活动组成却相互和谐的整体，完满的人生见于这三种活动的平均发展；接着，他把人生分为广狭两义，狭义的人生指"实际人生"，广义的人生是指"整个人生"。一般人的错误在于将二者等同，要么以为艺术对于"实际人生"既然隔着一层，那它在"整个人生"中也就没什么价值，要么为了维护艺术的地位，又想把艺术硬纳到"实际人生"的小范围里去，可以说，这些人不但误解了艺术，也没有认识人生。而朱光潜则把实际人生看作整个人生之中的一个片段，所以，在肯定艺术与实际人生的距离时，并非肯定艺术与整个人生的隔阂。艺术与人生不是漠不相关的两件事，恰恰相反，"严格地说，离开人生便无所谓艺术，因为艺术是情趣的表现，而情趣的根源就在人生；反之，离开艺术也便无所谓人生，因为凡是创造和欣赏都是艺术的活动，无创造无欣赏的人生是一个自相矛盾的名词"。[②]也就是说，人生本来就是一种较广义的艺术，之所以有的人成为生活的艺术家，他的生活成为艺术作品，而有的人则不能够，原因在于天性和修养的差异。正是这种把人生与艺术内在地、紧密地联系起来的观点，使得朱光潜的美学总是围绕着"人生"这个根本的问题，而他的教育思想又总是围绕着从情感出发的人生修养问题，从而使其美学、教育理论和文化理想都具有深刻而独特的美育意味。

朱光潜之所以将人生与艺术相关联，并以实现"人生的艺术化"为美育之目的，这关涉到他对人生理想的深入思辨和自我设定。在名作《看戏与演戏——两种人生理想》中，朱光潜说道："所以说来说去，人生理想还只有两个，不是看，就是演；知行合一说仍以演为归宿，日神酒神融合说仍以看为归宿。"[①]可见，他把

①朱光潜：《给青年的十二封信》，长沙：岳麓书社，2010年版，第73页。

②朱光潜：《给青年的十二封信》，长沙：岳麓书社，2010年版，第156—157页。

人生理想分为“看戏”和“演戏”两种，并分别用“阿波罗的观照”和“狄奥尼索斯的活动”来表示，这确实证明了他自己所说的深受叔本华和尼采的影响。从这两种人生理想出发，结合中西哲学、宗教、文艺观念，朱光潜分别定义并阐释了何谓“人生的艺术化”。

所谓“演戏”，就是置身局中，时时把“我”抬出来，使“我”成为推动机器的枢纽，在这世界中产生变化，就在这产生变化上实现自我；所谓“看戏”，就是置身局外，时时把“我”搁在旁边，始终维持一个观照者的地位，吸纳这世界中的一切变化，使它们在眼中成为可欣赏的图画，就在这变化图画的欣赏上面实现自我。可见，演戏与看戏的根本区别是由如何安顿自我而见出的。由此，演戏要热要动，看戏要冷要静。世间的人们有生来是演戏的，也有生来是看戏的，一般来说，各有盈亏：演戏人为着饱尝生命的跳动而失去流连玩味，看戏人为着玩味生命的形象而失去“身历其境”的热闹，能入（“演戏”）与能出（“看戏”），“得其圜中”（“演戏”）与“超以象外”（“看戏”）是难以兼顾的。然而，究竟有没有二者得兼的可能呢？

朱光潜认为，人生理想这个大问题的大道理即蕴含在演戏与看戏的区别之中。综合古今中外的哲学、宗教、艺术思想来看，所主张的人生理想不外乎这三种：看戏，演戏，同时在看戏和演戏。比如哲学论，中国儒家能看戏而却偏重演戏，道家根本藐视演戏，会看戏而却也不明白地把看戏当作人生理想；在西方，古代（如柏拉图、亚里士多德）及中世纪的哲学家大半以为人生最高目的在看而不再演；近代德国哲学家叔本华在“看”之中找到悲惨人生的解脱，尼采则借此发挥，提出人类生来就有两种不同的精神：日神阿波罗精神和酒神狄俄尼索斯精神，前者是观照的象征，后者则是行动的象征，最终悟出“从形象得解脱”（redemption through appearance）的道理。对此，朱光潜是心有戚戚的，他补充道：“世界如果当作行动的场合，就全是罪孽苦恼；如果当作观照的对象，就成为一件庄严的艺术品。”[②]如莎士比亚所感叹，世界只是一个戏台，生命只是一个可怜

①朱光潜：《看戏与演戏——两种人生理想》，《朱光潜全集》第9卷，合肥：安徽教育出版社，1993年版，第268页。

②朱光潜：《看戏与演戏——两种人生理想》，《朱光潜全集》第9卷，合肥：安徽教育出版社，1993年版，第261页。

的戏角，面对世界，人们是采取行动还是观照(contemplatio)，不一样的人生态度将获得不一样的人生质地，前者为悲惨的人生，后者则为艺术的人生，而且极可能是悲剧艺术的人生，从这个意义上说，“从形象求解脱”也就是“悲剧把生活的苦恼和死的幻灭通过放大镜，射到某种距离以外去看。苦闷的呼号变成庄严灿烂的意象，霎时间使人脱开现实的重压而游魂于幻境”。(《悲剧与人生的距离》)①

但这并不意味着朱光潜要求人们必须在“行动”与“观照”之间做出高下优劣的判断，或干脆否定前者的价值而只肯定后者的价值，事实上，朱光潜始终坚持辩证的审慎态度。他借用克罗齐的一个看法，即后者把人类心灵活动分为知解(艺术的直觉与科学的思考)与实行(经济的活动与道德的活动)两大阶段，以为实行必据知解，而知解却可独立自足。按其所言：

> 一个人可以终止于艺术家，实现美的价值；可以终止于思想家，实现真的价值；可以终止于经济政治家，实现用的价值，也可以终止于道德家，实现善的价值。这四种人的活动在心灵进展次第上虽是一层高似一层，却各有千秋，各能实现人生价值的某一面。这就是说，看与演都可以成为人生的归宿。②

按朱光潜的意思，看戏也好，演戏也罢，都能实现各自的人生价值，二者的高下长短是难以较量的。原因有二：其一，人生理想大半是受各人的性格决定的。按近代心理学家荣格对人类原型的分析，内倾者倾心力向内，重视自我的价值，好孤寂，喜默想，无意在外物界发动变化；外倾者则倾心力向外，重视外界事物的价值，好社交，喜活动，常要在外物界起变化而无暇返观默省。简言之，内倾者生来爱看戏，外倾者生来爱演戏。其二，就古今中外的历史来看，既有柏拉图、庄子、释迦、耶稣、但丁等这样的看戏人，也不乏秦始皇、大流士、亚历山大、忽必烈、拿破仑等演戏人，前者著书立说以袒护看戏的人生观，后者则以他们的实在生活表现其人生哲学：他们各自忠实于自己的性格。由此，朱光潜认为，最聪明

①朱光潜：《朱光潜人生九论》，北京：人民文学出版社，2011年版，第139页。

②朱光潜：《看戏与演戏——两种人生理想》，《朱光潜全集》第9卷，合肥：安徽教育出版社，1993年版，第269页。

的办法是让生来爱看戏的以看为人生归宿,让生来爱演戏的以演为人生归宿,双方各得其所,各有乐趣,各是人生的实现,不必强分高下,按其所言,"人性不只是一样,理想不只是一个,才见得这世界的恢阔和人生的丰富"。这与其早期提出的"多元宇宙"人生观是前呼后应的,显现出他对人生透彻通达的认识和理解。

需要注意的是,虽然朱光潜认为"看与演都可以成为人生的归宿",在该文中他也并未明确表明自身的态度,但综合来看,朱光潜内心深处无疑是倾心于"看"的。正如他在早期文章《谈人生与我》中所言明的:"我平时很欢喜站在后台看人生。"[①]看人生的喜剧,也看人生的悲剧;而在《看戏与演戏》的结尾,朱光潜也借用斯蒂文森袒护看戏的话表明自己"心悦诚服地随他站在一条线上",愿意做开心地"坐在房子里眺望的人们"。但若继续深究的话,我们可以发现:朱光潜从来都不是一个"单向度的人",因为浸淫儒家传统思想又身受西方现代思想洗礼的缘故,无论是在理论上还是在实践上,他都试图寻找同时看戏与演戏的可能,寻找思想(知)与行动(行)的平衡点。正如他希冀做一个"坐在房子里眺望的人",也不忘感激那些"扛旗子的人们",因为没有他们,世间还有什么戏可看呢?由此,我们似乎也就不难理解卷入政治争斗、创办《文学杂志》、参与"美学大讨论"等一系列行动中的朱光潜了。"扛旗子"的朱光潜是入世的,是具有酒神精神的表演者,"坐在房子里眺望" 的朱光潜则是出世的, 是怀抱日神精神的旁观者。与尼采"以酒神精神沉没于日神精神,以行动投影于观照"不同,朱光潜早早就确立了 "以出世精神做入世事业" 的人生态度, 这使其能够一边从容不迫地"演戏",一边袖手旁观地"看戏",既演得风生水起,又看得全神贯注:他可谓杰出的生活艺术家,他的整个人生可谓艺术化人生的典范。所以,我们与其把"人生的艺术化"看作是一种超越生活的解脱之法,不如看作是一种为了更好生活的人生指南。

总之,由"在后台看人生"的姿态,到"看戏"和"演戏"的人生理想,再到"人生的艺术化"的主张,我们可以清晰地看到朱光潜一以贯之的人生哲学与美学美育思想交融互渗的深刻印记。

---

①朱光潜:《给青年的十二封信》,长沙:岳麓书社,2010 年版,第 50—53 页。

2.艺术化的人生

在朱光潜看来，艺术化的人生作为人生的一种最高境界，是真善美的高度融合，也是由人的生命史构成的一件艺术品。说其是“真善美的高度融合”，是因为“生活上的艺术家也不但能认真而且能摆脱。在认真时见出他的严肃，在摆脱时见出他的豁达”。又引西方哲人（如柏拉图、亚里士多德）之说——“至高的善在无所为而为的玩索”，他们心目中的“至高的善”还是一种美，最高的伦理活动还是一种艺术的活动；又说，“一切哲学系统也都只能当作艺术作品去看”“真理在离开实用而成为情趣中心时就已经是美感的对象了。……所以科学的活动也还是一种艺术的活动，不但善与美是一体，真与美也并没有隔阂”，于是，真善美便三位一体、高度融合了。

说艺术化的人生是一件艺术品，意思是“过一世生活好比做一篇文章”“一篇生命史就是一种作品”，二者有着共同的美点：

其一，艺术化的人生就像一件艺术品那样是完整人格的表现，每一细小处都可见出整体人格的表现。一件艺术品就是一个完整的有机体，其中全体与部分都息息相关，不能稍有移动或增减，因为每一字每一句都可以见出全篇精神的灌注。这种艺术的完整性在生活中就叫做“人格”，凡是完美的生活都是人格的表现。朱光潜以他所钟爱的诗人陶渊明及其作品为例深入阐发和证明了这一点。在论文《陶渊明》的开篇，他说道：“大诗人先在生活中把自己的人格涵养成一首完美的诗，充实而有光辉，写下来的诗是人格的焕发。陶渊明是这个原则的一个典型的例证。”[①]大而进取取与，小而声音笑貌，都没有一件和全人格相冲突，不肯为五斗米而折腰，是陶渊明生命史中所应有的一段文章，可以说，他的人格和他的诗歌风格一样，亦平亦奇，亦枯亦腴，亦质亦绮，做人与做诗都达到了简练高妙，臻于“化境”。正是因为这种生命史，我们才可以把它当作一幅图画去惊赞，才不能将其“采菊东篱下，悠然见南山”中的“见”字误印为“望”字，否则，诗人那种自然与物相遇相得的神情便完全丧失了。

其二，艺术化的人生是“至性深情的流露”，即真性情的表现。真性情就是生

①朱光潜：《诗论》，长沙：岳麓书社，2010年版，第231页。

命的本然，这种生命流露于语言文字，就是好文章；流露于言行风采，就是美满的生命史。朱光潜认为，陶渊明既有最真实深厚的修养，又有最率真的表现，“真”字是其唯一恰当的评语。“真”自然也还有等差，一个有智慧的人的“真”和一个头脑单纯的人的“真”并不可同日而语，这就是 spontaneous（自然而然的）与 naive（天真的）的区别。陶渊明的“真”无疑是前者，是思想和情感都经过蒸馏、洗练的“真”。

其三，艺术化的人生就是本色的生活。艺术忌俗滥，生活也忌俗滥，所谓“俗滥”就是自己没有本色而蹈袭别人的成规旧矩，犹如东施效颦，并非自然的美的流露。对于“俗人”和“伪君子”这两种“叫人起不美之感”的人来说，他们的生活最不艺术，因为前者根本就缺乏本色，后者则竭力遮盖本色，归根结底，他们都是生活上的“苟且者”，都缺乏艺术家在创造时所应有的良心，他们的生活也都因为生命的枯渴这一“大病”而成为丑的“虚伪的表现”，由此，我们只能称之为“滥调”而非“创作”。相反，本色化的艺术之妙与生活之妙在于“风行水上，自然成纹”，一切自然而然，在什么地位，是什么样的人，感到什么样情趣，便表现出什么样的言行风采，叫人一见就觉得他谐和完整，这才是艺术的生活，有“源头活水”的生活。

其四，艺术化的人生是既严肃又善于超脱的人生。朱光潜一向主张审美态度是一种超脱物欲和小我的人生态度，同时，他也反复地说，审美的人生态度是彻底认真的。大到“富贵不能淫，威武不能屈”，小到一个字、一个举动，就像艺术家在创作时那样一丝不苟，都处处体现出严肃认真的人生态度，按其所言，“我们主张人生的艺术化，就是主张对于人生的严肃主义”。与此同时，善于生活者如艺术家一样，能够以艺术的口胃评判事物的价值，合于艺术口胃者毫毛可以变成泰山，不合于艺术口胃者泰山也可以变成毫毛，换言之，他能看重一般人所看轻的，也能看轻一般人所看重的，看重时知道执著，看轻时懂得摆脱，在认真时见出他的严肃，在摆脱时见出他的豁达，如苏轼在谈论作文时所言，“常行于所当行，常止于不可不止”，取舍恰到好处，艺术化的人生正是如此。当然，“并有严肃与豁达之胜”的“伟大的人生”和“伟大的艺术”常常难以见到，要么只知道豁达而不知道严肃（如晋代清流），要么只知道严肃而不知道豁达（如宋朝理学），能算得恰到好处的恐怕也只有陶渊明和杜子美等寥寥几人罢了。

其五，艺术的人生是至善的人生。他指出，从狭义上讲，艺术与道德有明显的区别：前者追求超实用的、外在的美感价值，以形相本身为美，无所依赖；后者则追求实用的、外在的伦理价值，以对于人群的效用为善，有所依赖；但从广义上看，“善就是一种美”（正如“恶就是一种丑”），因为伦理的活动也可以引起美感上的欣赏与嫌恶。审美的态度是“无所为而为的玩索”，即无利害考虑的观照，艺术的人生就是在这种审美态度引导下的生活，而这种生活与“至高的善”是内在一致的。

最后，朱光潜将“人生的艺术化”归结为“人生的情趣化”。他说：“艺术是情趣的活动，艺术的生活也就是情趣丰富的生活。……情趣越丰富，生活也越美满，所谓‘人生的艺术化’就是‘人生的情趣化’。”[①]不难看出，所谓的“艺术化”也就是人情化和理想化。在这里，“情趣”一词是理解朱光潜“人生艺术化”命题的关节点。[②]朱光潜所说的“情趣”（有时又被称作“趣味”），是一个从西方美学引进又经过与传统美学融合的概念。在朱光潜的美学理论中，情趣或趣味的意义是十分丰富的：它既是一种审美的态度和选择偏爱，又是一种审美的能力。作为审美态度，它是超脱的，也就是“脱俗”的；作为审美的选择偏爱，它是追求较高艺术境界的审美价值取向，如朱光潜推崇陶渊明就是他本人审美选择偏爱的表现；作为审美能力，它是能够见出世界中一切生命之映现的观照力和创造力。上述几个方面又是内在联系在一起的，其核心是回归生命本体和发挥生命的创造力。朱光潜自己讲过，“情趣本来是物我交感共鸣的结果”，“物”的变化与“我”的个性构成了情趣的生生不息，而在这生生不息的情趣中正可以见出生命的创化。[③]所以，“情趣”既是生命表现的生动样态，即人的一种清新、自由、纯真的生存方式；又是生命的创造，即人生新境界的生成。正如朱光潜所言：“趣味是对于生命的澈悟和留恋，生命时时刻刻都在进展和创化，趣味也就要时时刻刻在进展和创化。”[④]“读诗的功用……在使人到处都可以觉到人生世相新鲜有趣，到处可以吸

①朱光潜：《给青年的十二封信》，长沙：岳麓书社，2010年版，第161—162页。

②有学者认为，朱光潜美学体系的核心范畴就是“情趣”。见劳承万《朱光潜美学论纲》，合肥：安徽教育出版社，1998年版，第14页。

③朱光潜：《给青年的十二封信》，长沙：岳麓书社，2010年版，第157—158页。

④朱光潜：《谈读诗与趣味的培养》，《朱光潜全集》第3卷，合肥：安徽教育出版社，1987年版，第352页。

收维持生命和推展生命的活力。"[①]既然趣味(情趣)就是生命力的表现、体悟和创化,那么"人生的情趣"化也就是生命力得到表现、体悟和创化的人生。这就同朱光潜关于美育功能的理解在根本上相一致了。所以,他提出,真正的文学教育就是要培养纯正的趣味,这样的美育也就成为实现人的生命力解放和提升的必由之路。关于文学教育问题,下章将详细论述。

(三)途径:艺术

为了实现"人生的艺术化"这一美育目的,朱光潜选择以艺术作为途径和手段,这不仅仅是由于他自己毕生对艺术(尤其是文学)情有独钟,更由于艺术自身的特性与功用。

1.艺术是人生和自然的返照

艺术是什么?朱光潜认为,就个人说,艺术是人性中一种最原始、最普遍、最自然的需要;在艺术中,我们获得美的嗜好满足,这种满足犹如真和善的要求得到满足一样,使人性中的一部分有自由伸展的可能性,可以说,艺术是解放情感的工具,是维持心理健康的一种良剂;就人类论,艺术是最具代表性的"无所为而为"的活动:一方面,"艺术是自然和人生的返照"(《两种美》),来源丰富,因此意蕴深广,能引起多数人发生共鸣。但艺术并不是现实世界的低级摹仿,它与实际人生又有着一定的距离,并且也常常把自然加以艺术化(尤其是熔自然丑为艺术美),可谓弥补人生和自然缺陷的;另一方面,艺术和宗教相似,都是把宇宙加以生气化和人情化,把人和物的距离以及人和神的距离都缩小,都带有若干神秘主义的色彩。可见,艺术与人生、世界之间保持着若即若离的亲密关系,艺术活动是"无所为而为"的,是环境不需要人活动而人自己高兴去活动,无论是在创造艺术还是欣赏艺术时,"人都是从有利害关系的实用世界搬家到绝无利害关系的理想世界里去"。(《谈美·开场话》)一言以蔽之,艺术的世界是美感的世界,而美感的世界即是意象的世界,超乎利害关系而独立。

就创造艺术的艺术家而言,其长处在于能够把事物以及引发的情感摆在某种"距离"以外去看,也就是说,艺术家在写切身的情感时,都不能同时在这种情

①朱光潜:《谈读诗与趣味的培养》,《朱光潜全集》第3卷,合肥:安徽教育出版社,1987年版,第354页。

感中过活，必定把它加以客观化，必定由站在主位的尝受者退位站在客位的观赏者。在他们心中，这个世界只是许多颜色、许多线条和许多声音所纵横组合而成的形象，而不像科学家和一般人那样，对世界寻出的许多分别、定出的许多名称、立出的许多意义等，艺术家们专以情趣为标准，重新把这个世界的颜色、形状和声音组合出条理来，把意象加以客观化，于现实世界之外另造一种较可满意的理想世界。因此，我们可以看到：生活极度困苦艰辛中的古今手工艺者，却可以沉醉愉悦在自己的小小的制作创造之中，以此作为人生的寄托和安顿。

就欣赏艺术的读者（观众）而言，艺术具有超越时空的不朽价值，使人们能心领神会于其中所蕴含的情感、思想以及精神气魄，获得审美愉悦；同时，艺术也以其丰富的经验和想象实现对人们性情、思想和气质的改造。按其所言，“一个人如果真正了解一部有价值的文艺作品，他的性情和思想必定经过若干改变。一个人如果在读了一部书以后和在未读它以前完全是一样，气质毫无变化，那只有两种可能的解释，不是他自己有缺点，就是那一部书有缺点”。[①]尤其是阅读悲剧（如莎士比亚的悲剧）之后，我们并不感到颓丧，反而觉得感发兴起，一方面情感仿佛经过一番净化和尊严化，一方面对于人生世相也得到一种深刻的观照。关于艺术的意义和价值，李泽厚也曾这样说道：“美学不能归结于研究艺术，但艺术之所以在美学中占有突出地位，却在于此，即在培育、发展人的个体特性（能力和感情）上的极大可能性，而不是伦理教训或理性认识。”（《关于美育代宗教答问》）[②]简言之，艺术具有怡情养性的功用，给人以美的享受，为人们开拓出执著于生活历史的一片真情，正如“一切美的事物都有不令人俗的功效”，山水自然如此，艺术更是如此。

毫无疑问，每个人都努力追求人性的解放，情感的自由，而艺术是情感的自由发展的区域，所以艺术对人的影响非常深广。但需要注意的是，朱光潜既反对利用艺术的影响而寓道德教训于艺术，不同意“为道德而艺术”的传统主张，认为“中国唐宋以后的古文家要用文载道，西方假古典派作者要借诗歌、戏剧作教训的工具，结果是文艺走上很偏狭、陈腐、肤浅的路”。[③]又批评近代形式派美学

①朱光潜：《文艺心理学》，上海：复旦大学出版社，2011年版，第102页。
②李泽厚：《哲学论纲》，北京：北京大学出版社，2011年版，第390页。
③朱光潜：《文艺心理学》，上海：复旦大学出版社，2011年版，第107页。

家(康德到克罗齐一线相传)所提倡的"为艺术而艺术"的观念,认为他们"把艺术和人生的关系斩断,专在形式上做功夫,结果总不免流于空虚纤巧"。这意味着,我们应当分清"有道德目的"的艺术和"有道德影响"的艺术,前者是指作者有意宣传一种主义,拿文艺来做工具,后者则是读者读过一种艺术作品固然有时可生道德影响。他所推崇的是"没有道德目的而有道德影响"的第一流的艺术作品,按其所言:"粗略地说,凡是第一流艺术作品大半都没有道德目的而有道德影响,荷马史诗、希腊悲剧以及中国第一流的抒情诗都可以为证。它们或是安慰情感,或是启发性灵,或是洗涤胸襟,或是表现对于人生的深广的观照。一个人在真正欣赏过它们以后,与在未读它们以前,思想气质不能是完全一样的。"①从某种意义上说,朱光潜的美学著作也好,美育随笔也好,也是"没有道德目的而又有道德影响"的艺术作品,在引起我们美感的同时,也引起一定的道德态度,只不过他对艺术与道德之间的距离拿捏得恰到好处,这同样是其"出世—入世"互补整合模式的体现。

总之,无论是一个人,还是一个民族,都需要艺术来表现,如果"一个人或一个民族到了不需要艺术的表现时,那只有两种可能:一是生气萎竭,一是生气受到了自然的歪曲,向不正常不健康的路途发泄",②因此在朱光潜的教育理念中,艺术不仅给人以解放和自由的希望,更担负着培养民族生气的重任:这也正是朱光潜提倡美育的时代要求和历史使命所在。

2.音乐与教育

如果说美育是教育中的一项要目,那么,艺术则是美育的一条要道。而在《谈处群》《乐的精神与礼的精神》《音乐与教育》等文章中,朱光潜又不止一次地谈及音乐与人生、教育的密切关系,把音乐这门艺术视为最有利的教育工具,美育的最好工具。

音乐是什么?音乐又具有怎样的力量呢?在朱光潜看来,音乐首先是一种最原始最普遍的艺术。飞禽走兽在歌唱中表现生命的富裕和欢乐,借助歌舞把在

①朱光潜:《文艺心理学》,上海:复旦大学出版社,2011年版,第113页。
②朱光潜:《朱光潜人生九论》,北京:人民文学出版社,2011年版,第360页。

生活中所领略到的乐趣传给同类，引起交感共鸣；而人类在原始阶段同样保持着本能的音乐嗜好，没有一个原始民族不喜欢歌舞，这可谓人类的一种天性。而人类开化之后，则逐渐丧失了音乐的嗜好，这是一个极严重的缺失，也是违反自然本性的。之所以造成这种现象，教育家们要负一大部分责任，因为他们丢开了人类一个最强烈的本能，一个最有力的教育工具不去利用，他们不知道音乐的力量要超出任何学问训练之上。

为什么音乐是最有利的教育工具，是美育的最好工具呢？朱光潜认为这是由音乐的特性和功用所决定的。

首先，音乐不仅是最原始最普遍的艺术，而且是最完美的艺术，可以普及深入一般民众，从根本上陶冶人的性格，也就是说，越感人最深，对于人的品德影响最大，正如《乐记》所言："志微噍杀之音作而民思忧……顺成和动之音作而民慈爱，流辟邪散狄成涤滥之音作而民淫乱。"

其次，与其他艺术相比，音乐艺术具有特殊性。就实质与形式的关系而言，雕塑、绘画、建筑等艺术的实质与形式多少可以分别出来，了解实质与了解形式可以分为两事，而音乐则完全融化实质与形式的分别，实质即形式，形式即实质，内外一致，天衣无缝；就意象表现而言，文学所用的是语言文字的意义，图画所用的是形色光影，而音乐则为意志的直接外射，用不着凭借意象。这也就意味着，不懂得语文意义，就无从了解文学，不懂得形色光影，就无从了解图画，而音乐则表现得最直接，感动也最直接，我们接受声音的刺激，生理上马上就起反响，用不着理智的分析，比如中国人即使不了解外国的文学，也多少可以受外国音乐的感动，小孩子和文盲尽管不能读书明理，也多少可以欣赏成年人和音乐家的唱歌节奏。可见，音乐是从感官打动人心的，耳里听到的，心里就起哀乐共鸣，达到了艺术的最高理想：这正是音乐的普及性和深入性所在。如果要让教育的力量普及而又深入，除了音乐还有什么其他途径呢？

最后，音乐对人生至少有三个重大功用：第一是表现。因为音乐是人类的普遍的嗜好，所以，它的表现是最正常的健康的表现，而同时它的命脉在和谐，因此，对于人的心灵自然能产生和谐的影响，音乐的这种功能即是儒家乐论所言

“乐主和”，亦是亚里士多德所言的“净化”（Katharsis）。对于欣赏音乐的人来说，凝神静听之后，全身的筋肉脉搏都经过一番和谐的震荡，心灵仿佛在困倦之后洗过一回澡，汗垢尽去，血液畅通，遂有心旷神怡之乐；而对于能歌唱弹奏音乐的人来说，除了这种生气洋溢的乐趣以外，我们还可以得到人生最大的快慰，成就一种作品的感觉，即创造了一个可欣赏的世界，替人类开辟了一种愉悦的源泉，意识到这种力量，就如同创世主在第七天的神情。从这个意义上说，如果人们能多尝这种创造的快慰，那么人生便显得华严，而人的品格也就自然变得高贵。可见，音乐是净化人心、美化人生的最理想的艺术。

第二是感动。在一切艺术中，音乐的感动力最深，其最大功用在和。中西神话和历史上有不少关于音乐感动力的传说，比如，城市有借音乐造成的，也有借音乐而毁倒的；胜仗有用音乐打来的，重围有用音乐造成的；美人有借音乐赢得的，深交有借音乐结成的，等等。从生理学角度来说，音乐的抑扬顿挫，长短急舒，往往与人的脉搏呼吸和筋肉运动的节奏和模型相称，因此人们在听音乐时，是有两种乐调在进行的：一是外在的，耳朵听的；一是内在的，听者身体在无意中所表演的。又由于人类生理构造大致相同，所以一个乐调可以在无数听者的心弦上引起交感共鸣，由此可以说，音乐是一种极强烈的“同情媒介”，使人们的情感同一，使群众团结一气。我们如果想尝广大同情的味道，最好在稠人广众中听音乐。朱光潜为我们深情地描绘了音乐的感染力有多么强大：

> 乐声作时，全体听众屏息肃然静听，无论尊卑老幼，乐就都乐，哀就都哀，霎时间不独人我之见泯除净尽，即传统习俗所积累成的层层枷锁也一齐丢开，我们在霎时间回到自由的原始人，沉没到浑然一体的大我。音乐使我们畅快，四围许多人都同时在分享我的感觉，意识到这一点，我们更加畅快。这里没有分别界限，没有恩仇迎拒，我们同是一个阳光煦育的兄弟姊妹，我们皆大欢喜。要群众团结一气，最有效的媒介只有音乐。①

不难看出，音乐所具有的团结群众的作用正是朱光潜在《谈处群》中所表明的音乐是“群育”的最好工具。

---

①朱光潜：《朱光潜人生九论》，北京：人民文学出版社，2011年版，第361页。

第三是感化。感动是暂时的,感化则是久远的。音乐由感动至感化,因为它的和谐浸润到整个身心,成为固定的模型(pattern),习惯成为自然,身心的活动也就处处不违背和谐的原则。内心和谐,则一切不和谐的卑鄙龌龊的念就无从发生,中国先儒以礼乐立教,就为明白这个道理。朱光潜再次以礼乐精神为证,认为:乐的精神在和谐,礼的精神在秩序,这两者中间,乐更是根本的,因为内和谐外自然有秩序,没有和谐做基础的秩序就成了呆板形式,没有灵魂的躯壳。内心和谐而生活有秩序,一个人修养到这个境界,就不会有疵可指了。谈到究竟,德育须从美育上做起。道德必由真性情的流露,美育怡情养性,使性情的和谐流露为行为的端正,是从根本上做起。惟有这种修养的结果,善与美才能一致。明白这个道理,我们就会明白孔子谈政教何以那样重诗乐。诗与乐原来是一回事,一切艺术精神原来也都与诗乐相通。孔子提倡诗乐,犹如近代人提倡美育。他说:"诗可以兴,可以观,可以群,可以怨。"又说:"温柔敦厚,诗教也。"都是看到了诗乐对于情感教育的重要。他不但把诗乐认为是教育的基础,而且把它们认为是政治的基础,"实在政教是不能分离的,世间安有无教之政呢?近代人舍教而言政,只见得他们愚昧"。"颜渊问为邦。子曰,乐则韶舞,放郑声,远佞人。""远佞人"还在"放郑声"之次,我们现在只知道厌恶佞人,其实还有比这更重要的事务——音乐教育。音乐教育上了轨道,佞人也许就不会存在,而政治也不会不修明了。

朱光潜以音乐作为美育的最好工具,其根本动机依然是为了重振民族精神、净化人心的需要。在他看来,音乐是一个民族性格的表现,比如西方音乐偏于阳刚,使听者发扬蹈厉,而中国音乐则偏于阴柔,使听者沉潜肃穆,各有所长,这是不用偏袒,也不用分高下的;他所忧虑的是,当时中国的一般民众,尤其是士大夫阶级,大半没有真正的音乐嗜好:这似乎表现了民族精神的衰落,在他看来,人心的污浊与社会的腐败都根源于此。那么,如何才能重建民族精神、净化人心呢?就教育论,朱光潜倾心于柏拉图的教育主张,即一个人在二十岁之前只要有两种教育工具——体操和音乐,为此,他认为,中国教育须有一个彻底的改革,即必须普及音乐教育,尤其是要把国乐本身大加一番整理洗刷。当然,他也不免疑惧,因为制礼作乐是盛业也是美名,很容易就被宣传者当作一种口号呐喊了事,而他所呼唤的是,"大家必须拿出一副极严肃的态度来应付这问题",只有如此,音乐教育才有希望,美育才有希望,中华民族的前途才有希望。

综上,朱光潜视人生为“多方面而却相互谐和的整体”,又以“全人”或“整体的人”(朱光潜晚年常用术语)为美育的目标所在,这无论在朱光潜前期还是后期,都是一以贯之的。他希望通过教育和美育培养出一批有运动员的体格、科学家的头脑、宗教家的热忱和艺术家的胸襟的青年领袖,希望他们能够挽救民族的威望,培育民族和国民的生气和凝聚力,由此,我们不难看到朱光潜的美育救世情怀以及精英政治倾向。但是,我们需要注意的是,朱光潜在社会历史观上经历了异常深刻的转变:早年,他主张通过倡导美育和造就“全人”来达到改良社会现实,把前者看作达到后者的途径、手段。青年时代的朱光潜不乏爱国热情,他所做的工作亦不乏启蒙意义,但他同蔡元培等人一样,不懂得美感教育对社会实践、社会革命的依赖关系,简单地认为当时中国内忧外患、黑暗腐败的社会现状可通过个体人生美化和人心净化而得以改变,这种过分夸大美育的功用并以之取代社会革命的想法,显然带有乌托邦的色彩。1949 年后,朱光潜受到马克思主义唯物史观的洗礼,认识到主体审美心理的建构,人性完满自由的实现,是以社会变革为首要前提、基础的;只有变革社会,才能全面推行美感教育和培养“整体的人”,才能真正实现人生的艺术化。正因这一转变,被朱光潜悬为美育目标的“全人”或“整体的人”的思想,才有了坚稳实在的支撑点。

当然,我们不能因为朱光潜早期理想主义色彩的美育主张而抹煞其美育思想的应有价值。在风雨如磐的 20 世纪上半叶,美育确实能够缓解国人的精神苦闷,艺术也的确能够给国人提供“避风息凉”的处所。朱光潜的美育思想在当时所产生的广泛影响,就已充分说明了美育的实际价值。在当前的社会情势下,重视美感教育、提倡人生艺术化,不仅能弥补工具理性造成的人性偏枯,有助于培养全面发展的个体,而且能够在一定程度上抵制金钱的异化,消除大众文化的负面影响,有助于人们保持高尚的人生理想和高雅的人生趣味,从而增强整个民族的生命力。总之,朱光潜的美育思想在今天依然具有重要的现实意义。

第五章

文学教育思想

> 没有其他东西比文艺能给我们更深广的人生观照和了解，所以没有其他东西比文艺能帮助我们建设更完善的道德的基础。[①]

从朱光潜一生的学术实践和教育实践来看，作为其“第一个嗜好”的文学，不仅是其学术研究的起点和基础，也是其美感教育乃至自我修身的重要途径。早在1936年，朱光潜便应良友公司的请求，将在留学时写作的一些论文艺的文章集成《孟实文钞》印行于世，且一版再版，影响甚大；1943年，在武汉大学任教期间，朱光潜对本书进行了增订，以《我与文学及其他》为名由开明书店重印出版；1946年5月，开明书店又出版了他的《谈文学》一书，收录了他在抗战后期写作的论文19篇。这两本谈文学的小册子，说浅一点不能算是文学入门，说深一点不能算是文学理论，又与当时坊间一般文学入门之类的书籍有所不同，它们主要谈的是朱光潜自己学习文艺的甘苦，是随时看和随时想所得到的一点收获，而由于作者在写它们的时候，一不敢凭空乱构，二不敢道听途说，努力做到“切实”二字，更重要的是，作者以平视的态度对待读者，文字里流动着诚挚的友谊，正如叶圣陶在序言里所言，“我们读这个集子，宛如跟孟实先生促膝而坐，听他娓娓清谈；他谈他怎样跟文学打过交道，一些甘苦，一些心得，一些愉悦，都无拘无束的倾吐出来。他并不教训我们；我们也没有义务受他的教训。可是，不知不觉之间，我们让他熏染了”，[②]而这种不知不觉的“熏染”正是潜移默化的又十分切实的文学教育。

我们今天需要什么样的文学教育？在关注中国文学教育已有二十年之久的北京大学中文系教授陈平原看来，当时很多人缺乏独立阅读、深入思考、自由表达的能力与兴趣，这些问题的根源还在于教育，尤其是文学教育。从这个意义上说，人一辈子的道路取决于语文，取决于文学教育。[③]然而，一直以来，学术界对

①朱光潜：《文艺心理学》，上海：复旦大学出版社，2011年版，第119页。

②朱光潜：《朱光潜全集》第3卷，合肥：安徽教育出版社，1987年版，第485页。

③陈平原：《语文之美与教育之责》，《六说文学教育》，北京：东方出版社，2016年版，第129—143页。

文学教育以及朱光潜的文学教育思想缺少深入细致的研究。正如有研究者所言:“当前我国文学教育理论还比较欠缺，关于文学教育的专门系统的理论研究较少,且大都局限于语文教学方面的研究。对文学教育的认识和理解也不够全面。有人认为文学教育就是文学教学；有人认为文学教育就是文学的教育功能。由于这些认识上的偏差,在文学教育中,重知识性和工具性,轻文学性和审美性,这种观念遮蔽了文学本身的物性与魅力,使得文学教育与文学发展没有形成良性互动而造成双重损失。朱光潜文学教育思想包括关于文学的教育和文学对人的教育作用两个方面，不仅包括文学创作知识和技能的教育，文学的趣味审美教育，同时还包括文学对人的主体性精神的教育。可以说是以审美教育为出发点,将语文教育、情感教育、趣味教育、人文教育融为一体。不仅彰显文学本身的艺术魅力,也在文学审美和鉴赏活动中实现了人的本体建构。朱光潜的文学教育观在一定程度上能够为当前的文学教育建设给予指导。”[1]事实上,朱光潜的文学教育思想对当下的语文教学尤其是阅读教学、写作教学、语言教学等都有着直接的启示意义,值得重新发掘和借鉴。

①张贵君:《朱光潜文学教育思想的当代价值》,《文艺报》,2011年7月27日。

第一节　文学教育第一要事：养成高尚纯正的趣味

一、什么是“文学的趣味”

“趣味”只是一个比喻，是由口舌感觉引申而来的。“趣味”一词最早出现在郦道元《水经注·江水》：“清荣俊茂，良多趣味。”这里“趣味”是指长江沿岸的自然风光秀色可餐。司空图《与王驾评诗书》中有“趣味澄澈，若清风纸出岫”，开始用“趣味”来形容作家的创作风格。其实在古代，趣味更多是指审美鉴赏活动中的美感，指向“情趣”和“乐趣”。近代到梁启超才将“趣味”一词提升到审美价值的层面，朱光潜在一定程度上受到了梁启超的影响。

朱光潜曾写下专门论述“趣味”的诸多文章，如《谈趣味》《谈读诗与趣味的培养》《文学的趣味》《文学上的低级趣味》等。在他看来，“趣味”不仅是指一个人的兴趣、爱好和志向，更重要的指向一个人的内在修养和自由超脱的生命态度。在《无言之美》中，朱光潜第一次运用“趣味”一词，他说：“美术作品之所以美，就在于美有弹性，能拉得长，缩得短，有弹性不呆板。同一美术作品，你去玩味你的趣味，我去玩味我的趣味。”[①]这里实际上指出了趣味于艺术作品的意义以及趣味的多样性和差异性特点。在《给青年的十二封信》中，他谈读书，谈动，谈静，谈中学生与社会运动，谈十字街头，谈多元宇宙，谈升学与选课，谈作文，谈情与理，谈摆脱，谈在卢浮宫所得到的一个感想，谈人生与我。他希望青年把读书当做一种嗜好，寄托自己的心神，并从读书中寻求一种趣味来抵抗社会习俗的引诱。读书要有趣味，生活同样要有趣味，趣味是生活的活水源头，理想的人生是有情趣的人生。在《谈美》中，他更是明确提出，艺术是情趣的表现，情趣来源于人生，所谓的人生艺术化就是人生的情趣化，对人生和生命的领悟和同情才是情趣和趣味的意义所在，惟有拥有丰富“趣味”才能实现人生的艺术化。

①朱光潜：《给青年的十二封信》，长沙：岳麓书社，2010年版，第61页。

趣味对文学的重要性是不言而喻的。在《文学的趣味》中，朱光潜开篇即提出："文学作品在艺术价值上有高低的分别，鉴别出这种高低而特有的所好，特有所恶，这就是普通所谓趣味。辨别一种作品的趣味就是评判，玩味一种作品的趣味就是欣赏，把自己在人生自然或艺术中所领略得的趣味表现出来就是创造。"[①]这实际上是从创作（作者）和欣赏（读者）两方面而言的，"对于审美主体来说，'趣味'就是审美能力；对于作品对象来说，'趣味'就是意向追求与感情嗜好，'趣味'高尚，才能有爱美向善求真的'怡养'功夫，才有真善美统一的进境"。[②]换句话说，众多的文学作品，不一定都具有极高的艺术价值，价值高的品味高，便具备"怡情养性"的功能，价值低的品味低，自然就不具备此项功能；对文学作品的艺术价值的高下进行评判，能够见出评判者的趣味高低；以此类推，具备了高尚纯正的文学趣味的欣赏者必定能喜欢高雅作品而厌恶低俗作品，具有高尚纯正趣味的作者必定能写出高雅作品而杜绝低俗作品。

举例来说。王国维在《人间词话》里提到秦少游的《踏莎行》，这首词的最后两句——郴江幸自绕郴山，为谁流下潇湘去——最为苏轼所叹赏，而王静安则不以为然："少游词境最为凄婉，至'可堪孤馆闭春寒，杜鹃声里斜阳暮'，则变为凄厉矣。东坡赏其后二语，犹为皮相。"这种优秀的评判正足见趣味的高低。苏轼、王国维都可谓文学的"解人"，赏识"郴江幸自绕郴山"的是一种胸襟，赏识"孤馆闭春寒"的是另一种胸襟，但"郴江幸自绕郴山"二句实在不如"孤馆闭春寒"二句，这几句中间的差别微妙到不易分辨的程度，但王国维的趣味却是十分纯正而高妙的。看似只是对一章一句的欣赏，却大可见出一个人的一般文学趣味，这好比善饮者有敏感鉴别一杯酒，就有敏感鉴别一切酒，可以说，趣味其实就是这样的敏感，假如离开这一点敏感，文艺就无由欣赏，好丑妍媸就变成平等无别了。

不仅在欣赏，在创作方面我们也需要纯正的趣味。朱光潜认为，每个作者必须是自己严正的批评者，他在命意布局、遣词造句上都须辨析锱铢，审慎抉择，不能有一丝一毫的含糊敷衍。他的风格就是他的人格，而造成他的特殊风格的

①朱光潜：《文学的趣味》，《谈文学》，桂林：漓江出版社，2011年版，第16页。
②聂振斌：《朱光潜的美育思想及其时代特征》，《求是学刊》，1998年4期。

就是他的特殊趣味。一个作家的趣味在他的修改锻炼的功夫上最容易见出。比如，黄庭坚的一首七律《冲雪宿新寨》的五六两句原为“俗学近知回首晚，病身全觉折腰难”。这两句本甚好，王安石在都中听到，就击节赞叹，说“黄某非风尘俗吏”。但是黄山谷自己仍不满意，最后改为“小吏有时须束带，故人颇问不休官”。虽然这两句仍是用陶渊明见督邮的典故，却比原文来得委婉含蓄。弃彼取此，亦全凭趣味。如果在趣味上不深究，黄庭坚大可在原先两句上苟且偷安。

朱光潜对当时一般青年文学趣味的低下十分忧虑，同时又对因为文学趣味的异同而区别敌友、党同伐异的好恶现象不以为然，因此，他提出：“文学教育第一件要事是养成高尚纯正的趣味”“真正的文学教育不在读过多少书和知道一些文学上的理论和史实，而在培养出纯正的趣味。”这些都是与文学写作技能训练无关的。培养文学的“趣味”，文学的修养就是“趣味”的修养，这是朱光潜谈文学教育的基本观点。

总之，“趣味”是朱光潜文学教育的核心概念。他谈文学，根本上谈的就是“趣味”二字。不得不说，在那个艰难的时代，朱光潜提倡“趣味”“情趣”“人生艺术化”等主张，在当时乱象丛生的社会现实下，犹如黑暗中的微光，给人温暖，给人慰藉。

二、文学趣味的特征

（一）文学趣味具有差异性

朱光潜认为，文学趣味是存在分歧的。趣味是一件极其寻常的事情，却是一件十分难的事，正如既有“天下之口有同嗜”，也有“人莫不饮食也，鲜能知味”。“趣味”之事难就难在没有固定的客观标准，而同时又不能完全依靠主观的抉择：完全的主观标准会被认为是偏见，不足为凭，而“天下之口有同嗜”的统一标准又会抹杀了个性和例外。在朱光潜看来，文学本来一国有一国的特殊的趣味，一时有一时的特殊的风尚。浸淫于古典派作品既久者对于浪漫派作品往往格格不入；浸淫于象征派既久者亦觉其他作品都索然无味；中国的风尚也是随时代变迁。汉魏六朝唐宋各有各的派别，各有各的信徒。明人尊唐，清人尊宋，好古者祖汉魏，喜妍艳者推重六朝和西昆：门户之见也往往很严。正如赏风景一般，只有往东边走的人才能看见东边的风景，西边的风景也只有往西边走的人才能领略。看过东边风景的人听到西边人赞美西边景致未免觉得其做作夸张，可惜他没见过东边的景致。向西边去的人对待东边人恐怕也是如此吧。这是人之常情，是可以理解的事。因此，对不同的趣味，我们大可不必强其同，文艺的路不是只有一条可以走，我们大可不必挤在一条道上。

造成这种文学趣味差异的原因是什么呢？朱光潜为我们言简意赅地指出：

第一，资禀性情。朱光潜认为，资禀是与生俱来的良知良能，只有程度上的等差，没有绝对的分别，有的人多一点，有的人少一点；而所谓"天才"不过是在资禀方面得天独厚，并没有什么神奇。文学趣味的偏向在大体上也先天已被决定了，最显著的就是我们通常所说的"民族根性"，比如拉丁民族最喜欢明晰，希伯来民族最喜欢严肃，他们所产生的文艺就各具一种风格，恰好表现他们的国民性。就个人论，根据近代心理学的研究，许多类型的差异都可以影响他的文学趣味，比如在想象方面，"造型类"人物要求一切像图像那样一目了然，"涣散类"人物喜欢一切像音乐那样迷离隐约；在性情方面，"硬心类"人物偏袒阳刚，"软心类"人物特好阴柔；在天然倾向方面，"外倾"者喜欢戏剧式的动作，"内倾"者喜欢独语体诗式的默想。当然，这是就主要心理倾向而言的某种共性，事实上，每个人在资禀性情方面还有他的特殊个性，这和他的文学趣味也密切相关。

第二，身世经历。文学欣赏最重要的莫过于能设身处地去感受作品，欣赏者的处境和经历如果能与作者引起共鸣，就能达到欣赏的最佳状态。朱光潜引用《世说新语》中一个例子，来说明这个问题：

> 谢安有一次问子弟："《毛诗》何句最佳？"谢玄回答："昔我往矣，杨柳依依；今我来思，雨雪霏霏。"谢安表示异议，说："訏谟定命，远猷辰告句有雅人深致。"这两人的趣味不同，却恰合两人不同的身份。谢安自己当朝一品，所以特别能欣赏那形容老成谋国的两句；谢玄是翩翩佳公子，所以那流连风

景、感物兴怀的句子很合他的口胃。①

谢玄与谢安对《诗经》中不同诗句的欣赏正表明欣赏者对那些与自己所经历的相近的作品更容易了解,更容易引起同情和喜欢。人们之所以能在民族遭受外敌入侵时,对岳飞、文天祥的诗文情有独钟,在抗战期间读杜甫的诗觉得特别亲切有味,在夫妻离别感伤时对李清照的诗词感同身受,原因就在于此。

第三,传统习尚。法国学者丹纳在其《英国文学史》中指出,"民族""时代""环境"(法文为 milieu,朱光潜译为"周围""圈子")为文学的三大决定因素,文学趣味的形成主要就是受这三种势力的影响。每个时代每一民族都有自己的传统,每一作家身边都有非常接近的人物,这就会形成一个所谓的派别或者圈子:比如在西方,古典派与浪漫派、理想派和写实派;在中国,六朝文与唐宋古文,选体诗、唐诗和宋诗,五代词、北宋词和南宋词,桐城派古文和阳湖派古文,彼此之间都有很森严的壁垒。投身到某一派旗帜之下的人,就觉得只有那一派是正统,阿其所好,以致目空其余一切。朱光潜是反对这种"圈子"的,因为他自己正是因为与文艺界某些朋友的"圈子"不同而产生过一些不愉快的经历:一方面,他对新文学寄予厚望,费尽千言万语也不能说服国学耆老们接受新文学,让他们相信新文学也自有一番道理;另一方面,他又很爱读旧诗文,向新文学家称道旧诗文的好处,又被他们嗤为顽腐;此外,新旧文学家各派别之下还有派别,京派海派,左派右派,彼此相持不下。正是由于新旧两派文学家各自站在各自的"圈子"里,那圈子就是他们的"天下",由此造成了两派文学的势不两立,难以融通,身处"两面不讨好"的尴尬处境的朱光潜也只能冷眼旁观。

这三种因素造成了趣味的分歧,使得一个人在趣味异同上党其所同,伐其所异,比如托尔斯泰攻击莎士比亚和歌德,约翰逊看不起弥尔顿,法朗士讥诮荷马和维吉尔,也造成了文艺上的好恶和道德上的好恶一样强烈深固,文学史上的许多派别,许多笔墨官司,即是明证。朱光潜认为,这些人之所以在文学趣味上有所欠缺,主要是由于在"知"上有欠缺。正如孔子所言:"知之者不好之者,好之者不如乐之者。""知""好""乐"是逐渐深入的三层事,文学上最难过的就是第一层

①朱光潜:《朱光潜人生九论》,北京:人民文学出版社,2011 年版,第 308—309 页。

“知”。这里可细分为三种情况：一是“根本不知”，即对任何第一流的作品都一窍不通，自然感觉不到趣味，犯这种毛病的人失去了大部分生命的意味，这是“精神上的残废”；二是“知得不正确”，即缺乏鉴别力，偏好刺激或麻醉，以恶劣作品疗饥过瘾，趣味低劣，犯这种毛病的人整个精神都受到腐化，这是“精神上的中毒”；三是“知得不周全”，即上文所言的，被拘囿在某一派别的传统习尚中而不能自拔，趣味难免狭窄，这是“精神上的短视”。要诊治这三种流行病，唯一方法就是“扩大眼界，加深知解”，当一个人阅读玩味的作品越多，种类越复杂，风格越分歧，那么，他的比较资料就越丰富，透视越正确，他的鉴别力（即趣味）也就越可靠，越纯正。

（二）纯正的文学趣味必定是广博的文学趣味

朱光潜认为，纯正的文学趣味的培养必定会经历一个由狭隘到广博的过程。学文艺的人入手虽有可能偏，依傍门户，先培养一种偏狭的趣味，后来却要能不偏，能凭空俯视一切门户派别，看出偏的弊病，简单地说就是，学文艺的人应该能从非某家某派诗不读，做到只要是好诗都可以领略到滋味的地步，这种变化即是从狭隘的文学趣味到广博的文学趣味的转变。

朱光潜自身文学趣味的养成正说明了这一点。他最初从19世纪浪漫派诗人入手来学习西方诗，只觉得这派诗有趣味，而讨厌前一个时期的假古典派的作品，不了解法国象征派和现代英国的诗；而当他对法国象征派和英国现代诗逐渐感到趣味的时候，他又觉得从前所爱好的浪漫派诗有好些毛病，于是对它们的爱好不免淡薄了许多；等他又回过头去看假古典派的作品，逐渐明白作者的环境立场和用意，觉得它们也有不可抹杀之处，于是对它们的嫌恶也不免减少了许多；同样，对中国诗的接受也经历了这样的变迁，最初他由于爱好唐诗而看轻宋诗，后来又由于爱好魏晋诗而看轻唐诗，最后，他又觉得各朝诗歌都各有特点，不能以衡量魏晋诗的标准去衡量唐诗和宋诗，因为它们代表了几种不同的趣味，不必强求其同。他把培养趣味比作开辟疆土，必须逐渐把本非我所有的变为我所有的，“对于某一种诗，从不能欣赏到能欣赏，是一种新收获；从偏嗜到和其他诗比较而重新加以公平的估价，是对于已征服的领土筑一层更坚固的壁垒”，可见由偏狭的文学趣味到广博的文学趣味的培养过程，正是不断征服新领土、更清楚地认识已征服领土的过程。这是一件很不容易的事情。之所以不容易，是因为学文学的人最坏的脾气是坐井观天，依傍一家门户，而对于口味不合的作品一概藐视。对这种人，朱光潜是很不以为然的，因为这种人不但近视，在趣味方面不能有所进展，而且就连他们所偏嗜的也很难真正地了解欣赏，因为他们缺乏比较资料和真确观照所应有的透视距离，也就是说，不能同时欣赏许多派别诗的佳妙，就不能充分地真确地欣赏任何一派诗的佳妙。

正是从自身的文学经历和他亲见的文坛充斥的派别之争的现象出发，朱光潜提出"文艺上纯正的趣味必定是广博的趣味"，并且声明这种"广博的趣味"不是生来就有的，培养这种广博的趣味就如同开疆辟土，"要不厌弃荒草瘠壤，一分一寸地逐渐向外伸张"，这种"伸张"的过程，就是不断抛弃偏见、战胜一种很顽强的抵抗力而获得一种新趣味的演进过程。"个人的趣味演进亦往往如此。涉猎愈广博，偏见愈减少，趣味亦愈纯正。从浪漫派脱胎者到能见出古典派的妙处时，专在唐宋做工夫者到能欣赏六朝人作品时，笃好苏辛词者到能领略温李的情韵时，才算打通了诗的一关。好浪漫派而止于浪漫派者，或是好苏辛而止于苏辛者，终不免坐井观天，诬天渺小。"[①]的确，我们赞同看过东边风景的人对东边的赞美，也欣赏看过西边风景者对西边的感叹，如果东边者去西边走走，西边者也去东边转转，而后才能公正地评定东西两边的风景孰优孰劣。只有尊重文学趣味的差异性，我们才不会死守一种文学趣味以标榜所谓"个性"，不会像旧文学家那样不能欣赏新文学作品，不会像一个坐井观天者那样自以为是又不思创新进取。

（三）文学趣味必须要有创造性

流水不腐，户枢不蠹，文学趣味也是如此。趣味不是一成不变的，因为"趣味是对于生命的彻悟和留恋，生命时时刻刻都在进展和创化，趣味也就要时时刻刻在进展和创化"，这就意味着，艺术和欣赏艺术的趣味都必须要有创造性，都必须时时刻刻在开发新境界，如果一个人的趣味囿在一个狭小的圈套里，没有机会可创造开发，自然会僵死，会腐化。

追求创造就是打破习惯，反对滥调。俗词滥调之所以产生，是因为人们往往

①朱光潜：《谈趣味》，《朱光潜全集》第3卷，合肥：安徽教育出版社，1987年版，第348页。

把自己拘囿在习惯所画成的狭小圈子中，对这个圈子之外的世界都视而不见，听而不闻。沉溺于风花雪月者以为只有风花雪月中才有诗，沉溺于爱情者以为只有爱情中才有诗，沉溺于阶级意识者以为只有阶级意识中才有诗，这些东西本来是佳丽，是神圣，是伟大，但这些东西一旦和你熟悉之后，都很容易就在你心理上养成习惯反应，变成毫无新鲜感的滥调，仿佛从前冬烘先生的八股文和试贴诗，没有趣味。而文学趣味恰恰与滥调是死对头，因为文学（诗歌）所要说的话都必定是新鲜的，按朱光潜所言，"所谓'诗'并无深文奥义，它只是在人生世相中见出某一点特别新鲜有趣而把它描绘出来"。这意味着要实现文学创作，必须要满足两个条件：一是要有新鲜有趣的东西存在，二是要能够"见"出。有些不懂诗歌的人不相信新鲜有趣的东西一直存在，他们替诗危惧，以为关于风花雪月、爱情、阶级意识等等的话或都已被人说完，或将有被人说完的一日，那一日恐怕就是诗的末日了。事实上，诗歌的疆土是开发不尽的，因为宇宙生命时时刻刻在变动进展中，这种变动进展的过程中每一时每一境都是个别的，新鲜的，有趣的。那么，特别新鲜有趣的东西本来在那里，为什么我们不容易"见"到呢？这是因为我们的习惯蒙蔽了我们的眼睛，正所谓"见的越多，见到的越少"。而诗人和艺术家的眼睛是点铁成金的眼睛，能够见出常人之所不能见。生命生生不息，诗人的发现也生生不息，艺术和欣赏艺术的趣味因此也生生不息，而只有"生生不息的趣味才是活的趣味，像死水一般静止的趣味必定陈腐。活的趣味时时刻刻在发现新境界，死的趣味老是囿在一个狭窄的圈子里"。[①]在朱光潜看来，这个道理不仅适用于个人的文学修养，也同样适用于全民族的文学演进史。

（四）文学趣味是可以修养的

朱光潜认为，"趣味无可争辩，但是可以修养……文艺自有是非标准，但是这个标准不是古典，不是'耐久'和'普及'，而是从极偏走到极不偏，能凭空俯视一切门户派别者的趣味；换句话说，文艺标准是修养出来的纯正的趣味"。[②]这段话透辟地总结了文学趣味的差异性和广博性的特点，同时指出纯正的文学趣味是可以通过修养来完成的。

有些人具有高尚纯正的趣味，有些人具有低级恶俗的趣味，有些人具有天赋

①朱光潜：《文学的趣味》，《谈文学》，桂林：漓江出版社，2011年版，第22页。
②朱光潜：《谈趣味》，《朱光潜全集》第3卷，合肥：安徽教育出版社，1987年版，第348页。

的趣味，有些人则是环境影响造成的趣味。趣味虽然因人而异，但一个人在创作和欣赏时所表现的趣味，大半由三个因素决定：资禀性情、身世经历和传统习尚，因此我们应该做的功夫是根据固有的资禀性情而加以磨砺陶冶，扩充身世经历而加以细心的体验，接收多方的传统习尚而取长补短，融会贯通，这三层功夫就是普遍所谓的学问修养。朱光潜认为，纯恃天赋的趣味不足为凭，纯恃环境影响造成的趣味也不足为凭，纯正的可凭的趣味必定是学问修养的结果。

在他看来，除白痴外，人人都多少可以了解欣赏文学，也就多少具有文学所必需的资禀；而文学是用语言文字表现思想情感的艺术，一个人只要有思想情感，只要能运用语言文字，也就具有创作文学所必需的资禀。但是，天生的资禀只是潜能，是种子，修养使潜能实现，使种子发芽成树，开花结实。“一个人纵然生来就有文学的特优资禀，如果他不下工夫修养，他必定是苗而不秀，华而不实。天才愈卓越，修养愈深厚，成就也就愈伟大。”①换句话说，没有文学修养，天生的趣味也只能是一株苗，能不能春华秋实还需要修养的灌溉和修剪。如爱因斯坦所言：“天才是长久的耐苦。”或许长久的耐苦不一定能造就天才，但是天才一定是经过长久的耐苦的，像李白、杜甫、但丁、莎士比亚、歌德等中外诗人，对于诗不能说没有天才，但他们没有一个不是修养出来的，完全是“天生”的而不经“造作”的诗人，在历史上是没有先例的。

资禀不是我们自己力量所能控制的，但修养却全靠自家的努力。在文学方面，修养包涵极广，朱光潜认为，文学修养主要应在“人品的修养”“一般学识的修养”“文学本身的修养”三方面努力：

首先是人品的修养。人品与文品之间的关系历来被美学家们争论不休。朱光潜从两个方面讨论了两者的关系：一方面，人品与文品似无必然的关系。从美学家克罗齐看来，艺术的活动出于直觉，道德的活动出于意志；一为超实用的，一为实用的，二者实不相谋。也就是说，一个人在道德上的成就不能裨益也不能妨害他在艺术上的成就，批评家也不应从他的生平事迹推论他的艺术的人格。另一方面，“言为心声，文如其人”。文艺作品的思想感情与作者的性情品格有着莫

①朱光潜：《资禀与修养》，《谈文学》，桂林：漓江出版社，2011 年版，第 10 页。

大的关系，思想情感真纯则文艺华实相称，性情品格深厚则思想情感亦自真纯，正所谓“仁者之言蔼如”“诐辞知其所蔽”。无论是屈原的忠贞耿介，陶潜的冲虚高远，还是李白的徜徉自恣，杜甫的每饭不忘君国，都表现在他们的作品里。不了解他们的人格，就绝不能彻底了解他们的文艺。因此，一个人如果想在文艺上有真正伟大的成就，他必须有道德的修养，换言之，要培养文品，在基础上下工夫就必须培养人格。需要注意的是，朱光潜并非主张一切文学家在品格上都走一条路，在他看来，“文品需要努力创造，各有独到，人品亦如此，一个文学家必须有真挚的性情和高远的胸襟，但是每个人的性情中可以特有一种天地，每个人的胸襟中可以特有一副丘壑，不必强同而且也绝不能强同”。这无疑是合乎人性的，是正确的。朱光潜把人品的修养放在首位，可见其对儒家修身育人和品评人物传统的遵从，也是与他培养健全人格的主张相一致的。

其次是一般学识经验的修养。对文艺而言，培养人格是一套工夫，对于一般人生世相积蓄丰富而正确的学识经验是另一套工夫。朱光潜认为，一般学识经验的获得可以通过读书和观察体验来获得。读书的功用就在于储知蓄理、扩大视野、改变气质。读的范围越是广阔，知识就越丰富，审辨能力越高超，人的胸襟也就越宽广。读书自然要有一定的要求，一要精选，不浪费精力于无用之书；二要持恒，日积月累，涓涓之水终可成江河；三要有哲学的高瞻远瞩，科学的客观剖析。而对于文艺创作或必读书更重要的是观察体验，其功用既在于从自然和人生世相中获得瑰奇壮丽之气与幽深玄妙之趣，更在于洞达人情物理。一个作家要写某一种社会或某一种人物，就必须对那种社会那种人物的外在生活与内在生活都有彻底的了解，为此，就必须多观察多体验，最好能投身于他们中间，和他们过同样的生活，如此才能观察得正确，体验得深刻，这种观察体验的生活愈丰富，对于人性的了解也就愈深广，写出来的作品自然就愈“接地气”，愈有真实性。作为一个作家，朱光潜对那个时代的社会风貌、人生世相的观察体验可谓丰富而深刻，因此，他的这种观点可谓深得创作三昧。

最后是文学本身的修养。“工欲善其事，必先利其器”，文学的器具是语言文字，因此，从事文学的人首先要认识语言文字，其次要有运用语言文字的技巧。文学就是要用平常的语言文字产生不平常的效果，这就要求文学家必须对语言研究有深厚的修养:懂得字音和字义,字的组织以及音义与组织对于读者所生的影响——这四样是专门的学问,懂得语文学、逻辑学、文法、美学和心理学等各科知识,这样对语言文字的了解才会比一般人更精确,才能将语言文字运用自如,达到"有话可说出而且说得好的程度"。而要达到这种程度,运用语言文字的技巧也尤为重要。朱光潜认为,"文艺必止于创造,却始于模仿,模仿就是学习"。[①]学一门艺术,就是要学该门艺术所特有的学问和技巧,这种学习就是利用过去的经验,就是吸收已有的文化,也就是模仿。如何模仿?最简捷的方法就是:精心挑选百篇左右的范文,对其文章布局分段造句和用字细细研究,务必不放过一句一字;然后熟读成诵,玩味其中的声音节奏与神理气韵,使它不但沉到心灵里去,还须沉到筋肉里去。创作不可能无模仿,但是,创造自己的独特风格才是根本。朱光潜认为,入手不妨尝试各种不同风格,再在最合适自己的风格上多下工夫,然后融合各家风格的长处,形成自己独特的风格。很显然,这种学习方法与朱光潜自己童年时接受私塾教育、遍读经书、熟读成诵、经受古文写作训练的经历密切相关。的确,像朱光潜这样一位从旧时代走来的学者,大多精通中国的传统文化,虽然他们完成了除旧创新的历史使命,竭力与旧传统决裂,但是旧传统在他们身上已经打上了深深的印记,他们不可能也没有必要与旧传统完全划清界限,因为优良的旧传统在新时代依然有转换为新传统的可能与必要。

总之,朱光潜给我们指明了提高文学修养的几条道路,尽管不是全部,但至少让我们清楚地明白:修养并非易事,文学并非易事,培养纯正的文学趣味不能仅仅依靠资禀天赋,也不能操之过急,只有辛勤耕耘,潜心修为,才能有所成就。事实证明,只有文学修养深厚的人,才能够辨别文学趣味上的微妙差别,而要成为这样的人,多读书,多读诗,在细微之差上做工夫的艰苦磨炼是必不可少的。朱光潜自己对于人生世相有相当的了悟,运用语言文字也有相当的把握,主要就是辛苦训练的结果。

(五)文学趣味的养成最好从读诗入手

在朱光潜看来,读诗是培养文学趣味的不二法门,如其所言:"要养成纯正的

①朱光潜:《朱光潜人生九论》,北京:人民文学出版社,2011年版,第61页。

文学趣味，我们最好从读诗入手。能欣赏诗，自然能欣赏小说、戏剧及其他种类文学。”[①]那么，诗何以具有如此大的魅力呢？

从诗歌自身的特性来看，这是因为“诗是最精妙的观感表现于最精妙的语言”。这两个“精妙”都很难得来，需要诗人毕生追求。前一个“精妙”源自诗人对人生世相、心理情感的深刻领悟和敏锐体察，也就是说，诗人与常人的不同正在于感觉敏锐。常人的心灵好比顽石，受到强烈震撼才生颤动；而诗人的心灵好比蛛丝，微嘘轻息就可以引起全体的波动；常人只能知解粗浅的、平凡的情思皮相，而诗人却能渗透不寻常的、微妙的情绪和思致中去，感受到浓淡深浅上的毫厘差别。正因如此，诗人往往在心灵探险的路上不得不独自前行，成为人间的最孤寂者，并且，“凡真正的诗人都必定避开已经踏烂的路去另开新境，他不仅要特创一种新风格来表现一种新情趣，还要在群众中创出一种新趣味来欣赏他的作品”。后一个“精妙”源自诗人追求“内容和形式的不可分性”，以此作为诗的“生存理由”。众所周知，朱光潜论诗尤重“情趣”二字，“诗的境界是情趣与意象的融合”“每个诗的境界都必有‘情趣’和‘意象’两个要素”。需要注意的是，“情趣”不仅与意象相融合，成就“境界”，也贯注于形式，成就诗歌的独特性。正因如此，朱光潜认为“一般人把七律、商籁那些空壳看成诗的形式是一种根本的错误”，因为“每一首诗有每一首诗的特殊形式，而这特殊形式，是叫做七律、商籁那些模型得着当前的情趣贯注而具生命的那种声音节奏”，换句话说，一首诗的形式应当具有共同性和个性两个方面，共同性就是七律、商籁之类的模型，个性就是特殊情趣所表现的声音节奏，二者合起来才是一首诗的形式，而其中个性又是最重要的。不难看出，朱光潜非常强调诗歌的形式，在精心写作的《诗论》中，他着力研究了中国诗歌的形式——节奏和声韵。在他看来，“形式”可以解释为模型加个性，从这个意义上说，形式是“诗的灵魂”，“做一首诗实在就是赋予一个形式与情趣，‘没有形式的诗’实在是一个自相矛盾的名词”，“创造形式”对于诗人来说至关重要，甚至可以以此来衡定一个诗人的成败。总之，对诗歌或文学而言，“形式”并非只是服务于内容的次要的空壳，而是具有和内容同等重要的地位，内容是形式的内容，形式是内容的形式，二者密不可分。诗人只有做到这两个“精妙”，才能写出具有创造性和探险性的精妙之诗来。

---

①朱光潜：《谈读诗与趣味的培养》，《朱光潜全集》第3卷，合肥：安徽教育出版社，1987年版，第350页。

正因为诗比其他文学样式要更严谨、纯粹和精微，所以朱光潜认为，一切纯文学都要有诗的特质，一部好小说或是一部好戏剧都要当作一首诗来看，甚至说“我相信文学到了最高境界都必定是诗，而且相信生命如果未至末日，诗也就不会至末日”。[①]一个不读诗、对诗缺乏鉴赏力的人，自然对小说、散文、戏剧等的精妙之处不免有些隔膜。然而事实上，近代以来，伴随通俗文艺的快速发展，普通读者（包括学生）普遍不喜欢读诗而喜欢读小说或戏剧，因为其中有精彩有趣的故事。爱好故事并不是坏事，但若读小说只见到故事而没有见到“小说中的诗”，没有发现艺术家对于人生的深刻的观照以及他们传达这种观照的技巧（即“两个精妙”），这就好像只看到花架而忘记架上美丽生动的花。读诗，就是要在诸如《长恨歌》《西厢记》和莎士比亚的剧本中，寻出《长恨歌传》《会真记》和《莎士比亚故事集》中所寻不出的东西来。在《谈读诗与趣味的培养》中，朱光潜还以贾岛《寻隐者不遇》和崔颢《长干行》为例，来表明“故事后面的情趣”比故事本身更重要，所谓“读诗”就是要抓住“情趣”、寻出“精妙”。贾岛的《录隐者不遇》：

松下问童子，言师采药去。只在此山中，云深不知处。

崔颢的《长干行》：

君家何处住？妾住在横塘。停船暂借问，或恐是同乡。

显然，这两首诗中也都有故事，但却是简单平凡的故事，可见，“两首诗之所以为诗，并不在这两个故事，而在故事后面的情趣，以及抓住这种简朴而隽永的情趣，用一种恰如其分的简朴而隽永的语言表现出来的艺术本领。这两段故事你和我都会说，这两首诗却非你和我所做得出，虽然从表面看起来，它们是那么容易。读诗就是从此种看来虽似容易而实在不容易做出的地方下工夫，就是学会了解此种地方的佳妙。对于这种佳妙的了解和爱好就是所谓‘趣味’”。[②]一个有“趣味”的读者阅读诗歌，一定力求抓住诗中潜藏的情趣以及表现情趣的语言

①朱光潜：《给一位写新诗的青年朋友》，《朱光潜全集》第 3 卷，合肥：安徽教育出版社，1987 年年，第 268 页。

②朱光潜：《谈读诗与趣味的培养》，《朱光潜全集》第 3 卷，合肥：安徽教育出版社，1987 年版，第 351 页。

形式的精妙，尤其是声音节奏的精妙，这种“读法”甚至可以鉴别一首诗的好坏，正如朱光潜自己的经验之谈：

一首诗到了手，我不求甚解，先把它朗诵一遍，看它读起来是否有一种与众不同的声音节奏。如果音节很坚实饱满，我断定它后面一定有点有价值的东西；如果音节空洞零乱，我断定作者胸中原来也就很空洞零乱。我应用这个标准，失败的时候还不很多。①

在经过私塾古文诵读训练的朱光潜看来，语言文字与思想是同时成就的关系，有什么样的语言就会有什么样的思想，“一种与众不同的声音节奏”背后必然存在着一种与众不同的“有价值的东西”——情趣。一首好诗必然是言意合一、文质兼美的，只有如此，才能让人印象深刻乃至终身难忘，正如朱光潜一直记得布朗宁（Browning）的一首诗（Rabbi Ben Ezva），认为它“在我生平所给的益处最大”，使其“能惊赞热烈的失败，能欣赏一般人所嗤笑的呆气和空想，能景仰不计成败的坚苦卓绝的努力”。②

由此可以看出：读诗，不是一般的阅读，而是一种体现个人鉴别力的欣赏，一种因人而异的审美创造。正是从读者角度出发，朱光潜提出了一种具有接受美学色彩的“读诗”观念。

我们可以说，每人所见到的世界都是他自己所创造的。物的意蕴深浅与人的性分情趣深浅成正比例，深人所见于物者亦深，浅人所见于物者亦浅。诗人与常人的分别就在此。同是一个世界，对于诗人常呈现新鲜有趣的境界，对于常人则永远是那么一个平凡乏味的混乱体。这个道理也可以适用于诗的欣赏，就见到情景契合境界来说，欣赏与创造并无分别。③

每人所能领略到的境界都是性格、情趣和经验的返照，而性格、情趣和

①朱光潜：《给一位写新诗的青年朋友》，《朱光潜全集》第3卷，合肥：安徽教育出版社，1987年版，第271页。

②朱光潜：《给青年的十二封信》，长沙：岳麓书社，2010年版，第48页。

③朱光潜：《诗论》，《朱光潜全集》第3卷，合肥：安徽教育出版社，1987年版，第55页。

> 经验是彼此不同的，所以无论是欣赏自然风景或是读诗，各人在对象（object）中取得（take）多少，就看他在自我（subject-ego）中能够付与（give）多少，无所付与便不能有所取得。不但如此，同是一首诗，你今天读它所得的和你明天读它所得的也不能完全相同，因为性格、情趣和经验是生生不息的。欣赏一首诗就是再造（recreate）一首诗；每次再造时，都要凭当时当境的整个的情趣和经验做基础，所以每时每境所再造的都必定是一首新鲜的诗。①

> 一首诗做成之后，不是就变成个个读者的产业，使他可以坐享其成。它也好比一片自然风景，观赏者要拿自己的想象和情趣交接它，才能有所得。他所得的深浅和他自己的想象与情趣成比例。读诗就是再做诗，一首诗的生命不是作者一个人所能维持住，也要读者帮忙才行。读者的想象和情感是生生不息的，一首诗的生命也就是生生不息的，它并非一成不变的。一切艺术作品都是如此，没有创造就不能有欣赏。②

从以上文字不难看出读诗的两种特性：一是再造性。诗人创造出情景交融的境界，读者同样再创造出情景交融的境界，读者的性格、情趣和经验是不同的，又是生生不息的，所以，不同的读者在不同的时间阅读同一首诗会生成不同的阅读效果，从这个意义上说，每次阅读都是一次再创造。二是差异性。读者有什么样的性格、情趣和经验，就会领略到什么样的境界，自我付出多少，就会取得多少，正所谓“相由心生，境由心造”。总之，读者的阅读使诗的意义最终生成，并不断增值，从这个意义上说，明代学者钟惺在《诗论》中所提出的“诗，活物也”的观点是很有道理的。

由此，我想到当下的基础教育中阅读教学尤其是诗歌教学中的某些问题。其一，诗歌观念和诗歌教学认识存在偏误。一方面，由于高考作文题中特别注明“诗歌除外”的偏见，使得学生和老师们对诗歌轻慢不已；另一方面，诗歌在太多时候被比喻成其他东西：时代的声音，文化的触须，政治的鼓点，民族的心跳，性

---

①朱光潜：《诗论》，《朱光潜全集》第3卷，合肥：安徽教育出版社，1987年版，第56页。

②朱光潜：《“大人者不失其赤子之心”——艺术与游戏》，《朱光潜全集》第2卷，合肥：安徽教育出版社，1987年版，第54—55页。

别的面具，道德的盾牌，诸如此类，而唯独没有当作“诗歌”本身；诗歌教学侧重字词、翻译以及所谓“思想”，而忽视诗歌的语言、情感、美感，偏重识记功能，而忽视涵咏功能。其二，诗歌教学的技术化倾向严重。诗歌是诗人情志的抒发，是以象征性、模糊性的个性语言完成的意象化的书写，这使得诗歌的意义充满不确定性、丰富性，是无法分析得透彻明晰的。然而，技术化的科学分析在当下诗歌教学乃至整个文学教育的过程中却依然占据主导地位，归根结底，“‘应试教育’是诗歌教学越来越向技术化、分析操作化的方向迈进进而导致诗歌功能异化的根源所在，正因为此，不少教师在诗歌教学过程中，多从纯理性的角度进行注解，只注重字词的剖析、句子的梳理以及平仄、押韵辞格等有关理论知识的讲解，而很少引导甚至完全忽略了学生对诗歌意境美的感受”。其三，教师的读诗能力不高，诗歌教学方法单一。对诗歌感兴趣或是能写诗歌的语文教师毕竟是极少数的，绝大部分语文老师可能都缺乏一种深入解读、阐释诗歌文本的能力，常常采取单纯的讲授法，把一首诗当作一般文章来讲授，介绍作者和背景材料，读诗文，讲解内容，分析中心思想，总结艺术特色，如此这般固定程序，学生只需记、读、背就可以了。由此，导致学生无法欣赏诗歌之美，因而不喜欢诗歌甚至讨厌语文，于是，文学教育陷入困境。

针对这种一切以考试（尤其是“高考”）为中心、忽视学生的情感体验和审美情趣的诗歌教学、阅读教学，朱光潜提出的读诗观念值得深思和借鉴。诗歌教学或阅读教学的主要目标就在于培养学生的趣味，使其能发现文本的“佳妙”之处。教师的任务不在讲授知识，而是引导学生调动自己的经验、情感体验去积极主动地寻找“言外之意”“象外之象”“味外之旨”，努力读出故事背后的“趣味”和“佳妙”来。这就要求教师自身首先要具有纯正的文学趣味，必须具备感受“佳妙”的能力，建立正确的诗歌（文学）观念和诗歌教学、阅读教学的认识，把诗当作“诗”来阅读和教学。

关于如何读诗乃至研究诗歌，朱光潜也提出了六点建议：一是读者可以由诗歌选本寻出一个门径，但专读选本容易失去独立自由评判的精神，只跟着旁人说好说坏，一旦养成了这种习惯，对于文学就不能有很高尚纯正的趣味。因此，每个读者都应该自己选定一个选本，不管旁人的议论，把自己心爱的诗都选进去，然后随学力渐深而隔几年就复勘一遍选本。二是必须要有“历史的意识”，借明白全体来彻底明白某一部分，最好顺时代的次序，由古代读到现代，看出“前启后”的道理，再由下溯上，由现代读到古代，看出后承前的道理。经过这样顺沿和追溯的工夫，再综观全局，我们胸中就可建造一部诗史，把其中源流派别、承接转变的关系看得一目了然。三是要养成细心的习惯，一语不苟，一字不苟，不放过题中应有之意，更不放过言外之意。四是必须反复吟诵，把声音节奏抓住，因为声音节奏是情趣的直接表现，读诗如果只懂语文意义而不讲求声音节奏，对于诗就多少是门外汉。“诗不仅要朗诵，而且要熟读，读熟了，一首诗就常在心中盘旋，成为自己的精神产业的一部分，可以在心中生根发芽，新的领悟会随新的人生经验源源而来，总之，它就在心中活着，而且不断地生长着。”①五要专心致志，设身处地地想象，“用志不纷，乃凝于神”。六要常作比较，同一诗人的、不同的诗人的诗作经过细心比较，才可以见出艺术境界的丰富。只有深体会、广比较，才能养成平正通达的见识和纯正典雅的趣味。

值得注意的是，在朱光潜看来，读诗的功用不仅仅在于培养文学趣味，也不仅仅在于消愁遣闷，或替有闲阶级添一件奢侈，而在于它让我们随着诗人指点的方向见出我们所不能见，使我们到处都可以感觉到人生世相新鲜有趣，到处可以吸收维持生命和推展生命的活力。反之，一个有生命而无诗的人虽未等到诗的末日，实在是早已到生命的末日了——那真是一件最可悲哀的事！正是在艺术和生命的双重意义上，朱光潜最后说道：“诗是培养趣味的最好的媒介，能欣赏诗的人们不但对于其他种种文学可有真确的了解，而且也决不会觉得人生是一件干枯的东西。”②而在另一篇文章《文学与人生》中他同样说道：“一个对于文艺有修养的人决不会感到世界的干枯或人生的苦闷。他自己有表现的能力固然很好，纵然不能，他也有一双慧眼看世界，整个世界的动态便成为他的诗，他的图画，他的戏剧，让他的性情在其中‘怡养’。到了这种境界，人生便经过了艺术化，而身历其境的人，在我想，可以算得一个有‘道’之士。”③可见，读诗不仅关乎文学趣味的培养，更关乎人生观的树立，关乎“人生艺术化”的实现。

---

①朱光潜：《研究诗歌的方法》，《朱光潜学术文化随笔》，贺照田编，北京：中国青年出版社，1998年版，第263页。

②朱光潜：《谈读诗与趣味的培养》，《朱光潜全集》第3卷，合肥：安徽教育出版社，1987年版，第354页。

③朱光潜：《朱光潜人生九论》，北京：人民文学出版社，2011年版，第305页。

正如朱光潜在其美学处女作《无言之美》中所言："现在如果要提高文学，必先提高文学欣赏力。要提高文学欣赏力，必先在诗词方面特别下工夫，把鉴赏无言之美的能力养得很敏捷。因此我很希望文学创作者在诗词方面多努力，而学校国文课程中诗歌应该占一个重要的位置。"[①]因此，文学创作者和欣赏者应在诗词方面多努力，而诗歌应该在学校语文课程中占有一个重要位置，得到合理的教授，从这个意义上说，"中国诗词大会"之类文化节目的用意也正在于此，重要的不是背诵几首古诗词，而是用诗词涵养一颗"诗心"！

三、培养纯正文学趣味的意义

（一）时代背景下的纠偏意义

如上文所言，朱光潜提出美学的"怡情养性"的功能，这其实也是他美育思想的核心内容，他认为文学教育最重要的就是美感教育，所以"怡情养性"也是文学的功用。他希望通过文学教育来培养国民的趣味，重塑国民的精神。无论是"怡情养性"，还是培养"趣味"，这些与当时主流格格不入的美育思想在当时社会显得方枘圆凿，但它犹如凄风寒雨的夜晚里一盏摇曳的灯火，给沉浮苦海找不到方向的人以莫大的慰藉，也燃起了人们求知、想好和爱美之天性的火焰。

从文学本身的发展来看，三四十年代的中国社会动荡不安，一些急功近利之人，披着文学的外衣做着各种见不得人的"勾当"，文坛上一度被一种不健康之气所笼罩，甚至连学生的"课堂习作"都染上了这种气息。对中国文坛，朱光潜始终怀着一颗忧虑之心，尤其担心这种不良风气对青少年的影响。在《流行文学三弊》中，他直言不讳地指出当时流行文学的三大弊端：陈腐、虚伪与油滑，严厉批判了当时文学的极不健康的风气。

所谓"陈腐"，是指文艺由于习惯风俗的阻碍而变得惰性，比如大学国文系被一些似通不通的学究把持着，禁止学生谈语体文，教他们专做那些似通不通的

①朱光潜：《给青年的十二封信》，长沙：岳麓书社，2010年版，第61页。

策论诗赋；而白话文运动初期，许多新文学家也大都满足于贩卖一些诸如写实主义、象征主义、大众化等空洞的名词，而很少有人脚踏实地埋头努力开辟一条自己的路径，创造出思想、体裁、内容都超越流俗、值得一读的作品。之所以如此，最重要的原因在于那些写作者根本没有文艺的资禀与修养，只是拿文艺做商业上和政治上的敲门砖，最终导致模仿抄袭的空气弥漫文坛，文艺变成游街队的叫卖，小喽啰的呐喊，毫无风格生命可言。而在朱光潜看来，没有创造就没有艺术，而所谓"创造"不是根据口号敷衍文字，再贴上"诗歌""小说"等标签，而是用适当的语言表现出一个具体的境界和亲切的情趣，这是资禀和修养的结晶，不是支票或头衔所能买到的。

所谓"虚伪"，在形式上是指把辞藻当装饰来掩盖内容的空洞，在内容上是指模仿西方某派的情调，以艰深掩盖浅陋。在朱光潜看来，文艺上的虚伪源自"没有话可说而勉强要说"，为了掩饰内心生活的贫乏，新文学家们便搬弄陈腐而僵硬的漂亮词句，模仿法国象征派诗、现代英美诗的情调，将作品弄得僻窄艰晦。事实上，文学不是一种门面装饰，不是形容词句的堆砌，也不是"以艰深文浅陋"，而是丰富精神的充溢，应当叫读者见出一个活跃的境界来。

所谓"油滑"，是指一味追求幽默而把文学当成一种玩世的工具，使文学变得油腔滑调，缺乏严肃。当时不仅学生壁报和报纸副刊在学《论语》(1932 年创刊，林语堂主编)的调子，就是许多认真的作家往往在无意之中也露出点油腔滑调。针对这"文坛上的一个很严重的病象"，朱光潜提出了严厉批评：讽刺文学最发达的时代，往往是文学水准最失落的时代，从鲁迅到老舍，对人生、社会的态度是偏向于讽刺的，他们与滑稽玩世者不同，因为他们很认真，出发点还是一副救世心肠；但提倡"幽默小品"的人没有讽刺的骨子而学得讽刺的面孔，结果变成了专会谑浪调笑的小丑，一味憨皮臭脸，油腔滑调。在朱光潜看来，一味严肃而没有幽默意识的人，是文学的门外汉，往往钻进清教徒或道学家的圈子里去，对文学没有多大危险；而一味幽默而见不到幽默的严肃境界，使文学流为油滑，绝不会产生伟大的文学作品，因此，理想的文艺应是"最高度的幽默与最高度的严肃超过冲突而达到调和"。

遗憾的是，文坛上的这种极不健康的风气，不但未见好转，反而随着抗日战争的爆发而变得愈发严重。1944年，朱光潜再次发表《文学上的低级趣味》一文，将不健康的文学风气归纳为十种低级趣味的表现。他认为，“低级趣味”是文学本身的最大毛病，指当爱好的东西不爱好，不当爱好的东西偏偏特别爱好。一个人之所以会有低级趣味，把坏的看成好的，原因在于他缺乏文学创作和欣赏都必需的极敏锐的美丑鉴别力。

文坛之所以充斥着这样的低级趣味和不健康的文学风气，朱光潜认为关键在于中国缺乏“一个所谓地道的文人阶级”。在《中国文坛缺什么》中，他说道：

> 现在中国文人不是属于经院派，就是属于新闻纸派，要想找几个超然于经院与新闻纸之外的地道的文人，我们简直找不着；这正犹如中国政治界只有政阀政客而无纯粹的政论家一样，结果是吃文学饭和政治饭的人愈多，而文学与政治也就愈闹糊涂。①

朱光潜的这种观察和判断是切中时弊且非常焦虑的。中国文坛不乏经院派、新闻纸派，却缺乏像欧洲存在的那种最重要的“地道的文人派”，这派人的特点在于：他们有经院派的训练而没有经院派的陈腐，有新闻纸派的流动新颖而没有新闻纸派的油滑肤浅。文学是他们的特殊工作，有时也是他们的特殊职业，但是他们的文学却没有完全走上职业化的道路。他们能保持一种超然的态度，不泥古也不超时，只是跟着自己的资禀和兴趣向前走。好的文学创作大半都是从他们手里出来的。他们有时也做经院派所做的考据批评，做新闻报纸所做的通俗化的工作，但是都比这两派人做得更好。对“地道的文人派”的赞赏，表明了朱光潜的文学理想，事实上，他虽在大学任教，却是“地道的文人派”，既在大学里做着专业化的文学教学和研究工作，又借助报纸杂志发表通俗化的专栏文章，也正因此，他批评经院派应承担“造成现在文坛惨状的罪过”，因为经院派中人始终很沉寂，瞧不起在报纸发表文字甚至出书，不肯“出风头”以维持他们所谓的“自尊”。

总之，为纠正文坛陈腐、虚伪、“不是呐喊叫嚣，就是油腔滑调”的风气，普及

①朱光潜：《朱光潜人生九论》，北京：人民文学出版社，2011年版，第321页。

文学并提高大众的趣味，朱光潜以身作则，带头打破经院派的沉寂，以文学启蒙民众，并呼吁文学家们“多学民歌去做诗，多学旧戏去写剧本，多学唱本和民间故事去做小说”（《文学和民众》），创造出真正的“大众文学”作品，以积极入世的精神和雅俗共赏的趣味实现对民众趣味的培养和人格的教育。

（二）怡情养性，因文证道

在朱光潜看来，文学教育是一种精神上的享受，而不仅仅是知识上的传播，只有爱好文学，懂得欣赏文学，有表现思想感情能力的人才是一个受过教育的人。而文学教育的第一件事就是要养成纯正的文学趣味。文学趣味的培养不仅仅是整个民族精神的提升，也是塑造完美人格的重要途径。一个人如果有纯正的文艺修养，他在文艺方面所受的道德影响可以比任何其他体验与教训的影响更为深广。他认为真正的文学教育是对个体人性和精神上的塑造和影响，也就是“怡情养性”：

> 健全的人生理想是人性的多方面的谐和的发展，没有残废也没有臃肿。譬如草木，在风调雨顺的环境之下，它的一般生机总是欣欣向荣，长得枝条茂畅，花叶扶疏。情感思想便是人的生机，生来就需要宣泄生长，发芽开花。有情感思想而不能表现，生机便遭窒塞残损，好比一株发育不完全而呈病态的花草。文艺是情感思想的表现，也就是生机的发展，所以要完全实现人生，离开文艺决不成。……人都知道文艺是“怡情养性”的。请仔细玩索“怡养”两字的意味！性情在怡养的状态中，它必是健旺的，生发的，快乐的。这“怡养”两字却不容易做到，在这纷纭扰攘的世界中，我们大部分时间与精力都费在解决实际生活问题，奔波劳碌，很机械地随着疾行车流转，一日之中能有几许时刻回想到自己有性情？还论怡养！凡是文艺都是根据现实世界而铸成另一超现实的意象世界，所以它一方面是现实人生的返照，一方面也是现实人生的超脱。在让性情怡养在文艺的甘泉时，我们霎时间脱去尘劳，得到精神的解放，心灵如鱼得水地徜徉自乐；或是用另一个比喻来说，在干燥闷热的沙漠里走得很疲劳之后，在清泉里洗一个澡，绿树荫下歇一会儿凉。世间许多人在劳苦里打翻转，在罪孽里打翻转，俗不可耐，苦不可耐，原因只在洗澡歇凉的机会太少。①

①朱光潜：《朱光潜人生九论》，北京：人民文学出版社，2011年版，第303—304页。

从中我们可以看出:文学就如精神养分,滋养着人的身心。在人的情感思想得不到正常宣泄而被压抑的时候,犹如被抑制生长的植物呈现病态,抑或被摧残凋零。倘若借文艺的想象世界将其表达出来,通过想象的方式来满足现实的欲望,本能的冲动和情感得到宣泄,不至于凝固在心中日久成疾。文学作品就是通过这样的方式为我们的情感和心灵寻找到一个诗意的栖息地,让我们的灵魂在这里得到净化和升华,健全的人格和健康的身心才能得到“怡养”。

朱光潜认为文学不仅可以“怡情养性”,还能“因文证道”。中国文人历来有“以文载道”的说法,后来有人嫌它的道学气太重,便把“诗言志”搬了出来,他们认为文学的功用就是“言志”,即表现一切心灵活动。后来的文学理论家于是将文学分为“载道”和“言志”两派,二者完全对立,绝不相容。“载道派”是“为道德教训而文艺”,“言志派”则是“为文艺而文艺”。事实上,朱光潜认为这两派的分歧并不在于文艺功用的区别上,而关键在于对“道”的理解。如果我们将“道”理解为“人生世相的道理”,那么文学就绝不能离开“道”,“道”就是文学所表达的真实性。情感思想的真实本身就是“道”,所以“载道”和“言志”就不是对立的两个极端,“载道”就是“言志”。在这里朱光潜强调:“哲学科学所谈的是‘道’,文艺所谈的仍是‘道’,所不同者哲学科学的‘道’是抽象的,是从人生世相中抽绎出来的,好比从盐水中提出来的盐;文艺的‘道’是具体的,是含蕴在人生世相中的,好比盐溶于水,饮者知咸,却不辨何者为盐,何者为水。”也就是说,哲学的“道”是客观而冷静的,不包含任何思想感情的;文艺上的“道”是主观而热烈的,包含了人类丰富的情感和生命感悟,如他所言,文艺的“道”是与作者的“志”融为一体的。

“因文证道”作为朱光潜的文艺观,非为自创,而是源于对他影响很大的桐城派和宋诗派共同认可的“道与艺合”“道艺合一”之论。在桐城派那里,“道与艺合”无非是让儒家道义与文学结合,文以载道,以道显文。后来桐城派后期代表人物曾国藩又曾对“艺通于道”做了详细阐发,他说:“古之知道者,未有不明于文字者也……吾儒所赖以学圣贤者,亦藉此文字以考古圣之行,以究其用心之所在。然则句与句续、字与字续者,古圣之精神语笑,胥寓于此。差若毫厘,谬以千里……故窃谓今日明先王之道,不得不以研究文字为要务。”在曾氏看来,文字通则道义通,道与文彼此不能分离,道因文彰,文因道显,道艺并举,道艺一也。

由此可见“艺通于道”与“道与艺合”是相通的，两者都将道艺置于同一意识层面，实际上就是强调学问与诗文创作并行不悖，相得益彰。曾国藩的姻亲郭崇焘为曾国藩所写的墓志铭中说道：曾氏“穷极程朱性道之蕴，博考名物，熟读经史，以为经世宰物，纲维万事无它，礼而已矣。浇风可使之纯，敝俗可使之兴。而其精微具存于古圣人之文章，故其为学，因文以证道。常言：载道者身，而致远者文。天地万物之大，典章制度之繁，唯文能达而传之焉”。当然，桐城派之“文”所证之“道”皆为儒家正统之道（包括程朱理学），而朱光潜则将“道”从学问层面延伸至人生层面，重在强调文学表现人生世相道理（“道”）的功利价值与意义，最终落脚于“人生艺术化”的目标。

也就是说，一个对于文艺有修养的人决不感觉到世界的干枯或人生的苦闷。他自己有表现的能力固然很好，纵然不能，他也有一双慧眼看世界，这即是朱光潜从文艺学会的一种“观世法”。这种文艺观世法就是以冷静客观的态度，让“我”跳到圈子以外，不当作世界里有“我”而去看世界，把“我”与类似“我”的一切东西同样看待，比如，拿看画的方法看一片园林或一座房屋，拿看小说或戏剧的方法看一对男女谈恋爱或是两个老谋深算的人斗手腕，如此观世，整个世界的动态便成为他的诗，他的图画，他的戏剧，从而让他的性情在其中“怡养”，到了这种境界，人生便经过了艺术化，而身历其境的人，都可算得上一个有“道”之士。虽然从事文学的人不一定都能达到这个境界，但是我们不妨将它设定为一个崇高的理想，不断提高自身的修养，去追求它，实现它。总而言之，无论是对于普通民众，还是对于学习文学的莘莘学子，文学修养就是为了培养纯正的文学趣味，学会以“文艺观世法”来观照世界和人生，怡情养性，因文证道，最终实现人生的“艺术化”。

第二节　文学写作:彻底了解文学

一、为何要练习写作

在朱光潜看来,练习就是体验的过程,只有自己亲自体验写作,才能对培养文学趣味起到至关重要的帮助。写作有助于欣赏。想要彻底了解文学,就要尽量欣赏文学,就必须自己动手练习创作。文学上很多人都是只阅读欣赏,自己从来不动手练习,这种人容易养成种种错误的观念,较典型的就是“自视太低者”和“自视太高者”。“自视太低者”认为文学写作是需要资禀天赋的,自己既然没有这种资禀,那么再多的努力也不会有成就的;“自视太高者”以为自己已经读了很多文学作品,对文学已经算是内行人,自己不写就算了,写出来的必然是第一流的作品。这两种错误的观念都是由于不动手写作造成的,连尝试都不愿意又凭什么谈论热爱文学?

还有一种典型就是“眼高手低”者,自以为读过许多文学作品,具备高于别人的文学鉴赏能力和良好的文学修养,以一种挑剔的眼光去评判他人的作品,即便自己写起来很平庸。朱光潜认为,在文艺方面手眼必须一致,眼低者未必手高,手低者也未必眼高。“你自己没有亲身体验过写作的甘苦,对于旁人的作品就难免有几分隔靴搔痒。很显著的美丑或许不难看出,而于作者苦心经营处和灵机焕发处,微言妙趣大则源于性情学问的融会,小则见于一字一句的选择与安排,你如果不曾身历其境,便难免忽略过去。”[①]只有自己切身感受过才能引起共鸣,只有通过自己动笔写作才能深入思考怎样才能写好一篇文章,应该如何去运思,如何布局、如何咬文嚼字……在读别人作品时才会冷静观察学习。

但创作不是一件随便能成功的事情,却也不是件不可能的事情。朱光潜认

①朱光潜:《写作练习》,《朱光潜全集》第4卷,合肥:安徽教育出版社,1988年版,第194—195页。

为，创作像一切有价值的活动一样，它需要辛苦学习才能做得好。假定有中人之资，依着合理的程序，一步一步地向前进，有一分工夫，决有一分效果，孜孜不倦，到后来总可以达到意到笔随的程度。这事有如下围棋，一段一段地前进，功夫没有到时，慢说想跳越一段，就是想多争一颗子也不行。许多学子对文学写作不肯经过浅近的基本训练，以为将来一动笔就会一鸣惊人，那只是妄想，虽天才也未必能做到。他同时给练习写作者提出一些宝贵的经验，如“练习写作有一个最重要的原则须牢记在心的，就是有话必说，无话不说，说须心口如一，不能说谎”。①文学的功用就是表现，如果心里想要表达的和付诸于笔尖的不完全相同，就失去了表现的功用；“在初写时，我们必须谨守着知道清楚的，和易于着笔的这两种材料的范围。”②换句话说，我们要写自己熟悉和了解的东西。他认为可以从写日记开始，将写日记当作一种文学训练，将身边发生的事情用“文艺化”的方式记录下来，一则可以积累好的写作素材，不至于无话可说，胡编乱造；另一方面也可以培养自己用艺术的眼光看待人生世相；在日积月累的训练中，写作水平和技巧自然也会大大增进。

二、如何练习写作

这即是作文教学的关键问题。早在《给青年的十二封信》中朱光潜就专门写了《谈作文》一文，指出练习对于作文的必要性，“古今许多第一流作者大半都经过极刻苦的推敲揣摩的训练”，并对初学者提出准备阶段需要走的两条路径：临帖和写生；在《写作练习》中，朱光潜又再次强调了练习写作的重要性和意义，并结合自己多年的写作经验对创作过程中应注意的问题给出了三条忠告：运思、布局和咬文。下面我们就从准备阶段和创作阶段两方面来谈谈如何练习写作。

（一）准备阶段：“临帖”“写生”及读书

1.临帖与写生

朱光潜认为，文学像其他艺术一样，“神而明，之存乎其人”，精微奥妙都不

①朱光潜：《写作练习》，《朱光潜全集》第4卷，合肥：安徽教育出版社，1988年版，第195—196页。
②朱光潜：《写作练习》，《朱光潜全集》第4卷，合肥：安徽教育出版社，1988年版，第197页。

可以言传,所可以言传的全是糟粕。不过初学作文也应该认清路径,这路径就在于临帖与写生——这自然是借用学画的练习之法。学文如学画,学画可临帖,又可写生。在这两条路中间,写生自然更为重要;但是临帖的作用是不可忽视的,因为笔法和意境在初学时都须从临帖中体会。一言以蔽之,临帖和写生都不可偏废。

临帖可以说是一种模仿,许多第一流的作者最初都要经过这一阶段。事实上,古代中国文人学习作文主要用的就是"临帖法",即"每人总须读过几百篇或几千篇名著,揣摩呻吟,至能背诵,然后执笔为文,手腕自然纯熟"。[①]可见,临帖的关键在于多读书,只有多读各个时期各派各家的名著,才能在其中体味各种笔法和意境,通过反复涵咏、吟诵,经由模仿而最终转化为自己的笔法和意境。

读书只是一步预备工夫,要真正学习作文,还要特别注意写生。这里所谓的"写生"是指直接面对对象进行描绘的一种写作方法。近代欧洲文人大半都由写生入手,尽管他们亦重视读书。比如,莫泊桑曾请教于福楼拜,福楼拜叫他描写一百个不同的面孔。朱光潜认为,初学作文的中学生要写生的话,必须多作描写文和记叙文,而不是议论文,这是因为:中学生的理解和知识大都很贫弱,胸中没有议论,初学作议论文的话容易走入空疏俗滥的路上去;而如果把描写文和记叙文都做好了,那么,议论文就很容易写了。这无疑是中的之论,是符合学生的学习规律和写作的基本规律的。

2.读书:写作外的真功夫

读书应贯穿在写作的整个准备过程中,也应贯穿在每个人(包括写作者)的人生过程中。因为读书不仅是临帖的主要内容,更是与写作、与写作者以及每个人的趣味养成密不可分的,正如对作诗而言,"工夫在诗外",对作文而言,读书就是写作外的真功夫。关于读书问题,朱光潜在《谈读书》等文章中做了专门说明。在这里,我们不妨结合当下现实并围绕最根本的三个问题做个简单勾勒。

第一,为什么要读书?

让我们从当今的阅读现状说起。每年"世界读书日"前夕,中国新闻出版研

---

①朱光潜:《谈写作》,《给青年的十二封信》,长沙:岳麓书社,2010年版,第32页。

究院都要发布"全国国民阅读调查结果",比如第十次的调查结果显示:2012年,我国18-70周岁国民图书阅读率为54.9%,人均纸质图书的阅读量为4.39本,比韩国的11本、法国的20本、日本的40本、犹太人的64本少得多,近十年来,阅读状况总体上也一直呈倒退趋势。而在这些难得的阅读群体中,青少年居多,但阅读现状也令人担忧:网文受追捧,经典名著被冷落;宁可读流行的玄幻小说、校园青春读物,也不读经典名著;功利性阅读多,情趣性阅读少;浅阅读多,深阅读少;图像阅读多,文字阅读少。

造成不读书或读书少的主要原因在于"工作忙,没时间"(42.8%)和"没有读书习惯"(35.8%)。不容否认,当下社会生活节奏确实很快,人们的工作压力都很大,心浮气躁,但越是这样似乎越需要一个时空,安放自己,让自己慢下来,静下来。正如朱光潜所言,"世间有许多人比你忙得多。许多人的学问都在忙中做成的",比如美国文学家、科学家、革命家富兰克林,幼时在印刷局里做小工,他的书都是在做工时抽空读的;再比如孙中山,无论忙到什么程度,没有一天不偷暇读几页书,只要看他的《建国方略》《孙文学说》,就知道他不仅是一个政治家,而且还是一个学者。因此,"忙"不能成为不读书的理由。

我们无法以一己之力改变整体国民的阅读现状,但我们可以通过读书改变自己的素质,改变自己的人生质地,乃至影响和改变自己身边的人,关键就是要培养读书的意识和习惯。正如朱光潜所说:"人类学问逐天进步不止,你不努力跟着跑,便落伍退后,这固不消说。尤其要紧的是养成读书的习惯,是在学问中寻出一种兴趣。"相较于打麻将、玩游戏,读书应当算是一种"正常嗜好":

> 你如果没有一种正常嗜好,没有一种在闲暇时可以寄托你的心神的东西,将来离开学校去做事,说不定要被恶习惯所引诱。你不看见现在许多叉麻雀抽鸦片的官僚们,绅商们乃至于教员们,不大半由学生出身么?你慢些鄙视他们,临到你来,再看看你的成就罢!但是你如果在读书中寻出一种趣味,你将来抵抗引诱的能力比别人定要大些。这种兴趣你现在不能寻出,将来永不会寻出的。①

①朱光潜:《私人创校计划》,《朱光潜全集》第8卷,合肥:安徽教育出版社,1993年版,第111页。

可见，读书是一种寄托自己心灵和精神的方式，是一种正常嗜好，使人具有一种趣味，使人具有抵抗恶习引诱的强大能力，不至于堕落或沉沦，“在读书中寻出一种趣味”正是读书的目的和意义所在。而且，这种能力和趣味的培养一定要在青年时期，耽误不得，过了这个正当时节，这种趣味就凋谢了，比如达尔文小时候很喜欢文学和音乐，后来因为研究生物学而把文学和音乐都丢开了，到老了他再想拿诗歌来消遣，却再也寻不出趣味来了。只有好读书的人，才有可能具备较高的学习经验的修养、道德的修养以及艺术本身的修养等，从而具有一双能发现美的眼睛、一双具有音乐感的耳朵，才能从书本中乃至从生活中寻出一种趣味，见出各种美来，才不会与那些自己所鄙视的低俗趣味的人为伍。

第二，读什么书？

也许有学生会说，我在学校里整天念讲义看课本不就是读书吗？答曰：是又不是。说“是”，是因为讲义课本着意在平均发展基本知识，不可不读。说“不是”，是因为如果以为念讲义、看课本便尽读书之能事，就是大错特错。原因有二：一是学校功课门类虽多，但范围非常狭窄。比如，你对某种功课不感兴趣，这也许并非由于性不相近，只是规定课本不合你的胃口。你如果能自己在课外发现好书，你对于那门功课也许就因此而浓厚起来了。二是念讲义、看课本，免不掉若干拘束，想借此培养兴趣，颇是难事。比如说，有一本小说，平时拿来消遣，觉得非常有趣，而一旦把它拿来当课本读，用预备考试的方法去读，便不免索然寡味了。可见，念讲义、看课本很难培养学生的读书兴趣，因为兴趣要逍遥自在地不受约束地发展。因此，朱光潜认为，为培养读书起见，应该从课外书入手。

接下来的问题是：有无数的课外书，又该如何选择呢？这倒是人言人殊的问题。随着历史前进，书越来越多，由此也带来两大流弊：一是书多易使读者不专精，“过目”的虽多，“留心”的却少，譬如饮食，不消化的东西积得愈多，愈易酿成肠胃病，许多浮浅虚骄的习气都由此养成；二是书多易使读者迷失方向。许多初学者贪多而不务得，在无足轻重的书籍上浪费时间和精力，就不免把基本要籍耽搁了。为了帮助青年学生选择要籍，1925 年 1 月，当时著名的《京报副刊》刊出启事，向社会各界征求“青年爱读书”和“青年必读书”各 10 部。一时间应者多如过江之鲫：前者多是在京各院校大学生的应答；后者则均由业界著名学者如胡适、梁启超、周作人、林语堂等开出。其中，有些人所举的十种尽是几何代数，有

些人所举的十种尽是史书,而最为“另类”的则是鲁迅的“书目”:

青年必读书

——应京报副刊的征求

从来没有留心过,

所以现在说不出。

但我要趁这机会,略说自己的经验,以供若干读者的参考——

我看中国书时,总觉得就沉静下去,与现实人生离开;读外国书——但除了印度——时,往往就与人生接触,想做点事。

中国书虽有劝人入世的话,也多是僵尸的乐观;外国书即使是颓唐和厌世的,但却是活人的颓唐和厌世。

我以为要少——或者竟不——看中国书,多看外国书。

少看中国书,其结果不过不能作文而已。但现在的青年最要紧的是“行”,不是“言”。只要是活人,不能作文算什么大不了的事。①

可见,这“书目”既无具体的“书”亦无相应的“目”,颇为“另类”;而“少看中国书,多看外国书”的观点更是引起多方批评,这里不做详论。与之相似的是,朱光潜也并未开出明确具体的书目,这是因为:在他看来,这种征求的本意,求以一个人的标准做一切人的标准,完全是一种错误见解。每个人的天资、兴趣、环境、职业不同,如何能定出万应灵丹似的十种书,供天下无数青年读之都能感觉同样趣味,发生同样效力呢?同时,他还认为,读书好比探险,不能完全靠别人指导,别人只能介绍,抉择还要靠自己,每个人都必须自己费些功夫去搜求。因此,朱光潜反其道而行之,提出“不必读的书”“值得读的书”以及自己最喜欢(爱读)的中外书、“人文方面几类应读的书”,并根据中国学生的性格倾向而提出读书与教育的阶段倾向问题。

所谓“不必读的书”是指不值得读第二遍的书,不是新书,而是像“文学大纲”“科学大纲”以及杂志报纸上的书评、谈书的书等。针对当时中国正处“新旧交替时代”“青年们读新书已成时髦”的现实,朱光潜给出两点提醒:一是文学上

①朱光潜:《给青年的十二封信》,长沙:岳麓书社,2010年版,第2页。

只有好坏之分,没有新旧之别,读书做学问不能学时髦。因此,他"劝有闲工夫有好兴致的人对于旧书也不妨去读读看";二是许多流行的现代出版的新书只是迎合一时社会心理,实在毫无价值,而经过时代淘汰而巍然独存的书才有永久性,才值得读一遍两遍以至于无数遍。在他看来,只有这些"值得读的书"才能真正称为"书",因为在这些书中间,读者可以获得较真确的知识,而且可以于无形中吸收大学者治学的精神和方法,能撼动读者的心灵,激动读者的思考。正是以此为标准,朱光潜在《一九三四年我所爱读的书籍》中列出了三本书:

一、Greek Anthology,希腊短诗选本。
二、阮籍《咏怀诗》,中国最沉痛的诗。
三、《菜根谭》,融会儒释道三家的哲学而成的出世法。[①]

朱光潜根据自己的阅读经历,还提出了自己最喜欢的中外书籍,兹列于下:

中国书:《国风》《庄子》《楚辞》《史记》《古诗源》《文选》中的书笺,《世说新语》《陶渊明集》《李太白集》《花间集》、张惠言《词选》《红楼梦》等。

外国书:济慈(Keats)、雪莱(Shelly)、柯勒律治(Coleridge)、布朗宁(Browning)等人的诗集,索福克勒斯(Sophocles)的七悲剧,莎士比亚的《哈姆雷特》(Shakespeare:Hamlet)、《李尔王》(King Lear)和《奥赛罗》(Othello),歌德的《浮士德》(Goethe:Fasuts)、易卜生(Ibsen)的戏剧集、屠格涅夫(Turgenef)的《处女地》(Virgin Soil)和《父与子》(Fathers and Children),陀思妥耶夫斯基的《罪与罚》(Dostoyevsky:Crime and Punishment),福楼拜的《包法利夫人》(Flaubert:Madame Bovary),莫泊桑(Maupassant)的小说集,小泉云八(Lafcadio Hearn)关于日本的著作等。[②]

为应约"开一个为获得现代公民常识所必读的书籍目录",朱光潜在《人文方面几类应读的书》中结合自己的阅读经验,又着重提供了中外人文方面值得阅读

①朱光潜:《朱光潜人生九论》,北京:人民文学出版社,2011年版,第278页。
②朱光潜:《给青年的十二封信》,长沙:岳麓书社,2010年版,第4页。

的一些书目(与上述略有重复),统计如下:

中国:《论语》《孟子》和“五经”、《世说新语》《韩非子》《列子》《淮南子》《吕氏春秋》《楚辞》《陶杜诗集》《六祖坛经》《楞严经》《近思录》《传习录》,以及各种代表性选本如姚鼐《古文辞类纂》、王渔洋《古今诗选》、王壬秋《八代诗选》、沈归愚《古诗源》和《唐宋诗醇》、曾国藩《十八家诗抄》《花间集》、张惠言《词选》、朱疆邨《宋词三百首》《西厢记》《琵琶记》《桃花扇》《红楼梦》等。

西方:韦尔斯的《世界史纲》、Fish 的《欧洲通史》、Lavisse 的通史(法文)与剑桥大学的中世纪和近代欧洲史、柏拉图的《对话集》《理想国》、亚里士多德《伦理学》、普鲁塔克《英雄传》《圣经》、Michet 的艺术史、《罗兰之歌》《亚瑟王传》、但丁《神曲》、薄迦丘《十日谈》、塞万提斯《堂吉诃德》、Vasari 的《艺人传》、Beransen 的《意大利画》、康德的《纯粹理性批判》、黑格尔《逻辑学》、达尔文《物种起源》、亚当斯密《原富》、穆勒《群己权界论》,里波、詹姆斯和弗洛伊德的心理学著作、马克思《资本论》、弗雷泽《金枝》等。①

由上,我们不难看出:无论是对中国古典文学,还是对西方古典文学,无论是人文社会科学,还是自然科学,无论是佛经,还是理学书,无论是诗歌、散文还是戏剧、小说,朱光潜完全抛开了门户偏见,按照自己的性格和兴趣爱好,广泛涉猎,兼容并包,选择那些值得一读再读的经典名著,不仅将读书与学术研究紧密结合在一起,更是与自己的怡情养性紧密结合在一起。

朱光潜虽然读了许多书,但并不意味着他赞成读得越多就越好,恰恰相反,在他看来,读书并不在多,最重要的是选得精,读得彻底。按其所言,读书、治学、做人三者是一致的:

读书原为自己受用,多读不能算是荣誉,少读也不能算是羞耻。少读如果彻底,必能养成深思熟虑的习惯,涵泳悠游,以至于变化气质;多读而不求甚解,则如驰骋十里洋场,虽珍奇满目,徒惹得心慌意乱,空手而归。世间许

①朱光潜:《朱光潜人生九论》,北京:人民文学出版社,2011 年版,第 279—283 页。

多读书人只为装点门面，如暴发户炫耀家私，以多为贵。这在治学方面是自欺欺人，在做人方面是趣味低劣。[1]

可见，读多或读少并非小问题，而是关系到一个人的心性、气质、品德、趣味养成的大问题。因此，对于读书人而言，精选细读是十分必要的。与其读十部无关轻重的书，不如以读十部书的时间和精力去读一部真正值得读的书；与其十部书都只能泛览一遍，不如取一部书精读十遍。比方说，你与其读千卷万卷的诗集，不如读一部《国风》或《古诗十九首》，与其读千卷万卷谈希腊哲学的书籍，不如读一部柏拉图的《理想国》。做学问如作战，必须攻坚挫锐，占住要塞。目标太多，就掩埋了坚锐所在，只东打一拳，西踏一脚，就成了“消耗战”，是得不偿失的。正是从这个意义上说，“好书不厌百回读，熟读深思子自知”，这两句诗值得每个读书人悬为座右铭。

此外，还需要注意的是，虽然朱光潜特地去调查了英国几个公共图书馆，并将其青年流行读物做了归纳整理，但他并没有盲目地把在外国流行的书推荐给中国青年读，因为在他看来，二者之间是“不甚相宜”的。中国学生大半是少年老成的，在中学时代就喜欢煞有介事地谈一点学理，他们不仅喜欢谈谈文学，还要研究社会问题，甚至于哲学问题，这是一种不能漠视的自然倾向。因此，朱光潜认为，“十五六岁以后的教育宜注重发达理解，十五六岁以前的教育宜注重发达想象。所以初中的学生们宜多读些想象的文字，高中的学生才应该读含有学理的文字”。这种从中国学生的实际情况出发分清教育的各阶段性任务的主张，无疑是因地制宜、因人制宜的科学主张，按此主张，初中及以前可以多读些童话、诗歌、小说、散文等书籍，而在高中及大学则可以逐渐读些哲学、美学、历史学、社会学方面的著作。当然，要真正做到个人的兴趣和专业的两相结合，不妨按朱光潜所建议的，去请教你所知道的专门学者或老师，请他们各就自己所学范围以内指定的两三种青年可读的书，而不可相信某一个专家面面俱到设想的、推荐的所谓“青年必读书”。

第三，如何读书？

这涉及具体的读书原则和方法问题。原则主要有两条：

---

①朱光潜：《朱光潜人生九论》，北京：人民文学出版社，2011 年版，第 259 页。

一是读书与治学都必须先博学而后守约。这涉及我们通常所说的通识教育和专门教育的问题。我们所读的书一般可分为两类:一种是为获得所必需的常识,一种是为做专门学问。为获得常识起见,目前一般中学和大学低年级的课程,如果认真学习,也就很够用。当然,在朱光潜看来,所谓"认真学习",熟读讲义课本并不济事,每门科目必须精选要籍三五种来仔细玩索一番。常识课程总共不过十数种,每种选读要籍三五种,总计应读的书也不过五十部左右:这不能算是过奢的要求。常识不但是一般公民所必需,就是专门学者也不能缺少它。朱光潜认为,尽管近代科学分野越来越严密,但专门学者不能故步自封,以专门为借口,对其他相关学问毫不过问,因为世间绝没有一科孤立绝缘的学问。不能通就不能专,不能博就不能约,先博学而后守约,这是治任何学问所必守的程序。但事实上,当时的大学课程和青年学生却并非如此。按其所言:

> 目前我国一般青年学生动辄喜言专门,以至于许多专门学者对于极基本的学科毫无常识,这种风气也许是在国外大学做博士论文的先生们所酿成的。它影响到我们的大学课程,许多学系所设的科目"专"到不尽情理,在外国大学研究院也不一定有。这好像逼吃奶的小孩去嚼肉骨,岂不是误人子弟?[①]

朱光潜的批评是非常中肯也是十分严厉的。很显然,如果中文系只开设语言文学类的课程,中文系的学生只读语言文学类的书,而对哲学、历史、政治、经济、心理学以至于外交、军事等相关学问一无所知,要想深入研究文学是根本不可能的。毋庸讳言,这种"专到不尽情理"的课程设置确实还在某些高等院校不同程度的存在着,专门教育与通识教育如何形成合力,为学生获得常识和做专门学问保驾护航,这是仍需深入反思和改革的重要问题。

二是读书必须有一个中心去维持兴趣,或是科目,或是问题。读书需要有中心,有中心才易有系统组织。如果是以科目为中心,那么,就要精选那一科重要的书籍,一部一部地从头读到尾,以便对这一科目有整体概括的了解,为进一步深入研究做好准备。读文学作品以作家为中心,读史学作品以时代为中心,也属于此类。如果是以问题为中心,那么,心中先须有一个待研究的问题,然后寻关

---

①朱光潜:《朱光潜人生九论》,北京:人民文学出版社,2011年版,第260页。

于这问题的书籍去读，用意在于搜集资料和诸家对这个问题的意见，以供自己权衡取舍，推求结论。其中，重要的书仍须全看，其余的则可挑选着来看，得到所要搜集的材料就可以丢手：这是一般做研究工作者所常用的方法，对于初学不相宜。当然，初学者在以科目为中心时，仍然可以采取以问题为中心的套路，将一本书作几遍看，每一遍只着重某一个问题或某一个方面。苏轼在《与王郎书》中曾谈到这个方法：

少年为学者，每一书皆作数次读之。当如入海百货皆有，人之精力不能并收尽取，但得其所欲求者耳。故愿学者每一次作一意求之，如欲求古今兴亡治乱圣贤作用，且只作此意求之，勿生余念；又别作一次求事迹文物之类，亦如之。他皆仿此。若学成，八面受敌，与慕涉猎者不可同日而语。

“每一次作一意求之”，这可谓精读的一个要诀，可以使读者养成仔细分析的习惯。比如，当我们读小说时，第一次但求故事结构，第二次但注意人物描写，第三次但求人物与故事的穿插，以至于对话、语言、社会背景、人生态度等等都可如此逐次研求。这样读几遍之后，便可把一本书读得滚瓜烂熟。这就是八面受敌法。朱熹也曾教导他的门人采用这种读书法。

至于读书方法，朱光潜也提供了两条建议：第一，凡值得读的书至少须读两遍。第一遍须快读，着眼在把握全篇大旨与特色。第二遍须慢读，须以批评态度衡量书的内容。第二，读过一本书，须笔记纲要精彩和你自己的意见。记笔记或做卡片不仅可以帮助你记忆，储存有用的材料，供将来的需要，而且可以逼得你仔细，刺激你思考，增强思想的条理化与系统化：这是一个极合乎科学的办法。当然，他同时也指出：“做学问只求强记片段的事实，不能加以系统化或有机化，这种人，在学问上永不会成功。”[①]也就是说，我们必须使获得的知识具有组织，有关系条理，有系统，有生命；记笔记做卡片的习惯他自己未能养成，但他喜欢就所读那部书做篇文章，在他看来，读书所获得的知识要借写作才能明确化，读书获得的思想要借写作才能谨严化，知识和思想都要借写作才能系统化、有机化。可见，每个人的天资习惯不同，别人的方法终归只是别人的，你必须找到适

①朱光潜：《朱光潜人生九论》，北京：人民文学出版社2011年版，第286页。

合自己的方法,这才是最根本、最有效的方法。

"读书破万卷,下笔如有神。"学问不只是读书,而读书却是学问或创作的一个重要途径。书籍是过去人类的精神遗产的宝库,是人类文化学术前进轨迹上的里程碑。而读书就是要清算过去人类成就的总账,把几千年的人类思想经验在短促的几十年内重温一遍,把过去亿万人辛苦获得的知识教训集中到读者一个人身上去受用。有了这种准备,一个人总能在学问路途上作万里长征,去发现新的世界,去创造新的世界。当然,朱光潜同时也指出灵感的培养不必限于读书,"推广一点说,凡是艺术家都不宜只在本行小范围之内用工夫,须处处留心玩索,才有深厚的修养"。①活生生的生活是写作的源泉,是需要写作者用心体验的对象。一个不懂生活的人,一定是一个不懂文学、不懂写作的人。

(二)创作阶段:"运思""布局"与"咬文"

1.运思

"运思"就是文章的构思。朱光潜认为,运思是作文的第一步重要工作,也是极不容易的,"作文运思有如抽丝,在一团乱丝中拣取一个丝头,要把它从错杂纠纷的关系中抽出,有时一抽即出,有时须绕弯穿孔解结,没有耐心就会使紊乱的更加紊乱"。②一般人在构思的时候容易采取两种极端做法,"不假思索一气呵成"式和"成竹在胸"式。"不假思索一气呵成"的人在写作之前不将全部的内容想好,只是写一句想一句,写一段想一段,上句写成之后就不知道下句应该如何下笔,等到真的无话再写的时候,一篇文章就"完成"了。朱光潜认为这样写出来的文章自然是不通的,前后无法呼应,结构上凌乱,不仅课堂上的学生犯这样的错误,就是很多职业作家在报纸刊物上连载的稿子都是如此的。他反对艺术"无形式"。近代英美长篇小说没有连串的故事,也没有完整的形式,一些作家将这种"无形式"奉为艺术的信条,而朱光潜则认为这是艺术的"厄运",因为有生命的东西都有一定完整的形式,首尾躯干不完全或是不匀称,便成了一种怪物,而不是艺术。另一个极端就是,将所有要表达的东西在心里构思好,写作就是将构思好的内容记录在稿纸上。苏东坡画竹就是如此,由此称之为"成竹在胸"式。朱光潜并不是批判这种做法,只是觉得它过于理想,篇幅短小的可以如此,长了就

①朱光潜:《给青年的十二封信》,长沙:岳麓书社,2010年版,第154页。

②朱光潜:《作文与运思》,《朱光潜全集》第4卷,合肥:安徽教育出版社,1988年版,第205页。

很难做到。原因有三条:“第一,我们的注意力和记忆力所能及的范围有一定的限度，把几千字甚至几万字的文章都一字一句地记在心里，同时注意到每字每句每段的线索关联,并且还要一直向前思索,纵假定是可能,这种繁重的工作对于心力也未免是一种不必要的损耗。其次,这也许是我个人的心理习惯,我想到一点意思,就必须把它写下来,否则那意思在心里只是游离不定。好比打仗,想出一个意思是夺取一块土地,把它写下来就象筑一座堡垒,可以把它守住,并且可以作进一步袭击的基础。第三,写自身是一个集中注意力的助力,既在写,心思就不易旁迁他涉。”①

朱光潜自己的“折中”式写作方法可以供我们参考学习,即他采用的是全用腹稿和全不用腹稿两极端的一种折中办法。具体过程是:在定了题目之后,先取一张纸条摆在面前,抱着那题目四方八面地想。想时全凭心理学家所谓“自由联想”,不拘大小,不问次序,想得一点意思,就用三五个字的小标题写在纸条上,如此一直想下去,一直记下去,到当时所能想到的意思都记下来了为止。这种寻思的工作做完了,再把杂乱无章的小标题看一眼,仔细加一番衡量,把无关紧要的无须说的各点一齐丢开,把应该说的选择出来,再在其中理出一个线索和次第,另取一张纸条,顺这个线索和次第用小标题写成一个纲要。这纲要写好了,文章的轮廓已具。每小标题成为一段的总纲,于是依次第逐段写下去。写一段之先,把那一段的话大致想好,写一句之先,也把那一句的话大致想好。这样写下去时,像上面所说的,有时有新意思涌现,就马上修改。一段还没有写妥时,决不把它暂时摆下,继续写下去。如此写作,往往会在半途废去很多稿纸,但是一篇写完了,就无须再誊清,也无须大修改。他认为这种折中的写作办法好处颇多,不仅可以使文章层次分明,条理清晰,还能在适当的时候根据需要添加或删减,文章也就不显得呆板滞塞,做到预定轮廓之中,仍然有灵动生气。

既然是运思,就有思路不畅、百思不得其解的时候,所谓“理郁者苦贫,辞溺者伤乱”(《文心雕龙·神思》)。是学古人苦思冥想,还是暂时搁置一边不予理会呢？朱光潜认为“苦思”也有它的长处所在:

就我个人所能看得到的来说,苦心从不会白费的,思路太畅时,我们信

①朱光潜:《作文与运思》,《朱光潜全集》第4卷,合肥:安徽教育出版社,1998年版,第202—203页。

笔直书，少控制，常易流于浮滑；苦思才能拨茧抽丝，鞭辟入里，处处从深一层着想，才能沉着委婉，此其一。苦思在当时或许无所得，但是在潜意识中它的工作仍在酝酿，到成熟时可以"一旦豁然贯通"，普通所谓"灵感"大半都先经苦思的准备，到了适当时机便突然涌现，此其二。难关可以打通，平路便可驰骋自如。苦思是打破难关的努力，经过一番苦思的训练之后，手腕便逐渐娴熟，思路便不易落平凡，纵遇极难驾驭的情境也可以手挥目送，行所无事，此其三。①

创作最重要的莫过于思想，而思想的问题多半是来自于懒惰，不愿苦思。练习写作的第一件事就是要克服这一毛病，勤于思考，不畏困难。事实上，入手即平易者难免肤浅，而由困难中获得平易者大半深刻耐人寻味，这正是铅锡玉百炼精钢的分别，也是袁简斋与陶渊明的分别。所谓文章的胜境，也正在于王介甫所说的"看似寻常最奇崛，成如容易却艰辛"，只有经历"苦思"的人，才可能抵达这种胜境。

2.布局

文章的结构思路有了以后，就是布局。布局就是对文章材料的选择与安排，相对于搜寻材料，材料的选择与安排更显文学功底。人生世相的材料大致相同，却能不断有新鲜的作品出现，就是因为作者选择安排了一个新的形式，就赋予作品以一个完整的新的生命。不知选择的人大半由于思想懒惰和虚荣心所生的错觉，遇到一个题目，不肯深思熟虑，只是浮光掠影地凑合一些肤浅陈腐且自以为新奇的意思，就和盘托出。比如大学生论文的写作，笔者和朱光潜所见略同："我常看大学生的论文，把一个题目所有的话都一五一十地说出来，每一点都约略提及，可是没有一点说得透彻，甚至前后重复或自相矛盾。如果有几个人同做一个题目，说的话和那说出来的形式都大半彼此相同，看起来只觉得'天下老鸦一般黑'。"②这种不知选择的文章如何能说服读者或感动读者呢？在朱光潜看来，要懂得选择，需要客观的冷静，尤其需要谨严的自我批评，不需要排斥使用别人用过的材料，但在材料的选择上应坚持几点原则：第一就是围绕主旨原则，第二是典型性原则，即表现主题的材料要具有典型性原则。

①朱光潜：《作文与运思》，《朱光潜全集》第4卷，合肥：安徽教育出版社，1988年版，第204—205页。
②朱光潜：《选择与安排》，《朱光潜全集》第4卷，合肥：安徽教育出版社，1988年版，第208页。

选择之外就是安排，这即是“义法”问题。朱光潜认为一件艺术作品必须是一件有生命的东西，即一个完整的有机体，也就必须是有头有尾有中段，各部分在其必然的位置上，还需要有一股气势将各个部分完整地串联起来，能够做到“牵一发而动全身”的效果。一段话除去后对全文无害，那么这段话就是累赘，一段话如果搬动位置仍于全文无害，那篇文章的布局安排就欠斟酌。布局愈松懈，文章的活力就愈薄弱。从《史记》《左传》这类特别讲究的作品中不难看出：一篇完美的作品，在结构上必须具备两个条件：

首先是层次清楚。做文章如说话一样，先说什么再说什么，需要有一个层次，乱说一气则让人不知所云，徒增反感。层次清楚了，才能有文章的头尾和中段。开头往往是最难的，因为后面层出不穷的意思都要由这出发点依次生发出来，犹如幼芽生发出根干枝叶。朱光潜认为，意思相互生发，就能相互呼应，也就能以类相聚，不相杂乱，文章层次清楚。反之，则会“上气不接下气”，前后脱节断气，自相矛盾，显得杂乱。杂乱有两种：一是应该在前一段说的话遗漏着不说，到后来一段不很相称的地方勉强插进去；一是在上文已说过的话，到下文再重复说一遍。这些毛病的根由都在于思想疏懈，思想如果谨严，条理自然缜密。

其次是轻重分明。文章不仅要层次清楚，还要分轻重。轻重犹如图画的阴阳光影，可以避免单调，起抑扬顿挫之致，也可以使轻重相形，重者显得愈重，从而产生强烈的效果。一部戏剧或小说的人物和故事如果不分宾主，群龙无首，必定显得零乱芜杂；一篇说理文如果有五六层意思都平铺并重，它一定平淡无力，不能说服读者。通常文章中区分轻重的办法不外两种：在层次上显出，或者在篇幅分量上显出。相同的意思摆在不同的位置上，所产生的效果也就不一样。一般可以将开头作为重点，因为它可以起“先入为主”的效果；中间可以起承上启下的作用，但往往需要作者使用高超的艺术技巧；结尾是不得不作为重点的，第一流的作家善于带领读者一层一层拨开迷雾，在文章的最后才揭开文章的主旨。篇幅上显示轻重，一般内容重要，篇幅就多，反之亦是。可见选择与安排，最能体现作者的匠心独运和高超的艺术手腕。

3.咬文

朱光潜认为在文学上，无论是阅读或写作，我们必须有“一字不肯放松的严谨”。文学就是借文字来表达思想的,文字上含糊就是思想上的不透彻,情感还没有凝练的表现。咬文嚼字在表面上像只是斟酌文字的分量,实际上是调整思想和情感;它有时候是个坏习惯,但事实上是作者在斟酌酝酿自己的情感,读者在品味作品的意境。郭沫若在剧本《屈原》里把婵娟骂宋玉的话“你是没有骨气的文人!”改为“你这没有骨气的文人!”,情感尽显,是咬文嚼字的好例证;《史记》中李广射虎的一段文字更说明了咬文嚼字的必要性和细微之处:

> “李广见草中石,以为虎而射之,中石没镞,视之,石也。因更复射,终不能入石矣。”这本是一段好文章,王若虚在《史记辨惑》里说它“凡多三石字”,当改为:“以为虎而射之,没镞,既知其为石,因更复射,终不能入。”或改为:“尝见草中有虎,射之,没镞。视之,石也。”在表面上改的似乎简洁些,却实在远不如原文,“见草中石,以为虎”并非“见草中有虎”。原文“视之,石也”有发现错误而惊讶的意味。改为“既知其为石”便失去这意味。原文“终不能复入石矣”有失望而放弃得很斩截的意味,改为“终不能入”便觉索然无味。这种分别稍有文字敏感的人细心玩索一番,自会明白。①

对作者而言,咬文嚼字是在文字细微处蕴含深意;对读者而言,咬文嚼字就是敏感地觉察到字里行间作者所蕴藏的深意。一般人或许以为改动一两个字不过是使文字读起来更顺畅或更漂亮些,殊不知,文字和思想情感是密不可分的,从来没有一句话换一个说法而意义仍完全不变的,改动了文字,就同时改动了思想感情,内容和形式是相随而变的,因此,归根结底,咬文嚼字是为了使内容和形式最为契合无间,使文字和思想情感在文章整体意境中相濡以沫,相得益彰。

举一个人人皆知的实例来说。韩愈在月夜里听见贾岛吟诗,有“鸟宿池边树,僧推月下门”两句,劝他把“推”字改为“敲”字。这段文字因缘古今传为美谈,于是今人要把咬文嚼字的意思说得好听一点,都说“推敲”。古今人也都赞赏“敲”字比“推”字下得好,其实这不仅是文字上的分别,同时也是意境上的分别。“推”固然显得鲁莽一点,但是它表示孤僧步月归寺,门原来是他自己掩的,于是他“推”。他须自掩自推,足见寺里只有他孤零零的一个和尚。在这冷寂的场合,

---

①朱光潜:《咬文嚼字》,《朱光潜全集》第4卷,合肥:安徽教育出版社,1988年版,第215—216页。

他有兴致出来步月，兴尽而返，独往独来，自在无碍。他也自有一副胸襟气度。“敲”就显得他拘礼些，也就显得寺里有人应门。他仿佛是乘月夜访友，他自己不甘寂寞，那寺里如果不是热闹场合，至少也有一些温暖的人情。比较起来，“敲”的空气没有“推”的那么冷寂。就上句“鸟宿池边树”看来，“推”似乎比“敲”要调和些。“推”可以无声，“敲”就不免剥啄有声，惊起了宿鸟，打破了岑寂，也似乎平添了搅扰。正是从全诗的语境乃至生态的角度出发进行这番细致入微的咬文嚼字之后，朱光潜很怀疑韩愈的修改是否真如古今所称赏的那么妥当。事实上，究竟哪一种意境是贾岛当时在心里玩索而要表现的，只有他自己知道。如果他想到“推”而下“敲”字，或是想到“敲”而下“推”字，都是不可能的事。因此，问题不在“推”字和“敲”字哪一个比较恰当，而在哪一种境界是他当时所要说的而且与全诗调和的。无论是“两句三年得，一吟双泪流”的贾岛，还是追求奇绝险怪风格的韩愈，抑或“语不惊人死不休”的杜甫，都对咬文嚼字非常重视，因为“在文字上推敲，骨子里实在是在思想情感上‘推敲’”。[①]

文字不仅与作品的意境密切相关，如上面那段人尽皆知的例子。有时对文字的“锱铢必较”实质上也是一种创新。从前做诗文的人都依靠《文料触机》《幼学琼林》《事类统编》之类书籍，要找词藻典故，都到那里去乞灵。美人都是“柳腰桃面”“王嫱、西施”，才子都是“学富五车，才高八斗”；谈风景必是“春花秋月”；叙离别不外“柳岸灞桥”；做买卖都有“端木遗风”，到现在用铅字排印书籍还是“付梓”“杀青”。这些自动化的“套语”的使用，朱光潜称之为“滥调”，是一切低级趣味的病根所在。因此，他非常赞赏韩愈所说的“惟陈言之务去”，因为语言跟着思想情感走，你不肯用俗滥的语言自然不会用俗滥的情感，就会朝更深刻的一层去思考，写出来的作品自然也就不会落入下乘。

受桐城派以及西方诗学重视诗歌声音节奏的影响，朱光潜还特别强调，咬文嚼字不仅要推敲字义，还要推敲声音。因为声音和意义不能强分，有时意义在声音上见出还比在习惯的联想上见出更微妙，所以，讲究声音也是行为的最重要的功夫，不可小觑。诗歌的音律古代学者研究甚多，朱光潜则另辟蹊径，研究起

①朱光潜：《咬文嚼字》，《朱光潜全集》第4卷，合肥：安徽教育出版社1988年版，第216页。

国内当时还很少有人注意的“散文的声音节奏”来。这一点直到今天的文学教育也未能得到应有的重视，很大程度是因为根深蒂固的“得意忘言”的片面追求所致。而朱光潜则“深信声音节奏对于文章是第一件要事”，他从近代心理学的角度来阐明文字的声音节奏和筋肉运动的同谐相应关系，按其所言：

> 就我个人的经验来说，耳朵固然要紧，但是还不如周身筋肉。我读音调铿锵、节奏流畅的文章，周身筋肉仿佛作同样有节奏的运动，紧张，或是舒缓，都产生出极愉快的感觉。如果音调节奏上有毛病，我的周身筋肉都感觉局促不安，好象听厨子刮锅烟似的。我自己在作文时，如果碰上兴会，筋肉方面也仿佛在奏乐，在跑马，在荡舟，想停也停不住。如果意兴不佳，思路枯涩，这种内在的筋肉节奏就不存在，尽管费力写，写出来的文章总是吱咯吱咯的，象没有调好的弦子。①

朱光潜以其欣赏和创作的亲身经验告诉我们，领悟文字的声音节奏确实是一件极有趣的事，事实上，我们是用整个身体在应和文字声音，当两种节奏达到共振同谐的境界时，便获得愉快的美感。朱光潜更详细辨析了古文与语体文在声音节奏方面的异同，为如何阅读白话文指明了方向。在他看来，古文和语体文的不同，不在声音节奏的有无，而在声音节奏形式化的程度大小，也就是说，古文的声音节奏是偏于形式的，有着形式化的典型，犹如歌有乐谱一般，而语体文的声音节奏却是日常语言，不拘形式，纯任自然。我们虽然不能拉着嗓子读语体文，但是语体文必须念着顺口，像谈话一样，可以在长短、轻重、缓急上面显出情感思想的变化和生展。一言以蔽之，古文好比京戏，语体文好比话剧，它们的分别是理想与写诗，形式化与自然流露的分别。比较之后，朱光潜作为新文学的批判的支持者，认为：“如果讲究得好，我相信语体文比古文的声音节奏应该更生动，更有味。”②事实上，朱光潜自己的文章便是生动有味的极好证明。

由此可见，诵读教学法对我们今天的语文教学——无论是对文言文，还是对白话文来说都至关重要。让学生通过诵读，从字句中抓住声音节奏，从声音节奏

①朱光潜：《散文的声音节奏》，《朱光潜全集》第4卷，合肥：安徽教育出版社，1988年版，第221页。
②朱光潜：《散文的声音节奏》，《朱光潜全集》第4卷，合肥：安徽教育出版社，1988年版，第222页。

中抓住作者的情趣、气势或神韵，这正如姚鼐所言："大抵学古文者必要放声疾读，又缓读，只久之自悟。若但能默看，即终身作外行也。"(《惜抱轩集·与陈硕士书》)自己作文时也同样如此，写完后先自己拿来读读，看看声音是否响亮，节奏是否流畅。

三、写作美学：摹仿与格律，想象与联想，情感与灵感

朱光潜没有专门谈"写作美学"的文章，然而在"谈美"的过程中他主要谈的正是欣赏美与创造美的问题。什么是"创造"？哪些要素对"创造"至关重要？朱光潜从创造与欣赏的关系入手解释艺术创造的特点，并着重谈摹仿与格律、想象与联想、情感与灵感等与创造密切相关的几个方面，建立起内容与形式有机统一的独特的创造美学。

(一)创造是见出意境并将其外射出来

在朱光潜看来，创造与欣赏关系密切，从读者接受的角度来看，欣赏之中都寓有创造；从作者写作的角度来看，创造之中都寓有欣赏，创造和欣赏都要见出一种意境，开辟出一种形相，都要以想象和情感为根据。比如姜夔在写"数峰清苦，商略黄昏雨"这句词时，先必须从自然中见出这种意境，然后从语言把它翻译(传达)出来。在见到意境的一刹那中，作者既是在创造也是在欣赏。朱光潜进而指出，创造又不全是欣赏，这是因为：欣赏只要能见出一种意境就可以了，而创造却必须再进一步，把这种意境外射出来，成为具体的作品。

所谓"见出"即创作主体借助想象和情感发现或感受到自然的、社会的美或一种情趣，这种"意境"或"情趣"正是艺术所要表现的内容所在；所谓"外射"即用艺术语言进行传达，使旁人也能见到这种意境，也能感受到这种情趣。能否"见出"与创作主体的心理和素养有关，尤其与天才、想象、情感密切相关；能否"外射"则与创作主体的能力和技巧有关，尤其与模仿、格律、灵感有关。

(二)摹仿与格律

童庆炳先生曾说："世人都重视创造，而轻视模仿。殊不知，任何创造，还有

现在我们天天念叨的‘创新’，都是从模仿中来的。”这一观点既是从自己长期研究文学和文学理论中总结出来的真知灼见，也是对胡适“一切创造都从模仿中来”的观点以及朱光潜“摹仿”说的继承与转换。在1934年发表的《信心与反省》一文中，胡适针对“富于创造性的人，个性必强，接受性就较缓”的观点提出批评，认为：

> 事实上是相反的，凡富于创造性的人必敏于模仿，凡不善于创造性的人决不能创造。创造是一个最误人的名词，其实创造是模仿到十足时的一点点新花样。古人说的最好，“太阳之下，没有新东西”。一切所谓创造都是从模仿出来。我们不要被新名词骗了。新名词的模仿，就是旧名词的“学”字；“学之为言效也”是一句不磨的老话。例如学琴，必须先模仿琴师弹琴；学画必须先模仿画师作画；就是画自然界的景物，也是模仿。模仿熟了，就是学会了，工具用得熟了，方法练得细密了，有天才的人自然会“熟能生巧”，这一点工夫到时的奇巧新花样就叫做创造。凡不肯模仿，就是不肯学人的长处。不肯学如何能创造？

何谓“摹仿”（“模仿”）？摹仿就是“学”，学习前人的、别人的长处，没有摹仿就没有创造，一切创造都是从摹仿中来的。胡适将摹仿与创造的关系说得非常透彻，极富启发性。按此而论，“如果一个国家、一个民族、一个团体、一个单位、一个人，总是希望把人家的优长‘学’来，而且永不满足，学到‘熟能生巧’的地步，那么我们将迎来我们自己的创造的时代。若果过多讲自己的特殊情况，说这不能‘学’，那不能‘学’，以模仿为耻，以固守为荣，那么我们的希望将很渺茫。”

朱光潜对创造与摹仿的关系有着类似的透彻的认识。在朱光潜看来，摹仿是创造的始基，创造不能没有摹仿，但若只有摹仿则也不能算是创造。古今中外的艺术家在少年时期所做的工夫大半都是在摹仿，没有做到这种摹仿的工夫，或做到这种工夫就止步，都不足以言创造，因此他提出，“创造是旧经验的新综合，旧经验大半得诸摹仿，新综合则必自出心裁”。[①]要获得旧经验主要依赖于对格律和技巧的摹仿，创造是基于旧经验的综合创新。

---

①朱光潜：《谈美》，长沙：岳麓书社，2010年版，第149页。

学一门艺术，就是学习这门艺术的技巧和学问，这种学习就是利用过去经验，吸收已有文化，也就是摹仿，这主要包括技巧摹仿和格律摹仿。

先说技巧摹仿。技巧可分为两项，一项是关于传达的方法，一项是关于媒介的知识。朱光潜借用行为派心理学的观点来解释艺术的创造与摹仿问题。艺术的创造不过是手能从心，不过是能任所欣赏的意象支配筋肉的活动，使筋肉所变的动作恰能把意象画在纸上或是刻在石上。因此，学一门艺术，就要先学他的特殊的筋肉的技巧，摹仿就是学习这一技巧的方法。比如学书法，要从描红、临帖做起，以旁人所写的字作为榜样，逐渐养成手腕筋肉的习惯。朱光潜自己学习书法的经验更在于站在书法家的身旁，看他如何提笔，如何运用手腕，如何使全身筋肉力量贯注在手腕上，从中学得书法的诀窍。写作诗文同样如此，因为思想离不开语言，语言又离不开喉舌的动作。比如想到“虎”字时，喉舌间都不免产生说出“虎”字的筋肉动作。从这个意义上说，所谓“思路”就是筋肉活动所走的特殊方向而已。

朱光潜着重从“气”的角度来谈诗文创作中筋肉活动的摹仿，是非常有创见的，对我们今天的阅读教学和写作教学都是非常有启示意义的。在朱光潜看来，所谓“气”就是一种筋肉技巧。曾国藩曾在《家训》中说道：

> 凡作诗最宜讲究声调，须熟读古人佳篇，先之以高声朗读，以昌其气；继之以密咏恬吟，以玩其味。二者并进，使古人之声调拂拂然若与我喉舌相习，则下笔必有句调奔赴腕下，诗成自读之，亦自觉琅琅可诵，引出一种兴会来。

由此可见，“气”与声调有关，而声调又与喉舌运动有关。正如韩愈所言，“气盛则言之短长与声之高下皆宜。”声本于气，气显于声，这就意味着后来的创作者要想获得古人的“气”，必须求之于声，而要求之于声，就必须通过朗诵。朱光潜根据自己幼时诵读古文和留学时参加诵诗会的切身体验，表明这种诵读吟咏时所习得的习惯动作的摹仿对于诗文创作至关重要，它使后来的摹仿者能在自己的喉舌筋肉上留下古人之声的痕迹，并借此贯注到自己的创作过程中，以求声调节奏的和谐，并由此检查自己的诗文之气是否顺畅。这种对声音节奏、筋肉技巧的重视，正是朱光潜自己写作成功的秘诀所在，读其文章，完全能够感受到“气盛言宜”的独特魅力。换言之，要想成为像朱光潜这样的作家，需要反复朗读古人佳篇，领悟其中的声音节奏，以“使古人之声拂拂然若与我喉舌相习”，摹仿筋肉技巧，以至“下笔必有句调奔赴腕下”，气与古同，兴会自来。

关于媒介知识的摹仿，朱光潜认为，各门艺术都有关于媒介的专门知识，都是一种学问，都有无数年代所积成的技巧，而在各门艺术中，文学尤其显著，需要摹仿，这是因为：

> 诗文都以语言文字为媒介，做诗文的人一要懂得字义，二要懂得字音，三要懂得字句的排列法，四要懂得某字某句的音义对于读者所生的影响。这四样都是专门的学问。

后来者无法也无需赤手空拳、毫无凭借地独自摸索，而应摹仿前人已经逐渐蓄积起的关于文学语言文字媒介的专门学问。但随之而来的问题在于，一味摹仿前人又会陷入窠臼之中，无法实现个人创新，这是摹仿的流弊所在，需要避免。对此，朱光潜以其所欣赏的顾亭林《日知录》中的一段话来加以延伸阐明：

> 诗文之所以代变，有不得不然者。一代之文，沿袭已久，不容人人皆道此语。今且千数百年矣，而犹取古人之陈言一一而模仿之，以是为诗可乎？故不似则失其所以为诗，似则失其所以为我。

这段有意味的话值得揣摩，尤其是最后一句。“不似则失其所以为诗”，是说摹仿古人技巧和知识的必要性与重要性，“似则失其所以为我”，是说纯粹摹仿古人、全似古人则会丧失自我，缺少创新。借这句看似矛盾、实则辩证的话，朱光潜阐明了创作与摹仿的正确关系，那就是：创造需从摹仿入手，而摹仿是为了更好地实现个人的独特创造。从这个意义上来说，“凡是艺术家都须有一半是诗人，一半是匠人。他要有诗人的妙悟，要有匠人的手腕，只有匠人的手腕而没有诗人的妙悟，固不能有创作；只有诗人的妙悟而没有匠人的手腕，即创作亦难尽善尽美。妙悟来自性灵，手腕则可得于模仿。匠人虽比诗人身份低，但亦绝不可少”。[①]对于青年作家或初学写作的学生来说，懂得这个道理是非常重要的。

---

①朱光潜：《谈美》，长沙：岳麓书社，2010 年版，第 149 页。

再看格律摹仿，也就是因袭格律。五古、七古、五绝、七绝、五律、七律，这都是一种“格律”，它不是个人的特创，而是集体归纳总结的规律，可以说，“格律的起源都是归纳的，格律的应用都是演绎的。它本来是自然律，后来才变为规范律”。[①]格律本来是自然的，最初的诗人都无意于规律而自合于规律，只是后人在研究他们的作品时，才把其中潜在的规律寻绎出来，并如法炮制，由此自然律就变成了规范律。在这个基础上，朱光潜更敏锐也更为辩证地指出：提倡格律和提倡不要格律都有危险。

提倡格律是危险的，这是因为，格律都有形式化的倾向，形式化的格律都有束缚艺术的倾向。从历史来看，一部艺术史就是推陈出新、翻新为陈的轨迹，正如王国维在《人间词话》里所说：

> 四言敝而有《楚辞》，《楚辞》敝而有五言，五言敝而有七言，古诗敝而有律绝，律绝敝而有词。盖文体通行既久，染指遂多，自成习套，豪杰之士亦难于其中自出新意，故遁而作他体以自解脱。一切文体所以始盛终衰者皆由于此。

可见，一种格律产生，后继者纷纷摹仿，得其形而失其精神，因而流弊渐深，把文艺从格律中解放出来的“革命运动”随之而起，后继者又把他们的主张定为新格律，而新格律后来又会因形式化而引起反动，如此一波未平、一波又起。从历史来看，艺术的前规大半是先由自然律变而为规范律，再由规范律变而为死板的形式。不单中国文学史的格律代变是如此，西方文艺中古典主义、浪漫主义、写实主义和象征主义相代谢的轨迹亦如此。总之，各派有各派的格律，各派的格律都有因成习套而“敝”的时候。从这个意义上说，提倡格律是危险的。

提倡不要格律也是很危险的。这是因为，格律在经过形式化之后往往使人受拘束，但这决不是格律本身的罪过，我们不能因噎废食，不要格律。格律是死方法，全赖人能活用，也就是说，“格律不能束缚天才，也不能把庸手提拔到艺术家的地位。如果真是诗人，格律会受他奴使；如果不是诗人，有格律他的诗词固然

---

①朱光潜：《谈美》，长沙：岳麓书社，2010年版，第140页。

腐滥，无格律它也还是腐滥”。所以，关键在于写作主体是否具有“戴着镣铐跳舞”的本领，是否能够从束缚中挣扎得自由，从整齐中酝酿出变化。第一流艺术家大半都是从格律中做出来的，比如陶渊明的五古，李太白的七古，王摩诘的五律以及温飞卿、周美成诸人所用的词调，都不是出自作者心裁，他们最初都是从摹仿（因袭、遵循）格律入手，而后来都做到脱化格律的境界，达到了“从心所欲而不逾矩”的艺术家的极境。

（三）想象与联想

朱光潜对写作者的心理活动尤为重视，这成为其“文艺心理学”的重要内容。首先来看想象和联想。

想象是人最重要的心理机能之一，也是文学创作的一个不可或缺的重要心理因素。法国哲学家狄德罗曾说：“想象，这是一种素质，没有它，人既不能成为诗人，也不能成为哲学家、有思想的人、有理性的生物，甚至不能算是一个人。”①朱光潜在《空中楼阁》一文中，以王昌龄的《长信怨》一诗来阐释“创造的想象”：

奉帚平明金殿开，暂将团扇共徘徊。玉颜不及寒鸦色，犹带昭阳日影来。

首先，在朱光潜看来，作者必定使用了想象。所谓“想象”（他使用的是“想像”）就是在心里唤起意象。想象有“再现的想象”与“创造的想象”之分，一般的想象大半都是再现的，比如我昨天看见一只鸦，今天回想它的形状，丝毫不用自己的意思去改变它，就是只用再现的想象。比如诗中的“奉帚”“金殿”“玉颜”“寒鸦”“日影”“团扇”“徘徊”等，在独立时都是再现的想象。但是，只有再现的想象决不能创造艺术，艺术既是创造的，就要用创造的想象。“创造的想象”并非无中生有，而是利用已有的意象加以新的配合。比如《长信怨》的后两句就是创造的想象的结果，“寒鸦”“日影”是人人都见过的，但王昌龄独创性地将班婕妤的“怨”见于带昭阳日影的寒鸦，至情至理，非常精彩。由此可见，“创造的想象”比“再现的想象”更能体现出写作者的想象力和艺术创造能力，即能够将“平常的旧材料”加以“不平常的新综合”，旧中出新，是为“创造”。对于艺术而言，这种创造的

①转引自童庆炳主编：《文学理论》，北京：高等教育出版社，2009年版，第146—147页。

想象有效地实现了意象的具体化和个人化，创造出了一个如在目前的具体情境，避免了以抽象的概念表达抽象的思想情感，这正是艺术区别于哲学、艺术家不同于思想家的关键所在。

朱光潜继而认为，创造的想象从理智方面可以分析为两种心理作用，即分想作用和联想作用。所谓“分想作用”就是把某一个意象（比如鸦）和与它相关的许多意象（比如树林、天空、行人等）分开而单提出它来。很显然，这种分想作用是选择的基础，而选择有时就是创造，正如雕刻家在一块顽石中雕出一座爱神来，画家在一片荒林中描绘出一幅风景画来，诗人从混乱的自然中划出美的意象来，“采菊东篱下，悠然见南山”“寒波澹澹起，白鸟悠悠下”“风吹草低见牛羊”等皆是如此。而没有这种分想、选择的本领也就无法创造艺术，因为他无法在混乱的情境中把用得着的成分单提出来，把用不着的成分丢开，来造成一个完美的形象。

所谓“联想作用”就是综合，在朱光潜看来，创造大半是“旧意象的新综合”。朱光潜在讨论美感与联想的关系问题时对“联想”多有论述。在他看来，联想就是见到甲而想到乙，它是一种最普遍的作用，通常分为两种：一种是类似联想，比如看到菊花想起向日葵，看到春光想起少年，这是甲和乙在性质上有类似点；一种是接近联想，比如看到扇子想起萤火虫，这是甲和乙在经验上曾相接近。二者常常混在一起，比如看到菊花想起陶渊明，既是接近联想，因为陶渊明常作菊花诗，又是类似联想，因为菊花有高人节士的气概，与陶渊明的性格相类似。

对于人而言，联想是知觉、概念、记忆、思考、想象等等心理活动的基础，人的意识在活动时就是联想在进行。对于艺术而言，知觉和想象都以联想为基础，无论是艺术家的创造或是艺术接受者的欣赏，知觉和想象都必须活动，尤其在诗的方面。在朱光潜看来，诗歌的微妙往往在于联想的微妙。比如李商隐的《锦瑟》：

锦瑟无端五十弦，一弦一柱思华年。庄生晓梦迷蝴蝶，望帝春心托杜鹃。
沧海月明珠有泪，蓝田日暖玉生烟。此情可待成追忆，只是当时已惘然。

朱光潜认为，李商隐和许多晚唐诗人的作品在技巧上很类似西方的象征派，都是选择几个很精妙的意象出来，以唤起读者多方面的联想。比如这首诗中间四句借庄生蝴蝶、望帝春心、月明珠泪、良玉生烟等精妙意象，犹如图画的颜色阴影浓淡配合在一起，烘托出一种有情致的风景，唤起读者一种渺茫恍惚、不堪追索的悲哀，尤其是五六两句把想象活动区域推得更远，更渺茫，更精微，让读者产生无限联想，从而体会到诗的美感。从这个意义上说，“联想有助美感，与美感为形象的直觉两说并不冲突。在美感经验之中，精神须专注于孤立绝缘的意象，不容有联想，有联想则离开欣赏对象而旁牵他涉。但是这个意象的产生不能不借助于联想，联想愈丰富则意象愈深广，愈明晰。一言以蔽之，联想虽不能与美感经验同时并存，但是可以来在美感经验之前，使美感经验愈加充实”。[①]与此同时，朱光潜也指出，美感经验之前的联想有些是可以帮助美感，而有些则可以扰乱美感，换言之，联想在为幻想时有碍美感，而在为想象时有助美感，因为“想象”是受全体生命支配的有一定方向和必然性的联想。

朱光潜进而指出，接近联想和类似联想的使用常与不同的主题或文体相关。比如，“怀古”“忆旧”的作品大半起于接近联想，看到赤壁就想起曹操或苏东坡，看到遗衣挂壁就想到已故的妻子等等；而类似联想则在艺术上尤为重要，比如《诗经》中的“比”“兴”两体都是根据类似联想，《长信怨》中的“玉颜”“云破月来花弄影”等，皆是类似联想的范例。类似联想之所以重要，是因为类似联想能够创造出物变成人（拟人）、人变成物（托物）的结果。比如“感时花溅泪，恨别鸟惊心”“水是眼波横，山是眉峰聚”等诗句都是以物拟人，都是作者将主观之情移置于物而产生的类似联想，如朱光潜所言，“一切移情作用都起类似联想，都是‘拟人’的实例”。[②]再比如班婕妤自比“团扇”、曹植做的“七步诗”等，都是“托物”的实例。托物是一种不愿直言心事而婉转地以隐语来表达的方式，为中国文人所喜爱，其中，以动植物的故事隐射人类的是非善恶的“寓言”最具代表性。无论拟人还是托物，都是象征，即以甲为乙的符号，而类似联想正使得甲可以做乙的符号。象征也好，类似联想也罢，归根结底，其功能都在于用具体的事物来代替抽象的概念，即“寓理于象”。

---

①朱光潜：《文艺心理学》，上海：复旦大学出版社，2011 年版，第 86 页。

②朱光潜：《谈美》，长沙：岳麓书社，2010 年版，第 131 页。

总之，只有理解了想象和联想与内涵、特性以及对于作者和读者的重要作用，我们才能真正懂得如何在写作中实现旧意象的新综合，懂得如何通过类似联想实现拟人和托物，并懂得如何抓住精妙的意象去解读意象背后的理与情。

（四）情感与灵感

上述分想作用和联想作用只能解释某意象的发生如何可能，却不能解释作者在诸多可能的意象之中何以独独选择了该意象。朱光潜认为，正是情感的驱使潜率，使作者在众多可选择的意象当中选择了与情感相统一的某意象。比如，王昌龄选择了“寒鸦”“昭阳日影”而非其他想象到的、联想到的长信宫四周的其他事物，是因为只有带昭阳日影的寒鸦可以和弃妇的情怀相照映，显出一种“怨”的情境，由此实现了人情与物理的融合为一，产生了一个完整的艺术世界。由此，朱光潜进一步引申出“诗是做不尽的”“诗是生命的表现”等观点，认为“情感是生生不息的，意象也是生生不息的。换一种情感就是换一种意象，换一种意象就是换一种境界。即景可以生情，因情也可以生景，所以诗是做不尽的”。人的情感是绵绵不尽的，意象就是绵绵不尽的，生命时时在创造中，生命的表现——诗歌就会不断被创造，而不会穷尽。

一个显而易见的问题是，王昌龄不是班婕妤又何以能感受到她的情感呢？换言之，作者如何使艺术品实现情感与意象的交融、以情动人呢？对此，朱光潜认为：

> 诗人和艺术家都有“设身处地”和“体物入微”的本领。他们在描写一个人时，就要钻进那个人的心孔，在霎时间就要变成那个人，亲自享受他的生命，领略他的情感。所以我们读他们的作品时，觉得它深中情理。在这种心灵感通中我们可以见出宇宙生命的联贯。诗人和艺术家的心就是一个小宇宙。

请注意这里的“设身处地”“体物入微”八个字，这是创造的奥妙所在，是艺术家的心灵与艺术形象的心灵相感通的关键！朱光潜的这段话与福楼拜的写作经验有异曲同工之妙。法国作家福楼拜在写到《包法利夫人》中的爱玛服砒霜自杀时，感觉到自己嘴里有砒霜味，这正是其设身处地、推己及人的结果。总之，艺术不能脱离情感，情感是“切身的”，艺术家要塑造好笔下的人与物，就必须将心比心，刹那间变成那个人、那个物，领略其情感、其情状，方能深中情理。

朱光潜进一步细致地指出，艺术家在创作时又不能深陷自我情感之中，必须在实际人生与艺术之间辟出一种距离来。比如班婕妤的《怨歌行》：

新裂齐纨素，皎洁如霜雪。裁为合欢扇，团团似明月。出入君怀袖，动摇微风发。常恐秋节至，凉飙夺炎热。弃捐箧笥中，恩情中道绝。

朱光潜指出，班婕妤在写作这首诗的时候不能同时在怨的情感中过活，而必须暂时跳开切身的情境，也就是说，必须退到客观的地位，把自己的遭遇当作一幅画来看。在这一刹那中，她就已经由弃妇变为歌咏弃妇的诗人了。朱光潜在这里借用的是英国心理学家布洛（Bullough）揭示美感经验的一个学说——"心理的距离"（psychical distance）。布洛用"雾海航行"的例子说明了这样一个道理：乘客只有把海雾摆在实用世界之外去看，使它和你的实际生活中间存有一种适当的"距离"，所以你能不为忧患休戚的念头所扰，一味用客观的态度去欣赏它，这就是美感的态度。当然，对于欣赏者而言，距离太远则难以产生美感，距离太近又不免让实用的动机压倒了美感，要解决这种布洛所言的"距离的矛盾"（the antinomy of distance），就必须"不即不离"。对于创作而言，"从一方面说，作者如果把自己的最切身的情感描写出来，他的作品就不至于空疏不近情理。但是从另一方面说，他在描写时却不能同时在这情感中过活，他一定要把它加以客观化，使它成为一种意象，他自己对于这情感一定要变成一个站在客位的观赏者，换一句话说，他一定要在自己和这情感之中辟出一个'距离'来"。[①]也就是说，艺术家之所以能有情感并能表现于艺术作品，而普通人却不能够，关键正在于艺术家能在自己和自己的情感中留出"距离"来，站在客观的地位去观照自己的生活，从这个意义上说，我们通常所谓"主观的""写自传的艺术家"其实还是客观的，所谓"主观的作品"其实都必同时是客观的，而所谓"客观的作品"亦必同时是主观的。因此，朱光潜总结出这样一条创造规律："主观的艺术家在创造时也要能'超以象外'，客观的艺术家在创造时也要能'得其环中'，像司空图所说的。"[②]

①朱光潜：《文艺心理学》，上海：复旦大学出版社，2011年版，第19页。
②朱光潜：《谈美》，长沙：岳麓书社，2010年版，第136页。

借助“距离”的原则和主客观艺术的相对性，朱光潜对近代文艺运动中的写实主义和理想主义的争执予以解决。在朱光潜看来，一般写实派作者的弊病在于把“距离”摆得太近，甚至完全失去“距离”，容易使人从美感世界回到实用世界去；而一般理想派作者的弊病在于“距离”太过，纯任理想而藐视现实，容易犯普泛化和抽象化的毛病，使人无法了解，因而不能引起兴趣、打动情感。可以说，二者都没有处理好“距离的矛盾”。事实上，人无法把情感和想象完全丢开，主观的经验须经过客观化而成意象，才可表现于艺术，所以，极端的写实主义是不成立的，写实主义根本不免带有若干理想主义。艺术既要几分近情理，使“距离”不至于过远，才能使人了解欣赏；艺术也要有几分不近情理，使“距离”不至于过近，才不使人由美感世界回到实用世界去。总之，朱光潜这种看似比较“中庸”的观点，揭示出了创作者必须要在艺术和人生之间保持不即不离的“距离”，把握主观情感与客观现实之间的分寸，从而避免走向极端的写实主义或普泛化、抽象化的理想主义。

此外，朱光潜还指出，情感是综合意象的原动力，它使散漫凌乱的、原本不相关的意象形成和谐完整的有机体，使文艺作品成为完整的艺术品。比如“曲终人不见，江上数峰青”，曲终人杳虽然与江上峰青互不相干，但是这两个意象都可以传达出一种凄清冷静的情感，因此二者可以调和。这意味着，创造和欣赏文艺作品都要顾及整体的总印象，而不可离开总印象去细论枝节；都要以情感来使意象协调整一，实现平常意象的不平常的综合。总之，艺术、意象与情感三者为一，不可分离，“艺术的任务是创造意象，但是这种意象必定是受情感饱和的。情感或出于己，或出于人，诗人对于出于己者须跳出来视察，对于出于人者须钻进去体验。情感最易感通，所以‘诗可以群’”。理解了三者之间的这种关系，对于文学（诗歌）的创作和阅读无疑是大有裨益的。

值得注意的是，朱光潜对情感的关注与强调不仅体现在艺术创造过程中，也体现在情与理冲突的现实生活中。在朱光潜看来，理智的生活是很狭隘的，很冷酷的，很刻薄寡恩的，他所赞同的是讲道德重仁字的孔子，而非讲道德重义字的孟子，因为仁比义更有价值，“仁者心之德，义者事之宜”，也就是说，仁是问心的道德，义是问理的道德，仁胜于义，问心的道德胜于问理的道德，所以情感的生活胜于理智的生活。总之,“生活是多方面的,我们不但要能够知(know),我们更要能够感(feel)。理智的生活只是片面的生活。理智没有多大能力去支配情感,纵使理智能支配情感,而理胜于情的生活和文化都不是理想的。”[①]这当然不是否认理性对于人和生活的重要性,而是对18世纪以来理性主义完全“控制”人的思想和行动的一种反拨,强调人的活泼泼的生命力和根植于心灵的至诚的道德(仁)与真情。这种“重情”的观点与其“人生的艺术化”和“艺术的人生化”理想是一脉相承的,换言之,一个人只有深刻理解了情感,才能创造出表情达意的艺术,才能过一种情感的生活!

创作需要情感,也需要灵感。什么是“灵感”呢?朱光潜借杜甫的经验之谈——“读书破万卷,下笔如有神”——来加以阐释:所谓“灵感”就是杜甫所说的“神”,“读书破万卷”是工夫,“下笔如有神”是灵感,可见,灵感是从工夫出来的。灵感的特点在于:突如其来,突如其去,不由自主。正因为灵感带有某种神秘性,以前人们认为灵感是神灵的感动和启示而非人力所为,而近代心理学在发现潜意识活动之后,这种神秘的解释就不能成立了。按照弗洛伊德等心理学家的学说,所谓“灵感”就是在潜意识中酝酿成的情思猛然涌现于意识,是潜意识中的工作在意识中的收获。比如写作,写了一段时间后有所进步,过几个月之后,进步又突然停顿,你索性不再写,去做别的事,过些时候再来写,发现写作水平比以前又有所进步。这是因为在意识中思索的东西应该让它在潜意识中酝酿一些时候才会成熟,工夫是不会错用的,你自己以为劳而不获,但是你在潜意识中仍然在无形中收到效果,“夏天学溜冰,冬天学泅水”正是这个道理。从这个意义上来说,灵感根本上是潜意识长期、反复酝酿的结果,是创造者下工夫培育的必然。

当然,灵感的培育不仅仅限于杜甫所言的读书。正如朱光潜所言:“人只要留心,处处都是学问,艺术家往往在他的艺术范围之外下工夫,在别种艺术中玩索得一种意象,让它沉在潜意识里去酝酿一番,然而再用他的本行艺术的媒介把它翻译出来。”吴道子观裴旻舞剑,从剑法中领悟绘画笔意;张旭“始见公主担

①朱光潜:《给青年的十二封信》,长沙:岳麓书社,2010年版,第39页。

夫争路，而得笔法之意；后见公孙氏舞剑器，而得其神”。由此可见，各门艺术的意象之间都可触类旁通，意象的蕴蓄便是灵感的培养。总之，“凡是艺术家都不宜只在本行小范围之内用工夫，须处处留心玩索，才有深厚的修养”，[1]才有独特的创造！

①朱光潜：《谈美》，长沙：岳麓书社，2010年版，第154页。

第三节　语文教育:文学教育的根基

语言文字是文学之为文学的最直观、最根本的物质外观形式,然而,人们在阅读文学作品的过程中却常常重内容轻形式,即只关注语言文字所传达的思想或情境是否引人入胜,而不关注语言文字本身,语文如过河的桥,过了河,桥的好坏就可不用管了。这正如作为一门长期开设的主干课程——"语文",无论是在中小学教育中,还是在大学教育中,都是十分重要的,然而又似乎是最不重要的,重要是因为语言文字是一个民族继续生存和发展的根基,对于增强民族的凝聚力有着不可低估的作用,对个人的学习、生活和工作交际都是必需的,陈平原先生甚至说"一辈子的道路取决于语文"。不重要是因为随着时代的发展,大量应用性的外语学习(如英语)和技能培养(如计算机)使国语和国文变得无足轻重,其结果就使得一位中学生或大学生会说一口流利的外语,却不会说流利的母语,不会用母语写一篇流畅的作文。在朱光潜看来,这都是得不偿失、本末倒置的认识和做法。当然,这不是说外语学习、技能培训不重要,而是说语文对于文学的价值和功用不可轻视,本民族的语言文字必须放在优先重视、教育和发展的位置,唯有如此,文学教育才算是牢牢抓住了根基。在当时文言与白话的新旧之争仍未停歇的当口,朱光潜把文学与语文的关系问题作为"目前最切实际的一个问题",相继写下三篇文章详加讨论,可见其重要。

一、语文的最大德行是"精确妥帖"

朱光潜根据自己细心体会阅读和写作的经验认为,"文学上的讲究大体是语文上的讲究,而语文的最大德性是精确妥帖"。所谓的"精确妥帖"也就是心里所要说的与手里所写出来的完全一致,不含糊,也不夸张,最适当的字句安排在最适当的位置。不难看出,朱光潜对晚清诗人黄遵宪所倡导的"我手写我心"的主张是深谙于心并深以为然的。在他看来,运用语文追求精确妥帖,使所说的恰是所想说的,文学与数学并无二致;[①]而如果写出来的和心里所想说的不一致,那就无异于说谎,也就失去了表现的意义,而"表现"正是文学的功用所在。一个作家的语文做到精确妥帖的地步,必然使读者对作者有绝对的信心;反之,一个作家如果不在语文精确妥帖上苛求,那么,他不是根本不了解文学,就是缺乏艺术的良心,对他自己也不忠实。

当然,朱光潜也由自己的经验和对文学作品的观察而懂得:这种精确妥帖的语文颇不容易,它需要"尖锐的敏感,极端的谨严,和极艰苦的挣扎"。敏感意味着对语言文字的感知能力,谨严意味着对语言文字的组织结构能力,挣扎意味着对语言文字的反复斟酌选择能力,如此苛求之后,才可能使语文达到"千金难易一字"的境地。这也就意味着,在写作教学过程中,必须给学生树立正确的"文学观",即文学不是要求存心装饰的美丽的辞藻,而是一句话只有一个说法,稍加增减改动,便不是那么一回事,从而要求学生能够以一种苛求的态度对待语文文学。

二、语文与思想的关系是"同时成就"

朱光潜之所以侧重语文,以"精确妥帖"为语文的最大德行,归根结底是因为他深刻认识到语文和思想是息息相关的,"一个作家在语文方面既可以苟且敷衍,他对于思想情感的洗练安排也就一定苟且敷衍。处处都苟且敷衍,他的作品如何能完美?"这意味着文学创作从来不是苟且敷衍的事,只有追求精确妥帖的语文和思想,才能成就完美的作品。

语文与思想的关系问题是朱光潜长期深入思考的一个重要问题。按其在《文学与语文(上):内容、形式与表现》的"附注"所言:

这问题在我脑中已盘旋了十几年,我在《诗论》里有一章讨论过它,那一

①朱光潜同时认为,文学与数学不同之处有两点:"一是心里所想的不同,数学是抽象的理,文学是具体的情境;一是语文的效果不同,数学直述,一字只有一字的意义,不能旁生枝节,文学暗示,一字可以有无穷的含蓄。穷到究竟,这还是因为所想的不同,理有固定的线索,情境是可变化可伸缩的。"参见朱光潜:《朱光潜全集》第4卷,合肥:安徽教育出版社,1988年版,第227页。

章曾经换过两次稿。近来对这问题再加思索,觉得前几年所见的还不十分妥当,这篇所陈述的也只能代表我目前的看法。我觉得语文与思想的关系不很容易确定,但是在未把它确定以前,许多文学理论上的问题都无从解决。①

由此可见,朱光潜对语文与思想之间的关系问题前后反复思索了近二十年,原因在于,这是文学理论最为基础的问题,只有解决了此问题,才有可能解决其他文论问题。早在《诗论》第四章《论表现——情感思想与语言文字的关系》中,朱光潜就认为,“意境为情趣意象的契合融贯,但是只有意境仍不能成为诗,诗必须将蕴蓄于心中的意境传达于语言文字,使一般人可以听到看到懂到”,这就将传统文论对“意境”的强调转换为对一直被压制的“语言文字”的强调。事实上,“情感思想与语言文字的关系”“实质与形式”“表现”等问题是从亚里士多德到现在一直纠缠不清的老问题,许多思想家都费过许多心血想解决它们,然而却未有定论。针对这个难啃的“骨头”,朱光潜首先从发生学和心理学角度确立语文与思想的关联,继而批评“表现”的流行意义,明确“语言”与“文字”、“写的语言”与“说的语言”的区别,在阐释和批评其他流行的批评诸家(尤其是克罗齐)的表现说基础上,层层递进地“建设一种自己的理论”。

(一)语文与思想密切相关

考察中国传统哲学和文论可以发现,人们从先秦时期便开始思考“言”与“意”的关系问题。如《墨子·经说上》说:“执所言而意得见,心之辩也。”肯定言能达意;《庄子·天道》说:“语之所贵者意也,意有所随。意之所随者,不可以言传也。”认为意所从出的“道”是不可言的;《庄子·外物》中还记载着“言者所以在意,得意而忘言”的观点,强调“言”以“得意”为本。魏晋时期的“言意之辨”(如王弼主张“言不尽意”、欧阳建主张“言尽意”)更是从玄学角度进行思辨。久而久之,“意内言外”“意在言先”的说法逐渐占据主导。所谓“意”就是情感思想的合称,情感是不易捉摸,迷离恍惚的,文学要表现情感,就必须描绘情感所由生的具体情境,也就是说,情感必须化为思想,才可以表现出来。而所谓“思想”又有两种方式:一种是运用抽象的概念,一种是运用具体的意象。比如说“我打狗”这个思想内容,我们可以用“我”“打”“狗”三个字所指的意义串连起来想,也可以用“我的

①朱光潜:《文学与语文(上):内容、形式与表现》,《朱光潜全集》第4卷,合肥:安徽教育出版社,1988年版,第233页。

身体形象”“打的动作姿态”和“狗被打时的形象”连成一幅图画或一幕戏来想。前者是概念的思想，后者是意象的思想，就是“想象”，二者都离不开“想”的活动。文学在大体上是用具体情境（所想的象）来表现情感，所以“意”是情感饱和的思想。

从发生学来看，在没有语文之时，原始人类也许很少有抽象的概念，他们必须全用具体的意象去想，几乎一切思想都是想象。这是最生动的想法，也是最笨的想法。而有了语文之后，人们就逐渐避繁趋简，概念的思想逐渐代替意象的思想，甚至不易成意象而有意义的事物之类也可以为思想对象。现在，语文与它所代表的事物已发生根深蒂固的联想，一想到实物树，马上就联想起它的名称“树”字，概念与形象交织成思想的内容。只不过由于心理习惯不同，有的人侧重用实事实物去想，有的人侧重用语文去想，绝对只用一种对象去想的人大概不会有。

从心理学来看，思想是心理活动，它所借以活动的是事物形象和语文（即意象和概念），如行为派心理学家所言，“思想是无声的语言，语言也就是有声的思想”，离开事物形象和语文，思想无所凭借，便无从进行。在为思想所凭借时，语文便夹在思想里，便是“意”的一部分，是在内的，与“意”的其余部分同时进行的。因此，朱光潜认为，我们不能把语文看作在外在后的“形式”，用来“表现”在内在先的特别叫做“内容”的思想。“意内言外”和“意在言先”的说法绝对不能成立。

更有意味的是，朱光潜从语文与思想的密切关系里看出了中西哲学文学思想的不同源自语文性质的不同。在他看来，中国人所常想的（如有些伦理观念）西方人根本不想，西方人所常想的（如有些玄学观念）我们也根本不想，原因就在甲方有那一套语文而乙方没有。所以，无论是哲学或文学，由甲国语文翻译到乙国语文，都很难获得准确。虽然我们很难说思想与语文谁是因谁是果，但是思想有时决定语言，语言也有时决定思想，这大概不成问题。

（二）对三种“表现”说的阐释与批评

在朱光潜看来，人们都承认文学的功用在表现，但究竟什么叫做“表现”（expression),用这名词的人大半不深加考究,因而"表现"成为一个意义暧昧的词。朱光潜主要阐释和批评了三种表现说,即流俗的表现说、形式派的表现说和克罗齐的表现说。

流俗的表现说认为,表现是以形式表现内容,所谓"形式"就是情感和思想借以流露的语言组织,所谓"内容"(或"实质")就是语言所表现的情感和思想,由此便有了"实质在先,形式在后;情感思想在内,语言在外"的看法,按上述"言内意外""意在言先"的传统说法,表现就是拿外在后的"言"来翻译在内在先的"意"(情感与思想),被表现者是情感思想,是实质,表现者是语言,是形式。

而在康德以来的形式派美学中,"表现"还另有一个僻狭的意义,即认为"美"完全见于"形式的成分",而抹杀"表意的成分",比如后印象绘画运动以及"纯诗"运动都是要用形色或声音直接撼动感官,把意义放在其次。以诗歌为例,流俗表现说与形式派表现说的区别在于:前者认为诗以语言(兼含音与义)表现情感和思想,后者认为诗以语言中的一个成分——声音——表现情感和思想。

至于近代美学家克罗齐,则把流行语言所指的"表现"叫做"外达",近于托尔斯泰、瑞恰兹等人所说的"传达",他认为,传达并非绝对必要,必要的是在心里直觉到一个情感饱和的意象,由此,"表现"变成情感与意象中间的关系,表现即直觉,而传达只是把心里所直觉成的艺术用符号记载下来,是与艺术无关的,不能算是艺术。一般批评克罗齐者都不满意他否认"传达"有艺术性,而默认把"表现"和"传达"分成两个截然不同的阶段,朱光潜则认为后者正是克罗齐表现说的致命伤所在,因为他没有认清传达媒介在艺术想象中的重要。按其所言,"艺术创造绝不能离开传达媒介""传达媒介是沟通两阶段的桥梁", 单就诗而言,"诗所表现的不能恰是画或其他艺术所能表现的。这种分别就起于传达媒介",[①]诗人在酝酿构思的时候,就要把情趣意象和语言打成一片,因此,诗不仅是表现,同时也是传达。可见,"表现"(直觉)和"传达"并非先后悬隔漠不相关的两个阶段,传达是很重要的艺术活动。

---

①朱光潜:《诗论》,长沙:岳麓书社,2010年版,第86—87页。

朱光潜认为，主要是两种误解造成了这些表现说的错误：

误解之一在于把写下来的（或说出来的）语文当作外在的“言”，以为思想原无语文，到写或说之时，才去另找语文，找到的语文便是思想的表现。殊不知人们在写或说之前，所要写要说的就已在心中成就，所成就者是连带语文的思想，而不是空洞游离的思想。比如我写下一句话，这句话的意义连同语文组织都已在心中想好，才下笔写，从这个意义上说，写不过是记录，犹如将声音灌到留声机片，不能算是艺术的创作。需要说明的是，在这一点上，朱光潜还有意识地更细致地区分了“语言”与“文字”：语言是由情感和思想给予意义和生命的文字组织，语言的生命全在思想情感；文字是语言的“符号”，符号与所指的事物彼此可以分离独立，比如“饭桶”这两个字音既可以用“饭桶”这两个汉字代表，也可以用注音字母或罗马字代表，还可以当作一个人的诨名，因此，语言与文字的关系是人为的，习惯的，而不是自然的；语言虽用文字记载，却不就是文字，语言虽离不开文字，而文字却可离开语言；文字可以藉语言而得生命，语言也可以因僵化如文字而失其生命。总之，不能把文字和语言混为一谈。由此，朱光潜对“古文与白话”的争论提出自己的独到看法，认为“以文字的古今定文字的死活，是提倡白话者的偏见”“在承认古文仍可用时，我们主张做诗文仍以用流行语言为亲切”，所谓“白话运动”就是竭力拿“说的语言”来活化“写的语言”，使它们的距离尽量缩短，但就大体说，诗所用的应该是“写的语言”而不是“说的语言”，因为写诗时情思根本比较精炼。①

误解之二在于语文有时须费力寻求，我们常感觉到心里有话说不出，偶然有一阵感触，觉得大有“诗意”，或是生平有一段经验，仿佛是小说的好材料，只是没有本领把它写成作品——学生在平时常有这样的感受。这好像是证明语文是思想以后的事，实际上，这只是幻觉。所谓“有话说不出”，“说不出”是因为它根本未成为话，根本没有想清楚。比如“床前明月光，疑是地上霜。举头望明月，低头思故乡”，每个字你都认识，你都用过，可是你也许终身做不成这么一首好诗来。这证明你所缺乏的并不是语文，而是运用语文的思想。你根本没有想，或是没有能力想，在你心中飘忽来去的还是一些未成形的混乱的意象和概念，你的虚

①朱光潜：《诗论》，长沙：岳麓书社，2010年版，第94—97页。

荣心使你相信它们是“诗意”或是“一部未写的小说”。你必须努力使这些模糊的意象和概念确定化和具体化，所谓确定化和具体化就是“语文化”，“诗意”才能成为诗，像是小说材料的东西才能成为小说。由此可见，人们心里所想的不一定全有语文，但是文学必须从有限见无限，只能用可以凝定于语文的情感思想来暗示其余。文学的思想不在其飘忽迷离的幻想，而在使情感思想凝定于语言。在这凝定中，实质和形式同时成就。

此外，在写作时，我们还另有一种现象，就是：心里似乎有一个思想，必须费力搜索才可找到恰当的字句，或是嫌已得到的一个字句不甚恰当，必须费力修改，这也似乎足以证明“意在言先”。实际上，我们在寻求字句时并非寻求无意义的字句，字句既有意义，则所寻求的不单是字句而同时是它的意义，也就是说，寻字句和寻意义是一个完整的心理活动，统称为思想，其中并无内外先后之分。比如我们熟悉的王安石诗句“春风又绿江南岸”，“绿”字是由“到”“过”“入”“满”等字辗转改过来的，这几个不同的动词代表不同的意境，王安石要把“过”“满”等字改成“绿”字，是嫌“过”“满”等字的意境不如“绿”字的意境，而并非本来想到“绿”字的意境而下一“过”字，后来发现它不恰当，于是再换上一个“绿”字。换言之，在诗人心中，“绿”的意境是和“绿”字同时生发的，并非先想到“绿”的意境而后另找一个“绿”字来“表现”它。

由上，朱光潜根本否认“意在言先”“意内言外”的传统主张，否认情感思想与语文的关系是实质与形式的关系，是被动与主动、内与外、先与后的关系，而认为语文与思想是平行一致，同时成就的。

（三）语文与思想同时成就

朱光潜认为，以语文表现思想的说法虽然不精确，但是“内容”“形式”“表现”之类在文学上依然具有意义。

首先，就思想的性质来看，文学创作时的思想，由起念到完成，常常在生展的过程中，生展的方向是由浅而深，由粗而细，由模糊而明确，由混乱而秩序，即由无形式到有形式，或是由不完美的形式到完美的形式。在未完成时，思想常是一种动态，一种倾向，一种摸索，好比照相调配距离和度数。因为语文与思想是同时成就的，因此，文学所要调配的距离角度同时是内容与形式、思想与语文，而并非先把思想调配停当，再费一番手续去调配语文。等一切都调配妥帖了，内容与形式就已同时成就，内容就已在形式中表现出来，也就是说内容被表现了。从这个意义上说，所谓“表现”就是艺术的完成；所谓“内容”就是作品里面所说的话；所谓“形式”就是那话说出来的方式。而这里所谓的“话”指作者心中想着要说的，是思想、情感、语文的化合体，先在心中成就，然后用笔记录下来。

其次，“无形式”也是一种形式。任何作品，无论好坏，都有一个形式，通常所谓的“无形式”也还是一种形式。在完成的作品中，内容如人体，形式如人形，无体不成形，无形不成体。坏作品的形式好比残废人的形貌，丑恶不全；好作品的形式好比健全人，体格生得齐全匀称，精神饱满。由此来论，我们批评作品的形式只有一个很简单的标准，那就是看它是否是完整的有机体。有机体的特征有两个：一是亚里士多德所说的有头有尾有中段，一是全体与部分，部分与部分，互相联络照应，变更任何一部分，其余都必同时受牵动。

最后，从语文窥透思想。有机体的标准可以直接应用到语文，间接应用到思想，即思想与语文的关系可看成全体和部分的关系。对读者而言，虽然不能直接看到在作者心中活动的思想，但可以间接从他写下来的语文窥透他的思想。这写下来的语文之所以可以为凭，是因为这原来就是作者所凭借以思想的，和他写作时整个心灵活动打成一片。换言之，思想是实体，语文是投影。语文有了完整的形式，思想绝不会零落错乱；语文精妙，思想也决不会粗陋。

总之，朱光潜确立了语文与思想之间同时成就的关系，使我们明白文学上的讲究何以大体上是语文上的讲究，也使我们明白许多流行的关于内容与形式的辩论——例如“形式重要抑或内容重要”“形式决定内容抑或内容决定形式”之类——大半缺乏哲理的根据。这对于我们的阅读欣赏和文学创作以及阅读写作教学来说具有重要意义，即避免重内容轻形式、将语文与思想做人为拆分的偏颇；避免仅仅以内容的好坏来判定一个作品的价值，或仅仅以追求思想情感的丰富而不顾语文的精确妥帖；避免由思想情感先行带来意图先行的弊病，或只图辞藻华丽而不顾情感思想的真挚自然等等。

三、语文的双重特性与双重功用

(一)语文的双重特性:普通性与个别性

语文是一个历史性的东西,每一个民族的语文发展到其现阶段,都曾经过了悠久的历史,它在历史中生长、变化和新陈代谢;语文又是一个活的东西,它随着一个民族的精神生活而生发无穷,如果那个民族的精神生活衰歇了,那么它也就随之衰歇。而促进语文发展的动力和支配固然大半依靠全民族在历史过程中所拿出来的力量,但其中最为关键的在于那民族中的文学作家,因为他们是与语文打交道最多最密切的人,也是运用语文最严谨而又最富创造性的人。可以说,文学家在写出一部有价值的作品时,不仅替文艺国库里添上一件瑰宝,也替当时语文的发展打开了一条新路,决定了一个新动向,换言之,研究一国语文的演变史,必须研究这一国的文学作品。这就涉及了一个有意思的问题:作家以创造为使命。那么,面对历史性的语文,他该如何创造?

毫无疑问,文学作家不能自己凭空地创造一种语言文字,不管他愿意不愿意,他只能运用当时公认的流行的语文,这一工具是旁人已经替他造就的,无论它对他合适不合适,他都必须运用它。由此带来不可避免的矛盾,即他的使命在于创造,而天造地设的局面逼得他要接受传统,承受"影响的焦虑",要因袭语文,这种矛盾可能在其整个精神生活中都有所呈现,但在语文方面恐怕尤其感觉迫切。不可否认,语文的已成之局固然可以给他许多方便,使其可以在语文遗产里俯拾求取,但也可以给他很多不便,使其感觉困难,最显著的困难就是——固有的语文不够应付新的需要。事实上,每个时代的写作者都感觉到语文的守旧性,语文的发展往往落后于世界的变化和发展,他必须把旧字送到铅炉里熔解,他必须铸造新字,尤其重要的是他必须发明新的排字法。然而,最大的困难还不在于此。按朱光潜所言:

> 流行的语文象流行的货币,磨得精光,捏得污烂,有时须贬值,有时甚至不能兑现。文学作家须凭借这人人公用的东西,来运用他个人在特殊情境的思想。他稍不当心,就会中了引诱,落到陈腐滥调的陷阱里去,他的语文连同他的思想都停滞到人人所能达到的境界,他所要表现的那特殊情境没有到手就溜走。古今中外的作家能从这种陷阱中爬起来的并不多,爬起

来的人才真正是创造者，开辟风气者。从开辟风气者人数寥寥看，我们可以知道语文的创造大非易事。它需要极艰苦的努力，取精光烂污的语文加以一番揉捏洗炼，给它一种新形样，新生命，新价值，使它变为自己的可适应特殊情境的工具。文学的创造是思想（抽象的连同具体的）的创造，也就是语文的创造。①

朱光潜的这番话是切中肯綮的。对于作家而言，最大的难题并不在于创造某种新的内容、人物、情感、思想等，而在于开创某种新的语文风气，这就要求他必须精心打磨流行语文，警惕并跨越陈腐滥调的陷阱，为其特殊情境的思想创造出最为合适的、表达独特的、有生命力的语言文字。那些寥若晨星的开风气之先者，如司马迁、曹操、陶渊明、陈子昂、王维、韩愈、苏轼及至现代胡适等，是深刻懂得语文创造对思想创造乃至文学创作的决定性作用的。

由上可见，语文具有双重特性，即普通性和个别性。普通性来自沿袭传统，个别性起于作者的创造。一个作品的语文有普通性，才能博得读者的了解；有个别性，才能见得作者在艺术上的成就。更重要的是，这一原则不但适用于用字造句，还可以适用于体裁与风格，也就是说，在朱光潜看来，相较于普通性的体裁，个别性的风格更能体现作家的个性和创造力，这是因为：

其一，每一个名副其实的文学作品必有一个特殊的语言形式，犹如世间没有两个人模样完全相同。所谓"形式"只有一个这意义经得起哲理的分析——就是一篇完成的作品与内容不能分开的特殊形式，这形式是作品的生命的自然流露，水到渠成，不由外铄。

其二，体裁（或种类）作为传统类型的"形式"只是一个空壳，与内容并无必然关系。一般人谈"形式"，往往把它看作传统的类型，如"诗""骈文""散文""戏剧""小说""墓志铭"之类，这其实是"种类"或"体裁"（法国人称为 genres，英国人称为 kinds）。文学史家和批评家常常喜欢采用自然科学的方法，将文学作品分类，并且在每类中找出一些共同原则来，想把它们定为规律，"体裁"就是这种分类的产物。然而，显而易见的是，《红楼梦》《水浒传》都叫做小说，却与西方一般

①朱光潜：《文学与语文（中）：体裁与风格》，《朱光潜全集》第 4 卷，合肥：安徽教育出版社，1988 年版，第 235 页。

小说不同,《西厢记》《燕子笺》都叫做戏剧,却也与西方一般戏剧不同,我们不能拿《红楼梦》的标准看《包法利夫人》,也不能拿《红楼梦》的标准看《水浒传》,这意味着:每一篇成功的文学作品都有一个内在的标准,也就都自成一类,它采用流行的类型,犹如它采用流行的语言,但它的这种类型又有着独特的新生命,正犹如语言的普通性之外有着个别性;如果我们硬要为这些差别很大的个别性的作品找出共同原则,并归于某类体裁,就犹如把文学作品塞进鸽子笼里去,是不合理的。可见,体裁或种类只是一个空壳,正因此,克罗齐再三说这种体裁分类工作并没有多大价值。

当然,这并非是说体裁一无是处,事实上,在历史中生成的文学体裁具有一定的范式作用,即它为后来的作家提供了已较为成熟的、为听众(或读者)所熟悉和接受的范作类型,作家可利用它来做创作的媒介,即“旧瓶装新酒”——这其实是文学演变的惯例。需要注意的是,我们既不能根据瓶来评定酒,更不能武断地说某种酒只有某种瓶可装,虽同用一瓶,却可以装各种酒,正如体裁虽同,内容却可以千差万别,试想诗中的五律七律,词中的任何一个调子,不都被无数人用过、表现过无数的情调么?可见,体裁与内容并无必然的关系。我们既不能过于信任体裁和它的规律,如批评家责备韩愈以做文章的方法去做诗,苏轼以做诗的方法去做词,也不能置体裁于不顾。真正的大作家善于“用迎合风气的方法来改变风气”,即在沿用体裁的基础上加以变化甚至于破坏,由此而形成个别性的风格。

其三,作者的人格决定他的文学风格。正如每一篇作品有它的与内容不能分开的形式,每一个作者在他的许多作品中也有与他的个性不能分开的共同特性,这就是“风格”。在朱光潜看来,风格的真正源泉并不在于一般修辞学家所热衷的语文技巧即修辞,他所赞同的是法国自然科学家布丰所说的“风格即人格”的观点,也就是说,“一个作者的人格决定了他的思想情感的动向,也就决定了他的文学的风格”,[①]这正如弥尔顿所言:“谁想做一个诗人,他必须自己是一首真正的诗。”人格与风格的密切关联证实了一个基本原则,就是文学不能脱离人生而独立,我们如果要想在文学上有所成就,从源头做起就必须修养品格。在此,朱

①朱光潜:《文学与语文(中):体裁与风格》,《朱光潜全集》第4卷,合肥:安徽教育出版社,1987年版,第238页。

光潜再次回溯到“培养健全人格”这一根底性问题，没有品格的修养就没有健全的人格，没有健全的人格就不会有健全的风格。抓住人格修养这个基本原则，事实上就等于抓住了文学风格、文学创作乃至文学教育的根本，一个缺乏品格修养、人格不健全的作者或读者是难以创造或欣赏风格高尚的文学作品的。

当然，要使人格正确地流露于风格，就应特别看重选字排字的重要，这是有经验的、讲究风格的作家的共同倾向，因为“他们在表面上重视用字的推敲，在骨子里仍是重视思想的谨严。惟有谨严，思想情感才能正确地凝定于语文，人格才能正确地流露于风格”。这也正是上述朱光潜十分看重“咬文嚼字”的原因所在。

（二）语文的双重功用：表现与感动

以上从作家创作角度简要阐明了语文的双重特性，而在朱光潜看来，一个好的作家应当考虑的不仅在一句话是否恰好表现了他自己的思想情感（这是对自己的忠实），同时也必须考虑这句话是否能说服或感动读者（这是对读者的忠实）。因此，他认为，语文有两重功用：一是表现，一是感动。如上所言，语文要精确妥帖地表现作家的情感思想是不易的，同样，语文要感动读者也是不易的。之所以不易，要么是读者的欣赏力有缺陷，要么是因为作品本身有缺陷，使得满作家之意的作品往往不能满读者之意。如果是因为读者的欣赏力缺陷，那么通过文学教育应当可以弥补。一个作家最难的事往往不在创造作品，而在创造欣赏那种作品的趣味，这就是所谓“开风气之先”；如果是因为作品本身的缺陷，那么，根本的救济仍在思想情感的深厚化，而不在语文的铺张炫耀。文学不是雕章琢句就可以了事的，事实上，从文学史来看，当文学到了专在修辞家所谓“词藻”上显雕虫小技时，往往也就当了它的颓废时期，比如六朝诗歌。由此，朱光潜反对雄辩式的文学，因为“雄辩意在炫耀，文学须发于真心，心里有那样的话非那样说出不可，一炫耀就是装点门面，出空头支票”。可见，朱光潜虽然看重语文对文学的作用，但并不盲目夸大，而是紧扣语文与思想情感的密切关系，细致分析可能存在的各种问题，力求兼顾和符合作者与读者、创造与接受等多重关系的理论实际与经验事实。

此外，对于读者而言，还必须有包容的“脾胃”和开阔的眼界，能够合理看待不同时代或学派的风格以及不同作家的风格。

一时代或一学派也带有它的特殊风格，在欧洲有古典的、浪漫的、写实的风格，在中国有六朝的与唐宋的不同文风、花间与北宋的不同词风等。这种分别固然有一部分是实在的，但也有一部分是读者（尤其是文学史家和批评家）夸张出来的。在朱光潜看来，真正完美的文学都必合于一些基本的条件，纯粹是“古典的”或纯粹是“浪漫的”作家往往不是第一流的作家，换言之，追求某一种纯粹风格的读者也不会是第一流的读者。以动态的、发展的眼光来看，一种风格在流行相当时期之后，常常由呆板而僵硬腐朽，穷则必变，于是一个反动跟着来，另一种风格代起；而过些时候，这种新风格又变成旧的，引起另一个反动，有时打开另一新径，也有时回转到曾经一度放弃的旧径：这种“趣味的旋转”正是文学演进的自然现象。因此，虚心静气的读者和作者当不为一时风气所囿，知道每一种风气中都可以有好作品，承认它们的不同，但不必强分优劣。

一个作家有一个作家的风格，或阳刚或阴柔，或浓丽或清淡，或朴直或委婉，或艰深或平易。之所以有不同的风格，一方面是因为作者的个性不同，是苏轼那样的人，就会持铜琶铁板，唱“大江东去”；是柳永那样的人，就会执红牙板，歌“杨柳岸晓风残月”；另一方面是由于所写情境的不同，王维写田园山林之乐时便很清淡，写宫殿排场时则很浓丽。在朱光潜看来，如果与作者个性相称，与题材内容相称，各种不同的风格都可以有好文章，因为这些文章都是自然而然，不假做作的。而中国批评家常常各阿其所好，喜清淡就骂浓丽，喜浓丽就瞧不起清淡，西方批评家也同样如此。这可以说是读者欣赏力的缺陷——趣味的偏狭所致。

总之，就语文的表现与感动功能论，最忌讳的是情思苦涩而要装浓丽，情思平庸而要显得艰深，性格偏于阴柔而要张牙露爪地卖弄阳刚。“思想必须与语文同一，人格必须与风格同一”，这就是《易经》所说的“修辞立其诚”。而“不精不诚，不能动人”，实现了作家“人格与风格同一、思想与语文同一”的作品无疑最能表现作者，也能感动读者。这同样为阅读教学和写作教学指明了方向，即要求学生能够抓住语文的双重特征和双重特性，关注作家语言的普遍性与个别性、人格与风格的统一关系，关注读者的欣赏力（趣味）培养和人格修养，做真诚之人，读（做）真诚之文。

四、语文的文言、白话与欧化

在朱光潜看来，对“修辞立其诚”这句古训未加理会的有一批特殊的读者，那就是“以古为则”者。针对以古为则、恪守文言、反对白话的这些人，朱光潜再次重申了自己对语文蜕变与欧化问题的认识，而这对于我们认清语文的发展变化尤其是对于今天的文言文教学、语言学课程教学都有着重要的启示意义。

在当时的一本刊物上，一位中文系主任发表了一篇名为《中国文学系之精神》的文章，郑重申明“本系之精神，力矫流俗，以古为则”，他痛心疾首地骂“无识之徒，倡导白话，竞煽小调，共赏伧言，谓合自然，呼为天籁”，同时又骂“诡异之徒，轻议旧业，谓为陈腐，以西体为提倡，创造为号召”。他反对白话的理由在于：语言和文学本来就有区分，俗曲和雅奏是不能并论的；文学自有艺术高下，非村童野老所能创造的；要做到自然，必须从艰苦中得来，非白话所能实现，而古典则是经世所必需，是不可以被抹杀的；他也认为西体不应提倡，因为文学有语言文字的特殊性，文法声韵有着国别之异，是不可强同的，而且文字创造是自然之演进，必须以旧业为基础，不可斩绝历史，刮灭前言，以异邦异物来强行改变。这篇文章和这种态度可以代表当时许多国学者对白话文运动和欧化运动的反响，也可见当时的新旧之争仍未完全过去。针对这样的“以古为则”者，朱光潜既表示自己很明白他们这一批人的立场，很同情他们的诚恳，但又明确表明自己是站在“无识之徒”“诡异之徒”一边，对他们的观点不能心悦诚服。为了以正视听，朱光潜在思想和理论上对此进行了详细辨析和阐明。

其一，不能以用文言与用白话作标准来定文学的艺术高下，关键是思想的敏锐与谨严。在朱光潜看来，用文言或用白话都不能天生地减去思想上的困难，要达到思想上的敏锐和谨严，文言文可以做得好，白话文也可以做得好，反之，文言文所能有的毛病，白话文都有，白话文所能有的毛病，文言也在所不免，二者都可能会有肤浅、俗滥、空洞、晦涩、流滑的弊病，作者的写作能力是不能忽视的。

其二，从语文观点看，文言文与白话的分别也只是比较的而不是绝对的，有着前后演变关系。从“进化论”的角度而言：

活的语文常在生长，常在部分地新陈代谢。在任何一个时期，每一种活的语文必有一部分是新生的，也必有一部分是旧有的。如果全是旧有的，它就已到了衰死期；如果全是新生的，它与过去语文就脱了节，彼此了不相干。我们中国语文虽然变得很慢，却也还是活的，生长的，继续一贯的。①

由此看来，中国语文的演变史也就是新旧语言文字不断此消彼长、新陈代谢的历史，这也就是说，白话也还是从文言变来的，文言与白话并非两种截然不同的语文，如果我们硬要把文言奉为天尊，而把白话看成大逆不道，那就无异于替母亲立贞节牌坊，而斥她的儿子为私生子，不让他上家谱。事实上，不但许慎《说文解字》里有许多字到现在还在口头流传，就是《论语》《孟子》《左传》《史记》一类古典的字句组织法也还有许多是白话所常用的。

其三，语文随时代而变迁，以亲切生动的表现力和平易近人的传达力为原则。如果说白话指的是人们在口头说的语文，那么，文言指的是哪个时代的古语呢？“以古为则”者所谓的“用文言作文”只有三个可能的意义：一是专用过去某一时代的语文，学周秦人说话，或是学两汉人说话，这很难办到；二是杂取过去各时代的语文，任意选字和采用字句组织法，“一炉而治之”，长处在于丰富，短处在于驳杂芜乱；三是用浅近文言，即当代人易于了解的文言，一方面不用冷僻古字和奇奥的古语组织法，一方面也避免太俚俗的字和太俚俗的口语组织法。朱光潜看重的是第三种方法，因为以往无心执古而自成大家的作者大半都走这条路，比如孟子、左丘明、司马迁、王充、陶潜、白居易、王安石、苏轼等，只要阅读这些人的作品，我们就可以看出两点：第一，他们的语文跟着时代变迁，不悬某一代“古文”为标准，泥古不化；第二，他们的原则与白话文的原则大致相近，就是要求语文有亲切生动的表现力与平易近人的传达力，作者写起来畅快，读者读起来也畅快。

其四，白话文的好处在于与作者的思想和实际生活经验密切关联，使读者与作者之间彼此毫无隔阂。比如在生活中，作者遇到不开心的事，“哎”地叹一口气，心里想着这声叹息还是想着“哎”，传达这情感于语文时也还是写“哎”，这多

①朱光潜：《文学与语文（下）：文言、白话与欧化》，《朱光潜全集》第4卷，合肥：安徽教育出版社，1987年版，第243页。

么直截了当！而如果作者本想着“哎”，却偏经一道翻译手续，把它写成“呜呼”，就脱离了鲜活的思想和生活；而就读者来说，肯定是对当时流行的语文比较亲切，看到作者写的“呜呼”，他会很冷淡地抽象地想这两个字的意义，而看到“哎”，这声音马上就钻进他的耳朵，钻进他的心窝，使他联想起自己在说“哎”时的那种神情。可见，现代读者读白话文，能够获得与作者对谈之乐，彼此毫无隔阂，而读文言文（尤其是现代人的文言文）则不免与现实世界隔着一层；另外，不是任何读者都能读懂文言文的，读文言文必须先有长时期的辛苦训练，才能彻底了解，而对于一般读者来说，这样的训练虽然有益却未必是必须都要有的——这种态度自然是在当时特殊情境下出于普及大众教育的考虑，在今天大众教育已日益普及的情形下进行文言文的训练，无疑对提高大众的古典文化修养是十分有益的。

其五，做白话文和读古典文是两码事，二者之间并无必然关系。“以古为则”者则以为，既然提倡白话文就必须废弃古文，这其实是过虑。每一个时代的作者都只用当时流行的语文，但没有一个很重要的作者不阅读和研究前代的名著，因为他们要利用前人在数百年中所逐渐积蓄的经验，要承继历史的遗产，换言之，前人已得的成就是后人前进的出发点，后人对于前人的传统不是因袭，就是改革，无论如何，都必须对于传统有正确的了解，文学与语文演进的历史正是由此而形成。因此，我们尽管做白话文，但仍必须认清文言文的传统，知其优点和弱点、可因袭之处与可改革之地。而在做白话文的过程中，了解文言文对于运用白话是有极大帮助的，比如通过研究文言文的古典而扩充字汇，复活古字，这是写作者应有的准备，这对于增加白话文的表现力、缩小文言与白话的距离大有裨益。总之，白话文仍然可以承继一部分文言文的遗产，历史的赓续性不会因为放弃文言就被打断。

其六，白话“俗”、文言“雅”的观点是一种误解。这种误解一半起于“以古为则”者的固执，不肯虚心研究白话文，一半也起于初期提倡白话文者的“作文如说话”这句有语病的口号。很显然，作文并不完全如说话。说话时信口开河，思想和语文都比较粗疏；而写作时则有斟酌的时间，思想和语文都比较缜密，这又可在用字和组织语句两方面看出：说话用的字较为有限，且必定有许多不精确的字，作文用的字较为丰富，用字也比较谨慎；“说的语文”（spoken language）不必句句讲文法，句句注意声音节奏，而“写的语文”（written language）则对文法和声调必须随时留意，二者在各国都不能完全一致。若论雅俗，其实并不在文之古今，正如《诗经》《楚辞》在当时大体是白话，在当时也还可以算得“雅”。在朱光潜看来，所谓“雅”只能按艺术的或“精美纯正的”意思来理解，这并不在字本身的漂亮，而在它与情感思想的吻合。这与其追求的高尚纯正的“趣味”是一致的。

其七，欧化是扩充和精炼白话的必要方法。因为白话在当时还不是一个尽善尽美的工具，所以它还必须加以扩充和精炼，方法只有两个：一是上文所说的接受用得着的文言文遗产，二是欧化。欧化之所以必要，原因有三：

第一，语文和思想不能分开。语文随着思想的方式和内容的变迁而变迁，欧洲的语文是与其思想密切结合在一起的，从翻译角度来说，如果你用很地道的中国语文翻译欧洲的著作，你的译文读起来越是好中文，很可能就越不忠实。写作也同样如此。我们既然接受西方的哲学和文学，就不能不在上面体验玩味，不能不采用同样的思想方式去想出自己的哲学系统，不能不采用同样的看人生世相的眼光去创造自己的文学作品，这都是分内的事，因此我们必定有意或无意地使我们的语文多少受些欧化。

第二，文化交流是交通畅达的自然结果。因为地理和历史的关系，每个民族都有自己独特的文化个性，也都难免有自己的偏蔽，通过文化交流，一个民族接受其他民族的文化，犹如吸收养料，可以使自己的文化更加丰富。所以，必须抛弃短见的狭义的国家主义，“见贤思齐”“相观而善”。单就文学与语文来说，欧洲各国从有文学史以来，就互相影响，最显著的是英文，今天英文所保留的盎格鲁撒克逊的成分极少，大部分都是从希腊、拉丁、北欧语和法文“借”来的，14 世纪之后，英国文学和语文更是受到法国的极大影响。正是因为英文肯虚心采纳外来的成分，它才变成了世界上最丰富的一种语文。这对于我们汉语来说无疑是一个重要启示。曾经翻译的佛典，“如是我闻”“日镜相远，非和非合，不应火光，无从自有”等等，这种语句都是由欧化而来（因为印度文仍属于印度欧罗巴系）。可见，古人接受欧化可成经典，我们主张接受欧化，也是顺理成章的事。需要注意的是，欧化不仅指语文，还包涵体裁和技巧。比如戏曲可以学写莎士比亚、易卜生、契诃夫那种样式的剧本，小说可以采用西方技巧所写的小说，等等。不要抱着“拒人于千里之外”的态度，而是进行一番虚心检讨，这才是对待欧化（转化欧洲的语文、体裁和技巧）的正确态度。

第三，中国语文的优点很多，但相较于欧洲语文，也有不少弱点。比如，中国语文缺乏关系代名词和关系连接词，不容易写复合句，而西文所有的紧凑的有机组织和伸缩自如的节奏在中文中很难做到。对于从事翻译的朱光潜来说，他深刻感受到西文与中文的差异，感受到因为种种欠缺问题而表露出的思想的谨严与松懈问题，因此，我们固然不能拿西文文法来衡量中文，但中文应把西文确实好的地方接受过来。

事实上，不管“以古为则”者如何反对，欧化运动在当时就已在进行了，因此，朱光潜根据以上三条理由而认为这项运动必须继续进行下去。当然，他也预料到这不是一件易事，为此，他对采用欧化的作者特别提出两点要求：一是不要生吞活剥。各国语文都有自己的特性，我们在大体上不能违反它。如果一句话依照中文习惯可以说得同样精确有力，我们就绝不能欧化它，换言之，欧化必须在表现上有绝对必要时才可采用；二是不要躁进偾事。语文是逐渐生长的，我们不能希望一个重大的变动一蹴而就。一个作者的语文如果欧化到一般读者不易了解接受的程度，那反而引起不必要的麻烦。因此，朱光潜主张，“群众需要按部就班的训练”。

总之，无论是在当时，还是在现在，教育都应当仁不让地担负起这种语言训练的重任，即通过各种途径让大众适当地接触欧化的文学作品，并教给正确理解西方语言文字的能力和方法，明白中文与西文的异同之处，由此经过两代人的训练，自然而然地就对欧化习以为常，并将欧化中文发展到合适的程度。诚如朱光潜所言，“成见、固执和意气永远是真理的仇敌”，只有抛弃成见、固执和意气，才有发现真理的可能，而这正是朱光潜的成功秘诀所在，亦可作为一切教育者的座右铭。在全球化的今天，“以古为则”者狭隘的语言观显然是不利于中国语文和文化发展的，我们既要继承、保护和阐扬中国语言文字的民族特性，建立中国学生对中国语文的情感认同和思想皈依，也要大力推动不同文化之间的语言交流，既要学习西方世界的各种语言和文化，又要避免“以西为则”“全盘欧化”，这是21世纪语言教育的大势所趋，也是文学教育乃至整个教育的大势所趋！

结 语

朱光潜所思所想的并非只是基础教育，或是高等教育，而是整个中国教育；也并非只是一时一地的知识教育，而是“尽性全人”的人格教育。虽然这些教育主张诞生于20世纪的特定历史文化语境中，但这些思考无疑做到了批判性与建设性、前瞻性与实践性相统一。毋庸讳言，他所揭示和批判的民国基础教育或建国后高等教育的种种通弊，有的已得到了缓解或解决，而有的却依然是制约当下中国教育发展的痼疾。无论如何，他对官僚化、商业化、不公平的基础教育体制以及平均主义的学制的批判思考，对缺乏情谊的基础与人格熏陶的机械化的大学教育体制的批评反思，主张“个别自由发展”“人格感化”“培养领袖人物”，主张“五育并重、美育为基”，对当代中国教育的改革与创新仍具有重要意义：

其一，教育的根本目的在于“立人”，即培养人格健全、全面发展的人，接受此人格教育的他们又会反哺教育，影响他人，改造社会风气，从而形成和谐社会。

朱光潜非常深刻地揭示了个人、社会与教育这三者之间双向互动的密切关系，即教育⇆个人⇆社会。健全的学校教育培育健全人格的学生，由此才能形成健全的社会风气，健全的社会风气又会反过来强化健全的学校教育，最终形成治平之国度、和谐之社会，在这种良性互动中，“人”既是教育的对象，也是改造社会的主力。反之，不健全的教育所培养的必然是人格不健全、没有真才实学的学生，他们走上工作岗位（尤其是教育岗位）之后，必然吸纳已有的社会之恶习风气而变本加厉，形成新的恶习风气，这就是朱光潜所说的学校教育与社会风气“彼此以坏影响交相推移，以至于积重难返”，[①]造成国家衰颓、社会混乱，在这种恶性互动中，“人”既是教育的受害者，又是污染社会的施害者。因此，在社会问题、教育问题、青年问题依然严峻和棘手的当下，我们有必要坚定不移地以“立人”作为教育的根本目的，教师以整体人格投入教学，并以学生的整个人格为对象，努力培养出人格健全、全面发展、有责任感的时代青年，并通过他们逐步实现教育

①朱光潜：《教育的质与量——战后高等教育问题之一》，《朱光潜全集》第9卷，合肥：安徽教育出版社，1988年版，第191页。

问题的破解、社会不良风气的改造,使之最终成为一种健全完善的全人教育,一个风清气正的和谐社会。

其二,教育过程中应重视人格感化,以"诚"为基,在人格与人格的平等对话中建立互信关系,这是实现人格教育的重要保障和途径。

朱光潜从根本上抓住了教育的真谛,即教育应重视人格感化。要实现教育之目的和效果,必须把教育者与受教者当作人格平等的两个主体,而教育归根结底就是两个主体之间的感情沟通和对话,是发自内心的而非形式的一种敬与爱的体现,正所谓"爱人者人恒爱之,敬人者人恒敬之"。这种侧重于教师对学生的人格感化的教育观,有利于避免传统教育观念中的"教师中心论"或现代教育中的"学生中心论"所导致的某些偏颇问题,前者如教师"一言堂"式地强制灌输,学生完全是被动的接受者;后者如学生被捧为上帝,教师一味顺从学生的一切兴趣爱好,只能表扬、鼓励,而不敢严格要求或批评,结果导致部分学生更加自由散漫,自私自利,心理承受力差,不懂得尊师重道等。在今天,我们倡导"以学生为中心",不是取消或剥夺教师的育人职责,而是要教师把学生当作人格独立的主体,并以自身健全的、具体的人格感化学生,使其也具有健全完善的人格,在人格与人格的交往对话之中,双方建立起互信关系,彼此诚心相待。这种感化近似于西方宗教中牧师对信徒的宗教布道,不是以一种强制、外加的力量来实施教化,而是试图以一种自觉的、内在的人格修养工夫来实现化育的目的,朱光潜是通过对人格的尊重来实现对教育的尊重的。

其三,教育应以"尽性全人"为宗旨,正确认识教育的功用,正确处理好智育与德育、美育、体育、群育的关系。

朱光潜曾在《谈学问》一文中说道:"学校教育,在我想只有两个重要的功用:第一是启发兴趣,其次就是指点门径。现在一般学校不在这两方面努力,只尽量灌输死板的知识。这种教育对于学问不仅无裨益而且是障碍!"[①]这一批评是切中肯綮的。在朱光潜的教育理念中,培养知识学问只是其中重要的一部分,

①朱光潜:《谈学问》,《朱光潜人生九论》,北京:人民文学出版社,2011年版,第34页。

而当时的教育界极度扩大了智育在学校教育中的地位，却造成了德育、美育、体育、群育的普遍缺失，这使得学生们都变成了只会读书而不顾其他的学习机器，成为没有团体意识和集体精神的自私的个体，甚至没有健康的体魄，这显然是与教育的“全人”目标相背离的。如果教师只把知识学问当作求取功名利禄的工具，学生只为功名利禄而求学或得禄而忘学，那么，这样的教育无疑是失败的。换言之，今天的教育应以启发学生的兴趣、指点他们做学问的门径为基本功用，让其天性得到健康伸张，努力实现“五育并重、美育为基”的均衡发展，这样的教育才不是为了满足一时一地的需要，而是为了实现一人一生的需要。只有以“尽性全人”作为教育宗旨，以培养健全人格作为教育中心，创新人才的培育才成为可能。

朱光潜“尽性全人”的人格教育思想，对我们当下的教育以及创新人才的培养具有重要启示，具体来说就是：

其一，要建立随境变通的教育制度，培养知行合一、能随机应变的人。

朱光潜因为官办教育存在种种弊病而认为“教育决不能官办”，不免因噎废食，矫枉过正。我们未必赞成朱光潜所言的“根本脱去‘制’的圈套”，但必须思考如何才能使制度在具体实施过程（“展转流传”）中保持“真相”而不沦为空壳，必须探索各个学校如何因地制宜、特色鲜明地建设和发展。从根本上说，我们既需要“灵心妙运，随境变通”的教育家，更需要灵动自由、随境变通的教育制度，只有建立起这种制度，培养随机应变、知行合一的人才会成为可能。按朱光潜所言，“教育的要旨在使学生应付新环境，能知道怎样在世界上生活；只在脑筋里储藏许多死事实，不能推理，这种人决不能随机应变，决不能享完善的生活”。[①] 也就是说，教育的根本目的在于打破课堂生活和书本生活的界限，获得解决学习问题和实际生活问题的推理能力，能随机应变地应对新环境。

就当下教育现状来看，朱光潜所言的“畸轻畸重”的知识教育（智育）仍占主

①朱光潜：《在“道尔顿制”中怎样应用设计教学法？》，《朱光潜全集》第 8 卷，合肥：安徽教育出版社，1993 年版，第 75—76 页。

导，德育、美育、群育、体育则相对忽视，学习生活与实际生活之间的关联被严重割裂，结果造成了学生知识的碎片化、人格的片面化、行动的侏儒化，难以享受“完善的生活”。从这个意义上说，教育部门应当给予不同学校适宜的制度权限，而学校应给予不同学生适当的学制安排，教师也应因材施教地启发兴趣、指点门径，使教育最终指向受教育者的现实生活，实现知识由“教育制度→学校→教师→学生”的生活化转换。只有当学生达到了“知行合一”，才能说实现了成功的教育，塑造了完全人格的真才。

其二，要建构师生间的“艺术关系”，以“均衡发展”取代“平均发展”。

理想的教师、学生、学校乃至教育究竟应该是怎样的呢？朱光潜这样说道：

> 要改良现状，我们必须把教育的着重点由上课读书移到学习做人方面去，许多庞杂的课程须经快刀斩乱麻的手段裁去，学生至少有一半时间过真正的团体生活，作团体的活动。教师也必须把过去的错误的观念和习惯完全改过，认定自己是在“造人”，不只是在“教书”。每个老师对于所负责造的人须当作一件艺术品看待，须求他对自己可以慰怀，对旁人也可以看得过去。每个学生对于教师须当作自己的造化主，与父母生育有同样的恩惠，知道心悦诚服。这样一来，教师与学生就有家人父子的情感，而学校也就有家庭的和乐的空气了。[①]

这段话是极有见地，极有境界的。教育的着重点在于教学生如何“学习做人”，上课读书也是为此目的的手段，不能把学业和操行分作两件事，更不能本末倒置；教育的方式不在于课程面面俱到，而在于精挑细选，保证学生有充足的时间过团队生活。在朱光潜看来，师生之间应该是一种“艺术关系”而不是商业关系。所谓“艺术关系”是指教师应如艺术家，把学生当作自己所“创造”的艺术品，以“造人”为使命和责任；学生应懂得尊师重道，懂得心悦诚服地感恩教师对其灵魂的创造（塑造），以具有“艺术家的胸襟”为理想；如此，师生如同父子，学校如同艺术乐园，情感真挚，气氛和美，人格感化于是自然发生。基于此，我们须

---

①朱光潜：《谈处群（下）——处群的训练》，《朱光潜全集》第4卷，合肥：安徽教育出版社，1988年版，第55—56页。

以“艺术家”的标准来慎重选择中小学教师，须努力在师生间建构一种和谐的“艺术关系”，这不仅仅关系到每个个体的前途和命运，更关系到整个教育的成败，乃至整个民族国家的前途和命运。这种境界虽是一种理想之境，但对于我们今天缺乏普遍“理想”的教育来说，却是需要努力追求的目标所在。

教育公平无疑是整个社会公平的基石。近三十年来，通过普及义务教育，以及实施“奖、贷、助、补、减”等资助政策，贫困生普遍享有了受教育的权利，朱光潜所批评的由于贫富不均而造成教育不公问题已基本解决，但由于“平均发展”而导致的不公平还尚未解决。要使每个人都能获得个性自由发展，就要打破“平均发展”而代之以“均衡发展”(balanced development)。尽管朱光潜没有明确提出“均衡发展”的概念，但他提出了“五育并重、美育为基”的教育主张，希望每个学生都能在德、智、体、美、群等方面获得均衡、全面、自由的发展，真正实现“尽性全人”：这正是均衡发展的内涵、路径和目标所在。如何推进人的均衡发展和国家教育的均衡发展，是摆在我们面前亟须破解的难题。

其三，要认清基础教育与高等教育的关系，以人格教育贯穿教育全过程。

我们常常孤立地看待和解决基础教育或高等教育各自存在的问题，忽视基础教育与高等教育之间内在衔接和呼应的现实，原因在于没有认识到二者之间是一荣俱荣、一损俱损的整体关系。朱光潜说：“大学教育与中小学教育是息息相关的。中小学办不好，大学收不到好学生；大学办不好，中小学请不到好教员。一糟俱糟，目前中国教育现象就是如此。”[①]从文化角度来看，要解决高等教育的某些问题，不妨从基础教育入手，因为基础教育是教育的根基，“教育的根基不坚实，影响到整个社会风气以至于整个文化”[②]；而要解决基础教育的某些问题，也不妨从大学教育入手，因为“大学的最高目的不在一时的实用，而在长久的文化大计”[③]，“大学教育是全国文化命脉所系”[④]，只有抓住这个文化命脉，基础教

①朱光潜：《论大学授课方式的机械化》，《朱光潜全集》第8卷，合肥：安徽教育出版社，1993年版，第471页。

②朱光潜：《谈价值意识》，《朱光潜全集》第4卷，合肥：安徽教育出版社，1988年版，第137页。

③朱光潜：《附录：说校风》，《朱光潜全集》第9卷，合肥：安徽教育出版社，1993年版，第69页。

④朱光潜：《论大学授课方式的机械化》，《朱光潜全集》第8卷，合肥：安徽教育出版社，1993年版，第471页。

育才会有文化的灌注，才会有生机，中国文化才会有希望；反之，只图一时实用的大学教育必然导致基础教育的空虚，最终导致中国文化的衰败。

时至今日，朱光潜所批评的“把教育狭义化到知识贩卖”的错误依然在基础教育和高等教育中存在，要改变这种状况，就“必须把教育的着重点由上课读书移到学习做人方面去”。[①]也就是说，与其以知识传授统摄基础教育和高等教育，不如以人格教育贯穿教育全过程，因为知识教育往往“只能产出一些以些许知识技能博衣饭碗的人，决不能培养领导社会的真才”，[②]而人格教育则教给学生做人的道理，尤其鼓励其通过知识学习、品格修养以及艺术创作或欣赏来塑造自身人格，培养真善美相统一的价值观，从而领悟人生的趣味，获得心灵的享受。归根结底，人格教育不是为了满足暂时之“实用”，而是为了追求全人尽性之“立人”，诚如鲁迅所言：“将生存两间，角逐列国是务，其首在立人，人立而后凡事举。”[③]“立人”对于个人之生存、国家之发展事关重大。因此，以人格教育贯穿教育全过程，不仅是个人立身处世之道，更是国家文明进步之方。

其四，要正确认识精英教育与大众教育的关系，建立开放多元的教育结构。

不可否认，朱光潜所倡导的这种“重质而不重量”的精英教育或“精兵主义”理想，是特殊环境中的特殊策略，即使在当时诸多教育主张中也是颇为特殊的。无论是黄炎培的职业教育、陶行知的平民教育，还是梁漱溟的乡村教育，因主要受实用主义、杜威民主主义教育思想的影响，故主张平等的、普遍的全民教育；而受英国精英教育以及西方基督教精神浸染的朱光潜，则主张培养领袖人物的精英教育。二者之间不存在孰优孰劣，都殊途同归地以改造社会、教育救国为目标，就本质而言也都是改良主义教育。当然，在一个经济落后、战争频仍的年代，在“三座大山”的压迫之下，改良式教育只能是“戴着镣铐的舞蹈”，带有“乌托邦”色彩，他们的失败也正说明了教育并非一个封闭的自为结构，如果社会整体

①朱光潜：《谈处群(下)——处群的训练》，《朱光潜全集》第4卷，合肥：安徽教育出版社，1988年版，第55页。

②朱光潜：《谈处群(下)——处群的训练》，《朱光潜全集》第4卷，合肥：安徽教育出版社，1988年版，第55页。

③鲁迅：《文化偏至论》，《鲁迅全集》第1卷，北京：人民文学出版社，2005年版，第58页。

结构得不到根本改善，改良主义的“教育救国”理念和实践也是行不通的。

反观当下，我国已逐步从精英化教育走向了大众化教育。在“精英化教育时期”，少数精英占据了大量优质的社会资源，而多数大众则难以享受到高等教育，难以改变生存处境和社会地位，这是其缺陷所在。而在大众化教育时代，普及性的高等教育尤其是职业教育使国民素质大幅提高，但趋同化、模式化的培养方式也使得创新型精英难以脱颖而出，教育结构因而呈现为下大上小、缺乏“宝塔尖”的“梯形”结构。需要注意的是，在进行职业教育时也需兼顾到通识教育，正如朱光潜所言，“职业教育应该有宽大自由教育（Liberal education，即通识教育）做根柢。倘若先没有多方面的宽大自由教育做根柢，则职业教育的流弊，在个人方面，常使生活单调乏味，在社会方面，常使文化浮浅褊狭”。[①]

事实上，全球化的教育与文化交流、大学的不同类型与定位、学科专业的细化与拓展、大众的庞大基数等，都为在大众化教育时代培养精英人物创造了条件。为此，一方面必须建构多元化的教育理念和教育实践，如实现人文与科学的精神融通、人文学科与自然学科的跨学科交叉与互动、专业知识与综合素质的共同提高等，培养高端的拔尖人才；另一方面，必须摆脱二元对立的思维定式，正确认识精英教育与大众教育互补、互助、互长的关系。精英教育旨在培养学术型、创新型人才，大众教育旨在培养职业型、应用型人才，两相互补，满足不同领域的社会需要；精英的教育要在培养大众综合素质的基础上着重培育和提高其专业知识、创新能力和创新思维，大众的教育要在精英的示范和引领下不断提高自身的综合素质，二者并行不悖，互助互长，形成良性循环，从而提升教育的整体质量和水平，培养“好人民”，建设“好政府”！

①朱光潜：《给青年的十二封信》，长沙：岳麓书社，2010 年版，第 27 页。